目次

第3章　心の哲学――概念分析と形而上学――117

第4章　科学社会学と科学心理学――社会的要因と心的過程――199

コラム　目次

装幀　加藤俊二

序論　マインドサイエンスの戦場を望んで
――対談：心の科学になぜ哲学が必要になってきたのか

渡辺　読者へのやさしい本書のガイドとして、編者二人が対談形式でイントロダクションを行います。石川先生とは、たしか対談は初めてではなかったですよね。

石川　そうですね。一昨年に編集した『心とは何か』[1]の間奏曲の対談部分でもご一緒しました。この本は「心理学と諸科学との対話」という副題からもわかるように、「心」を研究の射程に入れ始めてきた諸分野の方々から原稿を募った、アンソロジーになっています。収録した分野は、コンピュータ科学、大脳生理学、生物学、物理学、人類学、言語学までにも及び、まさにマインドサイエンスの広範な領域をカバーしたぞ、という本でした。その対談では、マインドサイエンスの裾野の広さが見えるような「見晴台」を立てることを主眼にしたかと記憶しています。一方で今回は、そのマインドサイエンスの基盤は何なのか、それは磐石なのか脆弱なのか、といった点に掘り進んでいくことになりますね。いわば、少々泥にまみれて「地質調査」をするということでしょうか。

渡辺　では、改めて自己紹介ということで、石川先生のほうからどうぞ。

石川　はい。私は大学で生物物理学を学んだ後、メーカーの研究所でエンジニアをしました。その後、通商産業省（当時）のプロジェクトに6年間在籍し、いわゆる「人工知能」の研究に従事しました。現在、大学で情報学を教えるかたわら、心の哲学に興味を抱き、この分野の代表的哲学者である、ダニエル・デネット[2]やコリン・マッギン[3]の著

［1］足立自朗・渡辺恒夫・月本洋・石川幹人編 2001『心とは何か――心理学と諸科学との対話』北大路書房

［2］デネット、D／山口泰司監訳／石川幹人ほか訳 2000『ダーウィンの危険な思想』青土社

［3］マッギン、C／石川幹人・五十嵐靖博訳 2001『意識の「神秘」は解明できるか』青土社

書の翻訳を手がけています。これまで、自然科学、工学、哲学と、学際的分野を渡り歩いてきましたが、分野と分野を橋渡すような入門書はなかなか発刊されず、学際的研究の進展の妨げになっていると感じていました。またそれは、逆に言えば、個別学問分野が孤立して、原理原則に立ち帰った思考ができにくいということも意味するでしょう。そんななかで、心の科学的研究を行う諸分野を横断的に捉えて哲学的思考へのガイダンスをするという、まさに私が欠けていたと考えていた種類の本書が企画できて、たいへんよろこんでいます。

渡辺　私は大学では学部で哲学を学んだ後、当時の母校の古典文献研究が中心の哲学のあり方に満足できず、大学院で心理学に移りました。ちょうどゲシュタルト心理学や行動主義から認知心理学への移行期だったのですが、心理学を始めて感じたのは、科学的心理学というのは科学もどき心理学なのではないかと言うことでした。科学とは何か、心とは何かという根源的な反省ぬきに、表面だけの科学性を追求して、重箱の隅をつつくような実験データや統計処理テクニックに埋もれてしまい、本来の問題意識を見失ってしまう研究者が多いのです。そこで、10年ばかり前から「心理学の哲学」の研究を始め、研究会を組織したり、昨年は『心理学の哲学』[4]という大部の本を、東大系の科学哲学者の協力を得て編集しました。本書は、それよりコンパクトで入門的なものをめざすと同時に、対象も広げ、理工系出身の石川先生が編者に加わっていることからわかるように、自然科学や工学分野の方々も読者に想定しました。

□マインドサイエンスとは何か

石川　タイトルは渡辺先生の命名ですが、まずは「マインドサイエンス」というところ

［4］渡辺恒夫・村田純一・高橋澪子編 2002『心理学の哲学』北大路書房

に込めた意味合いなどから話していただけますか。

渡辺　では、図序－1を見てください。

まず19世紀にヴントらの手で実験心理学が誕生し、20世紀には心理学の流れは三つに分裂します。このうち、科学的心理学の本流は行動主義として発展しますが、コンピュータ科学の影響で認知科学が生まれ、さらに神経科学の影響下で認知神経科学へと統合されるやもしれぬ状況です（①）。21世紀中には、この流れでは「心理学」の名は消滅し、むしろ、傍系だった②や③の中で残るだろうという予測もあります。この潮流を総体的に捉えるには「心理学」では不十分です。そこで、認知科学者が唱え始めた心の科学、マインドサイエンスの名を借りて、この流れの総体を捉えようというわけです。

石川　そうですね。本当に認知神経科学に統合されるかは別にして、大枠こうした流れが見えていますね。①の流れの特徴として、従来の心理学を離れたところから心の研究が出現しているという点が指摘できます。コンピュータで心が作れてしまうではないかとか、脳を操作すれば心は変えられるではないかとかいった具合です。その背景にはまた、宗教に代わって科学の社会的影響力が強くなったところで、「科学的な心」について考え直さねばならない時期にも来ているという点もあげられるでしょう。臓器移植にまつわる「死」の定義の問題、実験動物の倫理的扱いにかかわる「動物の心」の問題などに直接現れています。

渡辺　近代科学的世界観の祖と言われるデカルトにとっては、心は科学の対象にならない「聖域」だったのですね。すなわち、思考実体（魂）と延長実体（物質）とは別物という、よく知られた存在論的二元論に加え、認識論的二元論でもあったと言えます。これに対し、ヴントは認識論的一元論の立場で心の科学的研究を行いはしましたが、心、つまり

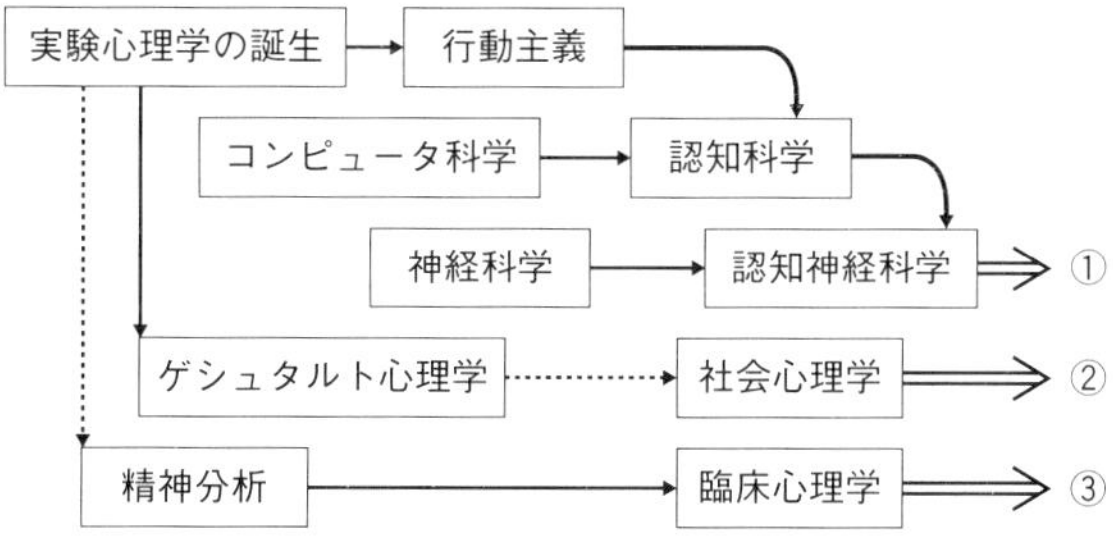

図序－1　マインドサイエンスの流れ

意識の世界と、物理的世界が別物という、存在論的二元論は維持されています。ところが行動主義になると、意識は科学の対象にならないという、デカルト的な認識論的二元論がかえって復活しているのですね。

そんななかで、心や意識を正面から問う心の研究は、認識論だとか聖域だとかの議論に基本的には無関心な、工学や医学などの発達によって促されたと言えます。それも、単に学問的にだけではなく、臓器移植や脳画像診断法、プロザック[5]といった、これまでの物質系科学技術の域を超えた、脳と心の科学技術の出現にも促されているのですね。

石川　そうですね。さらには理論物理学者が心についてあれこれ言い出したのも見逃せません。宇宙論で有名なロジャー・ペンローズは、現在のようなコンピュータを用いている限りは、いつまでたっても「心」はできやしないと、人工知能の分野に対して痛烈な批判をあびせました[6]。彼はさらに、将来完成するであろう量子重力理論をもとにすれば「心」をもつコンピュータができるだろうとも予言するのです。また、量子コンピュータの原理を定式化したデーヴィッド・ドイッチュは、量子論の多世界解釈をもとにして「万物の理論」が構築できるのではないかと推測しています[7]。彼によると、この理論は、認識論（心の機能）と計算論（心の実現）と進化論（心の発生）の問題を、一挙に解決するといいます。神の視点に立ちたい理論物理学者にとっては、「聖域」はないも同然でしょうか。

［5］脳内伝達物質セロトニンの濃度を上げることで、うつ病を緩和する新世代の薬剤。

［6］ペンローズ、R／林一訳 1994『皇帝の新しい心』みすず書房

［7］ドイッチュ、D／林一訳 1999『世界の究極理論は存在するか』朝日新聞社

□マインドサイエンスの戦場

石川　マインドサイエンスがこれだけ分野横断的になれば、必然的に議論が白熱してきますね。だから、本序論のタイトルのように「戦場」であると……。

渡辺　このタイトルは、本書の構想の母胎となった、ヨーロッパの科学哲学者と心理学者の共著書である*Theoretical Issues in Psychology*（『心理学における理論的諸問題』）[8]の輪読会で受けた印象のなかで思いついたのです。

図序－1の①の流れだけをとって見ても、行動主義から記号的計算主義へと「革命」があったはずが、次のコネクショニズムになると、行動を要素に還元して学習による結合で説明するという、行動主義のパラダイムが装いを変えて復活しています。タイムスパンをさらに大きくとると、19世紀の心理学者が研究対象としていた意識もまた、クオリアというように名を変えたりして復権しています。つまり、マインドサイエンスでは問題が解決して前進するのでなく、次々に戦士が新しく出てくるように見えても、実は、前に出たことのある戦士が休息を終え、姿を変えて同じ場所にまた出てくるだけではないか。だから、本当は誰も死ぬことのない格闘技のようなものなのです。そのような永劫回帰的な事情は、第1章でも述べられていますが……。

石川　第1章では主に、マインドサイエンスの歴史が語られますが、認識論的革命と方法論的革命がそれぞれ繰り返されている、という形で描かれます。そこでの「革命」とは、それによって必ずしも良くなるわけではなく、権力闘争による政権交代といった意味ですね。つまり、簡単に言えば、マインドサイエンスでは、認識論と方法論が固まらないということでしょうか。この二つの問題にどう対処するか、これが「哲学」の問題と接続しているのでしょう。

□マインドサイエンスに哲学が必要な理由（1）――研究対象の問題

石川　ちょっと先走ってしまいますが、今後の内容理解を助けるために、この点を掘り

[8] S. Bem & H. L. de Jong, 1997.

下げてみましょう。認識論の問題とは、言いかえれば、何を研究対象にするかの問題です。マインドサイエンスは「心」を研究対象とするのですが、心とは何かが明瞭ではありません。工学分野でよく引き合いに出される例に「月面着陸」があります。人類は「月に行きたい」と思って30年も前に成功したわけですが、このときは目標が明確だった。月に行くということがどういうことか、一般人にも工学者にも共通のイメージがあり、現にそれに向けて巨額のお金が投入され、多くの技術開発がなされたのです。一方で心とは何かというと、日常用語では比較的コンセンサスがとれているようにも感じますが、研究対象として一段深く考えると途端に泥沼が待ち受けているのです。渡辺先生は、このあたりを「人称理解」という視点で整理するとよいと提案されていますね。

渡辺　10年ばかり前、一人称的・二人称的・三人称的という3タイプの心の理解によって、心理学史を整理してみたのです[9]。心を研究せよと言われて、静かな部屋にこもり自分の心の自己観察を始める人が、一人称的な心の理解の持主。社交場に行っておしゃべりしながら相手の心を研究しようとする人が、二人称的理解の人。任意の通行人を気づかれないようビデオに撮って行動の数量的解析を始めるタイプの人が、三人称的理解の人。一人称的心理学は内観心理学や現象学的心理学。二人称は精神分析。三人称は行動主義や神経科学。研究対象にふさわしい心の典型として、それぞれ、自己の心、交流相手の心、無作為抽出された見知らぬ他者の心、というように、違った対象が出発点として選ばれているのです。当然、方法論も違ってくるし、おまけに研究者自身このことに十分自覚がないのだから、理工系の諸学のような、統一的体系的な科学になるわけがありません。

石川先生も、最近、人称理解に基づくロボット論[10]を発表されていますが……。

石川　はい、渡辺先生の議論をうかがって、同じ構図が人工知能の研究にもあると気づ

［9］渡辺恒夫 1994a「心理学のメタサイエンス――序説」および、渡辺恒夫 1994b「〈諸心理学〉の統一は可能か?――メタサイエンスの観点から」

［10］石川幹人 2000「構成論的心理学考」および、瀧寛和・石川幹人・伊藤昭・岡夏樹 2002「機械は心を持てるか」

いたのです。人工知能研究は、簡単に言えば、心を作ってみようという大いなる試みとも言えるでしょう。この心がやはり、一人称的な私の心と、二人称的な相手の心と、三人称的な客観的心と三タイプあるのですね。人工知能研究の開祖とも言えるチューリングは、人工知能とキーボードで対話して人間と見まがうほどになったら、その人工知能は完成したと言ってよい、という検査法を提案したのです[11]。この検査は、対話の問題領域をかなり制限しておくとパスすることがあるのですが、そのとき、心を作ったと言ってよいかという議論になるのです。人間と見まがうほどなのだから、もう心と言っていいという賛成論と、検査員である人間は、客観的に心が判定できていないという反対論が、対立するのです。人称理解で言うと、賛成論が社会的な関係における二人称的心をめざしているのに対して、反対論は第三者から見て判別可能な三人称的心をめざしています。

私は、三人称的心はめざすべき対象として設定できてないという理由から、まずは二人称的心をめざしてどんどんやっていこうと主張しています。最近のロボット工学のように表情をつけたり、ぬいぐるみを着せたりして、どのような社会的状況に心が見出せるかを検討するのです。

渡辺　すると、一人称的心の工学研究もあるということになるのでしょうか。

石川　理論的にはあるはずです。自分に装置をつないで装置側に自分の意識が移行する体験を通して私の心を考える、などがそれにあたります。SFのように聞こえますが、仮想現実体験技術などが進んでいますので、現実味のある段階にあります。現に第3章を担当する水本さんは、自分を外側から見つめるという視点変換実験を行って身体感覚の変容を調べ、哲学的に考察しています[12]。

心という研究対象の明確化には、どうしても哲学の面からの検討が必要となります。実

[11] 第3章のコラム「チューリング・マシン」

[12] 水本正晴・竹林暁・石川幹人 2001「情報メディアによる身体性の変容」および、水本正晴・石川幹人 2002「心の部屋プロジェクト」

際に「心の哲学」の分野では、「志向性」や「クオリア」などといった、より具体的な対象を設定して議論しています。この辺のトピックについては、第3章で解説されます。

□マインドサイエンスに哲学が必要な理由（2）——研究方法の問題

石川 もう一つの研究方法論の問題も、哲学のレベルに至ります。自然科学と実験心理学の分野は、それらのほとんどの研究で、いわゆる実証主義という方法論がとられてきました。植物生長における薬の効果を調べる実験を例にとれば、たくさんのタネを準備し、それらを実験群と統制群に分け、諸々の条件（水、温度、光）を同じにしたうえで実験群にのみ薬を投与し、両群の植物生長を統計的に比較するといった方法が、典型的な実証主義の実験です。しかし科学哲学の分野では、この方法論に問題があることが、古くから指摘されていました。実験自体が理論の支配下にあり、実験を積み重ねても根本的な理論は変更されないという問題です。

渡辺 私も担当している第2章を少し先取りして言えば、すでに1950年代にハンソンが「観察の理論負荷性」を唱えたのが、実証主義に対する科学哲学の側からの批判の皮切りです。そもそも何を観察に値するデータとみなすべきかを決めるのは理論なのですから、観察によって理論を実証したり反証したりするというのは、自分の靴紐をひっぱって体を持ち上げるようなことになってしまいます。

石川 そうです。先にあげた実験例で具体的に言えば、どのようなときに両群の諸条件が同じになったと判断するかが、重要な論点のひとつです。心理学に引き付けて、被験者の心にまつわる諸条件を同じにする場合を考えれば、その同一性の判断もその実現もきわめて難しいのがわかります。実際には理論でお墨付きを与えているのです。また、実験をすることと自体が条件を変えてしまうのが、もう一つの重要な点です。産業心理学の実験では、実験に参加することで作業員の能率があがってしまうのが問題ですし、薬の臨床実験では、暗示による偽薬効果を防ぐため二重目隠し法《ダブルブラインド》[13]がとられています。量子力学でも、観測することによって実験対象の状態が大きく変わってしまう現象が知られています[14]。すなわち、客観的な実験や調査というのは厳密に言えば不可能なのであるから、各分野でどのような研究方法をよしとするかは、理論によって正当化されるのです。実証主義などの特定の方法論に固執していれば、研究が広がらない。こうした問題意識から、質的研究法や参与観察法などの、新しい研究方法にも注目が集まりつつあります。

渡辺　そのあたりのことは第2章にも書かれていますね。また、ハンソンや有名なパラダイム論のクーンらによる実証主義批判は、主として英米系の科学哲学で生じた潮流ですが、欧州大陸系の科学哲学には、19世紀まで遡られる人間科学の方法論争があります。詳しいことは第2章に書いておきましたが、ディルタイが「精神科学」の方法は「理解」[15]だとして、「法則的因果的説明」を方法とする自然科学に対する独自性を唱えたのが皮切りです。たとえば、「彼女は窓を開けた」という人間の行為に対して、「暑いから風を入れようとして窓を開けたのだろう」と、その意味を理解するのが「理解」です。ここには意図や目的といった、自然科学的世界像には位置づけにくいカテゴリーが使われています。けれども、「暑さを逃れたい」という「欲求」と、「窓を開ければ涼しくなる」という「表象」の組み合わせが「原因」で、窓開け行為が「結果」として法則的に生じるというように、法則的因果的にも説明できるとも言えるわけで、問題はここでも、「意図」や「志向性」を、因果や法則など自然科学的世界像になじみのよい概念に還元できるか否かという、哲学のレベルに至るのです。これは心の哲学の中心テーマのひとつですね。

［13］被験者だけでなく実験者でさえも、どちらが真薬か偽薬かを知らずに薬の効果を実験すること。二重盲検法ともいう。

［14］第1章のコラム「観測問題」参照

［15］かつては「了解」という訳語が一般的であった。

石川　その意味で、心の哲学の最近の重要キーワードは「自然化」ですね。現象界（心の内的な世界）も自然化してしまおう、という試みまでがなされています。言いかえれば、自然科学の装いでどこまで行けるかに挑戦しているのです。理工系の人々は、哲学というと、とかく神や世界や美とかにまつわる形而上学的議論に終始していると思いがちですが、理工系の分野でも問題となる点そのものが、現代哲学の中で議論されているのです。だから、特に第3章は、理工系の方々に読んでもらいたいですね。

□社会的営みという視点

石川　本書に繰り返し現れるモチーフに「社会的営み」があります。第2章の新科学哲学における科学理論の相対性や社会的構成主義の議論、第3章の心の哲学における創造的活動「概念エンジニア」の議論など、科学や哲学が社会的営みと不可分である、という点が何度も強調されます。またこうした議論は、最後の第4章で「科学社会学」という形でまとめられます。ところが、理工系では、科学技術は単調に発展すると考えられているので、社会的影響が大きいと言ったところでなかなか信じてもらえないという難点があります。

渡辺　自然科学ではどうしても、客観的真理へ認識が無限に近づいてゆくという認識論になりますね。もともと、クーンのパラダイム論も、物理学史を念頭に展開されたのに、自然科学者よりも心理学者や社会科学者に歓迎されたという事情があります。また、社会的構成主義も、源流のひとつがウィトゲンシュタインの『哲学探究』の中の、欲求、信念といった「心的概念は社会的に構成されたものではないだろうか」という言葉に求められるように、もともと心理学批判として展開されたものです。だから、現在の科学社会学のそういった先鋭的な潮流の中で、自然科学的な認識も社会的影響を受けるどころか社会的に構成されるのだ、といった言説が強くなると、現場の科学者からの反発も出てくるわけです。その代表的な例が、ソーカル事件に始まる、科学論者、対、現場の科学者の論争である「サイエンス・ウォーズ」[16]でした。ソーカル事件とは、アメリカの物理学者のソーカルが、先鋭的な科学論の雑誌に論文を装ったパロディを、審査の網の目をかいくぐって載せるのに成功し、あとで、実はあれはパロディだったと暴露し、科学論とはこんないい加減なものなのだ、と批判した事件です[17]。

石川　自然科学の側でも、研究の最前線の成果に優劣をつけるところでは、多分に社会的影響があると、少しは認めてもいいのではないかと思います。ラトゥール[18]は分子生物学の研究現場に入り、生物学的事実が形成される過程には、コミュニティとしての社会的事情が多くかかわっていることを明るみに出しました。「定説」と見られる事柄もその背後には、他の潜在的に可能な説が多く残されていると考えられるのです。

社会性に加えて、科学的な正しさを認識するのはやはり科学者という人間ですから、科学者の心理学も、検討すべき重要な要素でしょう。これも第4章で、科学心理学として議論されます。科学心理学は比較的新しい分野とされていますが、実はこの研究の一部は、1980年代に人工知能研究の一環として取り組まれたのです[19]。エキスパートシステムと言って、専門家の知識や思考形態をコンピュータに入れて、機械独自に判断させたり、ときには創造的な発見をさせたりしようとするものでした。科学者の発見のプロセスを模倣したという、いくつかのシステムが作られました。しかし、あらかじめ仕込んだ仕掛け以上の「創造的働き」をするものではありませんでした。このあたりにも、心の働きの究明に対する楽観主義（第3章）が垣間見えます。

[16]　金森修 2000

[17]　Sokal, A. D., Bricmont, J., 1997. 本書第2章および第4章も参照。

[18]　ラトゥール、B／川崎勝・高田紀代志訳 1999『科学が作られているとき』産業図書

[19]　人工知能研究に関する包括的な解説については、フランクリン、S／林一訳 1997『心をもつ機械』三田出版会／出版文化社、を見よ。

渡辺　科学心理学をより広義にとれば、クーンのパラダイム論も科学心理学とみなすことができます。科学の営みが、パラダイムという無意識的なものの見方に規定されるというのですから。私は、人によるパラダイムの違いや、パラダイムの生成発達自体を、心理学的研究の対象にできないものかと考え、世界観の心理学というものを提唱しています[20]。また、科学心理学の「科学」に「心理学」を代入すれば、心理学の心理学という自己反照的な学になります。そもそもマインドサイエンス自体、心的存在である私たちが心的存在について研究するものですから、本来からして自己反照的な営みのはずです。科学心理学は、その意味でも、マインドサイエンスの隠された自己反照性、自己回帰性を顕在化していくのに役立つことでしょう。

本書が読者にとって、マインドサイエンスの自己反照性を省みるきっかけとなれば幸いです。

石川　そうですね。そして本書によって、マインドサイエンスの戦場に「新しい科学としての地平」が拓けることを、切に望んでいます。

[20] 渡辺恒夫 2002『〈私の死〉の謎——世界観の心理学で独我を超える』ナカニシヤ出版

第1章　マインドサイエンスの歴史と未来

私たちが使用している「心」「精神」「魂」といった用語が今日のようになったのは、ごく最近のことである。また、その意味合いは現在でさえも揺らいでいる。さらに言語が違えば、その意味も微妙に異なる。「心」を探求する学問である「心理学」についても、事情は同様である。その体系は、きわめて流動的なのである。

「心」の科学的究明は、物理学のような着実な進歩を見せてはいない。究明するうえでの方法論的混乱があるからだ。その混乱の源は、実は「心」をどのように捉えるかという認識論的な水準にある。この難局を打開するには、「心」とは何か、「科学」とは何かといった、哲学的前提にまで遡って考えねばならない。

「行動主義」の考え方を中核にして発展してきた「科学的」な心理学は、現在「理論的な危機」を迎えている。いろいろな研究アプローチが林立する心理学界の現状は、それを端的に表している。そこで最近注目されるのは、心理学をメタサイエンスの視点から捉える動きである。

人工知能や神経科学など、自然科学の分野から「心」に接近する分野においても、これまで心理学が直面してきた難題と同じ難問を抱えている。こうした諸分野を含めた「心の科学」が今後の発展を見るためには、メタな視点からの哲学的な考察が不可欠である。

マインドサイエンスの過去・現在・未来を俯瞰する本章は、この後に続く三つの章を位置づける鳥瞰図のような役割を果たしている。

（石川）

■心・精神・魂——心をめぐる言葉たち

□心理的と精神的

「心」という漢字は文字どおり心臓の形に由来する。昔の日本人もおそらく長いこと「こころ」をめぐる現象はこの鼓動する心臓に由来すると考えたに違いない。英語でもheartという語は心臓という臓器を表すとともに「こころ」をも意味し、「熱いハート」などの表現がある。ほかにも、たとえば日本語で「心が痛む」という慣用句に伴うジェスチャーでは胸を押さえるしぐさが一般的であり、ここで頭部を押さえる人はいない[1]。

「心に関する」という意味で「心理的」という言葉が使われる。しかしながら、日本語では「精神的」という言葉もほぼ同じ頻度で用いられる。「心理的に疲れた」のと「精神的に疲れた」のでは違いがないと感じる人であっても、「心理療法」と「精神療法」の違いはご存知だろうか。実はこの二つの用語はどちらもpsychotherapyの訳語である。前者は主に心理学者が、後者は主に精神科医などの医者が使用する。こうしたpsychoという接頭辞の訳についてはよく問題になることがあるが、一般に専門分野間での慣習の違いとしか言いようがない。戦後に『心理療法』を著した精神科医の井村恒郎は、それまでの精神療法とは異なるというニュアンスをもたせたかったようであるが、実際には戦前にも井上円了が『心理療法』なる本を明治期に出版しており、「精神」が古くて「心理」が新しいというふうには一概に言えない。最近でも心理学者の集まりである日本心理学会で、psychophysicsが「精神物理学」なのか「心理物理学」なのかを論じるワークショップが

[1] 英語ではbreak one's heartであるから、より明確である。

開かれていた。そのときの印象では、心理学者の多くは、精神という言葉のもつ大仰で高尚なイメージを避けたいという気持ちをもっているようである。この他にも psychophysiology には同様に「精神生理学」と「心理生理学」の両方の訳語があり、人によって異なる訳語が使われているのが実情である。

では精神と心というものを、一般に私たちはどのように使い分けているだろうか。先ほどの例にあるように、「心理的」「精神的」という形容詞的・副詞的用法においては、ほとんど意味に違いがないことも少なくないが、あえて対比するならば、心は「個人の感じ方」というニュアンスをもつことが多い。対照的に、精神を「集団的・普遍的な感じ方、考え方」という意味で用いることがあり、その典型が時代精神という表現である。実は英語にも同様の表現があり、「オリンピック精神に則り」という表現では精神を spirit と訳す。ただし、この語には霊魂という意味もあるので、名詞で使うときには注意が必要である。

概して、精神が宇宙のように広がっており、それが一人ひとりに閉じ込められたものが心、と言えそうである。実はこの考え方は古代ギリシアの哲学者プラトンに通じる。プラトンは身体のなかでも頭部が上位にあることから、脳が心の座であると考えたことでも有名であるが、一方、弟子のアリストテレスのほうは心臓が熱い血液を身体中にめぐらせることから心臓を心の座とし、脳はせいぜい血液の熱を冷却する場所にすぎないと考えた[2]。

心理学の英語 psychology は、psyche + ology という構造であるが、この psyche という ギリシア語は息をするというところから派生した語で、魂という意味である。アリストテレスは『魂について』[3]という文章を書いているが、ギリシア語の原題 peri psyche はラ

［2］さらに補足するならば、プラトンは現在の心の概念の古典的分類として知られている知情意の三分法をも考え出している。

テン語に翻訳されて de anima となった。ところが psyche と anima は同じ言葉とは言えないところがあり、後者は文字どおり動くもの（動物）における魂であるが、もともとの psyche は生物以外にも存在すると考えられていた。古代ギリシアにおける個々の心の捉え方は現代人とはかなり異なり、現在では古代ギリシアにおける一見すると心理学的な考え方は、現代の心理学とはあまり接点をもたないという方向で理解されるようになってきた。また psychologia というラテン語も18世紀に至るまでは、現在の心理学とは異なる、いわば心霊学のような使われ方をされており、用語の存在と概念の同一とは別であることに注意したい。

□魂から心へ

「精神病」という言葉がある。専門的にいえば精神分裂病[4]という特定の精神障害を意味することが多いのだが、一般の人は精神の病、心の病気という意味で理解することだろう。ちなみにこの精神病を英訳すると mental illness となる。ドイツ語では Geisteskrankheit というが、19世紀の日本の医学にはドイツ医学の影響が色濃かったことから、このドイツ語を精神病と日本語訳したのである。ドイツ語には Geist と Seele という分類が伝統的にあり、日本語の精神と心（または魂）にあたると言ってよい。19世紀後半の1874年に出版されたヴントの『生理学的心理学綱要』では、Seele と Geist は交換可能な用語ではあるが、次のような違いがあるという。すなわち Seele は身体的感覚と結びついたものであるが、Geist のほうは二つ意味があって、ひとつは感覚の作用に依存しないような内的経験の基盤となるもの、そしてもう一つは身体活動とは無関係な霊魂のことであって、心理学ではこのうち最初のほうの意味でのみ用いる。さらに、これまでの心

[3]『心理学』という邦題もあるが、不適切な訳語である。

[4] 最近では「統合失調症」とも呼ばれるようになっている。

（Seele）と精神（Geist）の考え方としては大別して二つあるといい、一つはヴォルフに代表されるように、精神を一般的概念とみなし、その下位区分として個々の心があるという考え方であり、もう一つは精神をより高次の心の能力と捉え、人間には精神もあるが、ほかの動物には心はあっても精神はないと考えるものであるという[5]。

人間の心に関する学問が勃興してくる19世紀という時代は、この心に関する用語の変遷期でもある。19世紀を中心に心の学問をめぐる問題史を著したリードは、その著書の表題にいみじくも『魂から心へ』[6]という表現を使っている。この魂（soul）から心（mind）への変遷は英米だけに限られたものではなく、一般に19世紀の前半までの欧米においては、魂の問題すなわち宗教的な問題を無視して心の学問を進めることはできなかった。

現在でもmindという単語は「気にかける」という意味の動詞として用いられるが、元来は「記憶する」という意味でもっぱら動詞として用いられていたという。それが17世紀までには現在の心と同じような意味で名詞として用いられるようになり、有名なところではロックが自著『人間悟性論』[7]の中で用いている。本来の意味から派生していることからも、記憶や知識を意味するニュアンスが強かったのであるが、印象の連合というイギリス経験主義の流れの中で、感覚や意欲を含むものとして少しずつ変化していった。

メンタル・トレーニングなどと使うように、mentalという語は一般に心を意味するmindの形容詞として使われる。しかしながら、現代の「心の哲学」はphilosophy of mindであって、mental philosophyではない。このmental philosophyという用語にはやや複雑な歴史がある。心の科学と聞いてすぐに思いつくのが「心理学」である。心理学にはpsychologyという英語があるが、日本語の心理学はそもそもpsychologyの訳語ではなかった。日本で最初に『心理学』という表題の著作が出版されたのは明治8年（187

[5] この後者の区分は現代でも用いられることがあり、よく知られたものとして精神科医フランクルによる精神病の区分である「心因性」「精神因性」「身体性」がある。

[6] Reed, E. S., 1997.（訳書2000）

[7] 邦訳としては、加藤卯一郎訳 1940『人間悟性論』岩波書店、がある。

5）のことであるが、それは実は英語で書かれた本の訳本であり、原題を*Mental philosophy*（1857）[8]という。訳者は江戸末期にオランダへの留学経験ももつ西周《にしあまね》である。西周はその序文において、「メンタル・フィロソフィー」すなわち「心理上の哲学」というのを縮めて「心理学」と称すると書いている。西周は心理と物理という言葉を作り出したことでも知られているが、彼は今日の心理学であるpsychologyには「性理学」という新しい訳語を作り出して区別していた。（高砂）

【コラム】心理学とは何を学ぶもの？——心理学のカリキュラム

心理学を専攻しない人々から見れば、心理学を学ぶ人はいったい何を学んでいるのだろうと不思議に思うことがあるかもしれない。それは心理学を学ぶ者にとっても同様である。心理学はかつて初学者に失望を与える学問と揶揄されたこともあったが、世間一般のイメージと実際のカリキュラムがこれほどかけ離れている学問も珍しいのではないだろうか。

一般的な心理学の専攻学生が何を学ぶのかについて、日本ではいちばん古い心理学会である「日本心理学会」（１９２７年設立）が制定している「認定心理士」制度が認めるカリキュラム（２００１年度版）から拾ってみよう。この資格は大学で心理学を専攻する際の標準的カリキュラムを履修したことを認定するものであり、カウンセラー（臨床心理士）など他の資格とは特に関係がない（むしろ昨今のカウンセラー・ブームにおいては、学部が心理学以外のカウンセラー志望者も増加しているのが現状である）。

認定心理士では基礎科目として12単位以上、選択科目として16単位以上、計36単位以上が単位取得認定の条件である。基礎科目は「心理学概論」「心理学研究法」「心理学実験・実習」の3領域があり、各領域から最低3単位は履修していることが必要である。特に「研究法」の領域に該当する心理統計学や「心理学実験」は教養科目や一般科目としては置かれていないため、

［8］*Mental philosophy* の著者はジョセフ・ヘイヴンというアメリカ人の哲学者であるが、その肩書は知性・道徳哲学教授（professor of intellectual and moral philosophy）であった。この心理哲学（精神哲学）は17世紀以降の道徳哲学（自然哲学に対するもので、現代の社会科学と思えばよい）の流れの中で出現した、心に関する当時の公式哲学である。この本の内容に見られるように、精神哲学とは心の区分として知情意を論じ、心の能力や善悪の判断など、神学に論理学や倫理学が混じったような分野であった。

ある意味で心理学専攻者のための「踏み絵」のような役割をしていると言っても過言ではない。

選択科目は「知覚心理学・学習心理学」「教育心理学・発達心理学」「生理心理学・比較心理学」「臨床心理学・人格心理学」「社会心理学・産業心理学」の5領域に分けられ、五つのうち三つの領域において各領域3単位以上であることが必要である。したがって一つの領域だけ十分に勉強しても認定されない。この他に「その他」の科目もあり、卒業論文が単位認定されるほか、スポーツ心理学や音楽心理学など上記の領域に該当しないものが含まれる。

しかしながら、こうした心理学内部でのカリキュラムとは別に、哲学、医学（特に生理学と精神医学）、生物学、社会学、言語学、文化人類学なども勉強したほうがよいのであるが、昨今の規制緩和で必修科目が減少する傾向にあり、心理学の周辺領域のことをまったく知らない心理学者がいても不思議でない世の中になってしまったようである。

（高砂）

■バベル症候群——心の科学の病

□迷走する心の科学

著名な理論物理学者ファインマンは、かつて、科学哲学を皮肉って、「科学哲学が科学者にとって役に立つ度合いは、鳥類学が鳥にとって役に立つ度合いに等しい」と語ったという[1]。

しかし、ファインマンの言葉は、物理学や化学、分子生物学など物質科学についてはあてはまっても、心の科学となるとあてはまらなくなる。それを示すことが本書の目標の一つともなる。

私たちの出発点を、たまたま、今、筆者の目の前にある、2冊の分厚い本に求めよう。1冊はアメリカの著名な科学ジャーナリストの手になる本で、『続・科学の終焉』[2]という。日本語版にはSF作家筒井康隆の「序文」まで付いていて、高度に知的なエンターテインメントに仕上っている。

もう1冊は、『心の科学史』[3]という重厚な学術書だ（5000円もする！）。もともと、心理学史の博士論文として書かれたもの。ギリシア哲学や中世哲学の文献に心理学の起源を求める労作で、心理学と哲学の両方に通じた読者でなければ、なかなか読みこなせないと思わせる。

けれど、一見対照的なこれらの本は、実のところ、ある一つの病気の、「症状記述」（＝『続・科学の終焉』）と、「原因究明」（＝『心の科学史』）という関係にあるのだ。病気の

[1] 金森修 2000

[2] Hogan, J., 1999.（訳書 2000）

[3] 高橋澪子 1999

名を、「心の科学におけるバベル症候群」と呼ぼう[4]。『続・科学の終焉』の「序文」で、筒井康隆は、40年前の若き日に見学に出席した日本の心理学会の様子を思い出して言う――「そこでは各教室の分科会において各種の会議が行われていたが、精神分析学をやっている隣の教室で大脳生理学をやっているというありさまで、それぞれの教室でたたかわされている会話に共通の言語はひとつもなく、ひとつ隣の教室に入るともう何をいっているのかまったくわからないという混乱ぶりだったのだが、それは現在でもそのままのようである。」

この、「現在」の状態を、著者ホーガンは、哲学者ドレイファス[5]とのインタビューを借りて、こう述べている――

科学哲学者イムレ・ラカトシュの言葉を借りて、ドレイファスは人工知能を「退化する研究プログラム」と呼んだ。

（中略）

人工知能が心をそっくり真似ることの失敗は、心を十分に理解しようとするうえでの心理学のより大きな失敗を反映しているものだと、ドレイファスは僕に指摘した。過去数世紀にわたって、心理学は、ほとんどの研究者たちの賛同を得るのに十分なほど強力な、ただ一つの枠組みすなわちパラダイムを生み出すのに失敗してきた。

「心理学は小さなパラダイムの寄せ集めみたいになってしまい、パラダイム同士で、あいつはダメだとけなし合っている」と彼は言った。「行動主義者たちは、正しい答えをもっているように見えたが、その後チョムスキーがスキナーについてのレビュー記事を書いて、行動主義の息の根を止めた。その後も、ルールと認知主義が正しい答

［4］『旧約聖書』の「創世記」に、有名な「バベルの塔」という話がある。遥かな昔、バベル（バビロン）の都の人々が、天に届こうとして高い塔を造り始めた。神が怒って、人間の傲慢を懲らしめようと、それまで共通だった人類の言語をいくつにも細かく分けてしまい、お互いに通じ合わなくさせてしまった。それが、地上にこれほど多くの言語があって互いに不便を感じている理由だ、というのである。

［5］ヒューバート・L・ドレイファスは次の著書で有名である。黒崎政男・村若修訳 1992『コンピュータには何ができないか――哲学的人工知能批判』産業図書

えのように思われ、そして今ではニューラル・ネットワークが登場している。単なる流行にすぎん。あっち行ったりこっち行ったり。心を理解するという面では何の進歩もありゃせん。」[6]

どうしてそうなってしまうのか。なぜ、心理学や人工知能などの心の科学は、物理学や生物学のように順調に進歩することにならないのか。

答えに至る糸口になりそうなキーワードが、『心の科学史』に隠されている。そのキーワードは、「認識論的革命」という。

□認識論的革命と方法論的革命

まず『心の科学史』のあらましを紹介しておこう。

——これは、ギリシア以来の長い「前史としての心理学」を経て19世紀のヴントらによる実験心理学の興隆から「近代科学としての心理学」が始まるという、正統的な「二つの心理学」史観を否定し、アリストテレス以来の心の科学的探究の歩みを、方法論的革命と認識論的革命の繰り返しとして一貫して捉えるという、心理学史の労作である。

ヴントら19世紀の実験心理学は、客観的な科学の方法はまとっても、対象が主観的（＝意識）という矛盾をはらんでいたため分裂は必至であり、対象をも客観的（＝行動）とした行動主義による認識論的革命によって初めて、近代科学の仲間入りをした。その後、認知心理学等による認識論的揺れ戻しが起こっていることは、近代心理学が心身問題（＝意識と行動との関係づけ）を未解決のまま暗黙裡に抱え込んでいる現れである。またそのような科学としての特異性ゆえに、エクスターナルな社会学的科学史の盛況にもかかわらず、

[6] Hogan, J., 1999（訳書 2000）, pp.316–317.

[7] エクスターナルな科学史とインターナルな科学史の違いは、後者が、ある科学の発展を、その科学にとって固有の問題の解決の歴史として、内在的（インターナル）な発展として捉えるのに対し、前者は、その科学にとって外在的（エクスターナル）な、教育研究制度のあり方や社会的需要の変遷に、科学発展の原動力を見るところにある。なぜ外在的科学史が今日盛況なのかは、本書第4章の科学社会学の節で触れられるだろう。

心理学にはインターナルな哲学的科学史が求められる[7]、とする。

『心の科学史』を少し詳しく見ていくと、まず、「序説――近代心理学史概観」で、近代心理学の歩みを、方法論上の革命と認識論上の革命という二次元的枠組みで捉えるための試論が展開される。

この枠組みを、図1－1を引用しつつ解説すると、デカルト以前の一本の線は、「広義の生気論であり、アニミズム的世界観」であり、「個人ないし個体がアニマとして分有する世界霊魂プネウマの支配を認める一元的な世界観」を表す。近代心理学の思想史的前提となる物心二元論の枠組みは、「科学革命の進展に伴い霊物プネウマが死物化して、すべての自然が〈物体〉とその機械的運動に還元され終わったとき、そのような〈自然〉の中に収まりきれない〈心〉が、「個人の意識」として改めて定義しなおされることによって成立したもの」と著者の高橋は考える（最初の認識論上の革命）。そして、近代心理学の直接の前身である英国連合主義心理学は、物心分裂後の下方の線に沿って発展するが、その線上に生じたひとつの方法論上、制度上の革命が（最初の×印）、従来、近代科学としての心理学の成立と言われてきたものにほかならない。

けれど、近代自然科学の特色は、単に実験的、数量的であるとか、機械論的であるとか要素主義的であるとかといった広義の方法論上の特徴にとどまらず、「私秘性の排除」すなわち「客観性」という、認識論上の特色にある。この意味で、それまで誰の目にも自明だった意識、内面世界を、操作的定義による媒介変数または構成概念と化してしまう認識論上の革命（二番目の×印）を実行した行動主義によって、実験心理学は真の意味で自然科学＝近代科学の仲間入りをしたのである。

他方、意識主義の伝統のほうは、「現象学的な精神医学や臨床部門の人々」のものと

図1－1　近代心理学の歩み（高橋，1999）Ⓖはゲシュタルト心理学を表わす。

なって固有の領域を形成していく（図中点線）。

ただし、著者の高橋は、上部の線上にある行動科学的心理学だけが唯一の科学的心理学であると言っているわけではなく、物心二元論の枠組みをもう一度認識論的に乗り越えたところに、「『科学』ではあっても、もはや『近代科学』とはその意味をまったく異にする新しい心理学」が成立しなければならないとするのである[8]。

やや説明が抽象的になってしまったので、二つの認識論的革命を、もう一度、噛み砕いて説明しよう。

まず、近代以前の生気論では、浮雲や稲妻など自力で動くと思われた存在に心を認めたのだった。ところが近代科学によって、雷雲も犬猫の運動も人体さえも機械論的に説明されるようになると、唯一、そのような説明から免れた「意識」のみが心ということになった。これが、第一次の認識論的革命だ。

次の、第二次の認識論的革命、すなわち「それまで誰の目にも自明だった意識、内面世界を、操作的定義による媒介変数または構成概念と化してしまう認識論上の革命」というのは、少し詳しく説明したほうがいいだろう。

科学的概念を「……という操作を加えた際に観察される現象」として定義するという、操作的定義という考え方は、もともと物理学者ブリッジマンが物理学方法論として提唱し、行動主義によって心理学に持ち込まれたものだ[9]。この、論理実証主義を背景とした操作主義という科学哲学が、1930年代の科学的心理学の一時的統一に一役買ったのは、否定できないところだ。行動主義から見て主観的の誹りを免れなかった、ゲシュタルト心理学的な図‐地反転のような現象も、操作的定義によって行動主義心理学と同じ実証的客観的科学研究の土俵にあげることが可能になった。研究者自身の内観報告であってさえも、

［8］図中Ⓖで示されるゲシュタルト心理学にその可能性があったが、流産した、と高橋は見る。

［9］操作的定義といえば、心理学徒ならばまず思い起こすのは、「知能とは知能検査によって測られるところのものである」という、知能についての定義だろう。

客観的・行動的なデータ（＝他者についてなされた観察データ）に変換できるように思われた。

だが、操作主義の方法論的前提には、操作的定義を物理学から心理学へ持ち込むことの妥当性という、重大な問題がある。

そもそも、物理学に操作的定義が生まれたのは、物理学的実在とされるものの多くが、「素粒子」のように小さすぎるか、「運動量」のように日常的意味とは乖離してしまい、直接観測の対象とならなくなったからだろう。けれども、日常経験とはかけ離れて小さすぎるか抽象的かゆえに直接観察できない対象に対して物理学者が操作的定義に訴えるのと、他者の意識は（「主観的」であって）私には観察できないゆえに心理学者が操作的定義に訴えるのとでは、本来がまったく別のことと言わねばならない。本来が別の物を無理やりでも同じものにするため、心理学の操作主義には、「心理学は心理学者が自分についてなす観察を含めて、観察を他者についてなされたものと考える」[10]という、「他者の心理学」に立つこと、言いかえれば、〈他者／自己〉という対立軸の一方を選ぶという、哲学的前提が付随してくるのである[11]。

これは、自然科学ではおよそ生じえない事態ではないか？　自然系諸科学には、〈自己〉だの〈他人〉だのというカテゴリーが問題になるような場面はほとんどないからだ。唯一、理論物理学の最先端である量子力学に限って、「観測問題」という形で自己／他者問題が問題になると言われることがあるだけだ[12]。

ところが、心理学においては、対立軸の他方、「自己の心理学」に立つという可能性も、想定されてしまう。しかも、これはまさに、伝統的に内観心理学によってなされてきた選択にほかならない。そこに、行動主義のように、〈自己〉ではなく〈他者〉を選ぶことは、

［10］小川 1985

［11］他者についてなされた観察だけを観察として認めることにすれば、必然的に、公共的に観察可能な「行動」のような物理学の対象になりうる事実のみが観察データとして認められることになる。自分自身についてなす観察にしても、内観対象でなく、自分で測った体温のような、他者が測っても同じことであるような観測のみが観察として認められることになる。

［12］したがって量子力学の解釈は、科学の問題を超えて哲学の問題にもかかわると言えよう（コラム「量子力学の観測問題」）。

ある種の哲学的決断と言わねばならない。操作主義を唱える心理学者は、まさにこの哲学的決断を、すべての科学は物理学と同一の方法論を備えねばならないという、論理実証主義の統一科学運動という科学哲学的理念に殉じて、行ったのである。

だから、物理学の操作主義とは、研究対象を「誰も見ることができない」ために要請されたものであるのに対し、心理学の操作主義は、「自己のことを見ないふりをする」という決断に基づいている、と言ってよいであろう。図‐地反転図形（図1‐2）の実験でも、私にはたしかに、今、花瓶ではなく横顔が浮き出しているのが見えるのだが、「横顔が見えるときには右のボタンを押し続けなさい」という教示に従って右のボタンを押すという、「客観的公共的」に観測可能な操作によって、わざわざ定義しなければならなくなる。しかも、私がこの教示に従って行動するためには、私にとって横顔が浮き出して見えるという「自己についてなされた観察」を前提とするという、「自己の心理学」的な暗黙理の前提は、覆い隠されたままに、である（つまり、私は見えないふりをしているのだ！）。

科学的心理学が、一部臨床心理学者や自然科学者をも含めた外部から、しばしば情緒的な水準の反発を受けることがあるのも、自然科学にはない哲学的前提の導入によって自然科学と同等の科学性を保証するという、いわば「不自然なる科学性」ゆえかもしれない。

本来の物理学的操作主義は、方法論的水準のものであった。それが、心理学に導入された際に、「哲学的決断」がなされ、しかも、その後、心理学者は、最初の決断を忘却してしまった！　したがって、物理学的操作主義の検討は科学方法論の枠内にあるが、心理学的操作主義を検討すると、おのずと科学哲学が必要となるのである。すなわち、方法論的革命が科学の内部のパラダイムの革命であるのに対し、認識論的革命は、科学の外部の哲学的決断に基づいていることになる。

図1‐2　ルビンの杯

行動主義、記号主義、コネクショニズム、これらのパラダイムの間の違いにも、哲学的前提や「決断」の間の差異が隠されているのかもしれない。現場の心の科学者たちは、そうとは気づかず、自分では時代の先端を行っているつもりかもしれない。けれども、実は、図1－1における上下の軸――客観性の軸と主観性の軸――という両極端の哲学的決断の間を、振り子運動しているだけなのかもしれないではないか。ドレイファスのいう小さなパラダイムの間の差異とは、客観性と主観性の混ぜ合わせの、比率や方法の違いに、とどのつまり帰するのではないか[13]。

とまれ、バベル症候群の根っこは、はなはだ深いところにある。心の科学の歴史を振り返り、現在を読み解き、未来を展望するには、科学史や科学方法論の水準では不足であって、科学哲学の水準まで掘り下げる必要が出てくるのだ。ファインマンの皮肉は、心の科学に限って言えば、通用しないのである。

（渡辺）

［13］このあたり、第3章「心の哲学」の主題と重なるところだろう。

【コラム】量子力学の観測問題

ミクロな世界の現象を記述する量子力学は、1926年シュレーディンガーの波動方程式により、形式化された。この波動方程式では、物理系がとりえる複数の状態が「重ね合わされた」状態で表現され、時間経過とともに、その状態がどう変化するかが記述されている。波動方程式は、観測が行われたときに（重ね合わされていた）複数の状態のうちの各状態が観測される確率を与える。

たとえば、電子が発射され、経路Aと経路Bの二つの経路のいずれかを通る可能性があるとしよう。波動方程式は、二つの経路が重ね合わさった状態を記述し、経路Aを通るのが20％の確率で観測され、経路Bを通るのが80％の確率で観測されるなどと予測する。波動方程式の予測はきわめて精確であり、同一の波動方程式で記述される状態を多数回観測すると、統計的な誤差の範囲で正しく20％と80％の頻度で観測される。

さて、ここで問題となるのが、その観測の直前に電子はどこにいたかである。われわれの日常的な世界観によると、電子が経路Ａに観測されたならば、その直前には当然ながら、経路Ａを走っていたと考えるだろう。ところが、そう考えると矛盾が起きるのである。観測をしないと（あるいは観測する前は）、電子はあたかも「波」のように両方の経路に広がっており、ある種の干渉現象を起こすことが、波動方程式によって導かれ、またそれは実験によっても裏づけられるのである。すなわち、観測をするまでの間、物理系は複数のとりえる状態が重なり合った奇妙な状態のままでいる、などと考えざるを得ないのである。

どうせミクロの世界の話なのだからどうでもよい、などと事は済まない。なぜなら、「観測」がいつどこで起きるかが量子力学からは導けないので、マクロの世界にかかわる可能性があるのだ。「観測」という行為を分解すると、そこには「測定装置」があり、観測する人間がいる。電子が経路Ａと経路Ｂのどちらを通るかを測定する装置を作り、経路Ａに検出されたら針が右に振れ、経路Ｂに検出されたら針が左に振れるようにしよう。すると、波動方程式では、経路Ａに検出されて針が右に振れる状態と、経路Ｂに検出されて針が左に振れる状態とが、依然として重ね合わせた状態のままであり、どちらかには決まらないのである。さらに、測定装置の針が右に振れたら近くの猫が死ぬような仕掛けをしておくと（あくまで思考実験である）、猫が死んだ状態と生きている状態が重なり合うという、実に奇妙な状態を想定せねばならない（シュレーディンガーの猫）。これが観測問題である[14]。

物理学者は奇妙な現象をミクロな世界に封じ込めるため、なんとかマクロの測定装置あたりでどちらかの状態に「決定」されるよう、量子力学の拡張を試みるが、うまい理論が作れない。そうしたなかで、１９８０年代には、数メートルという十分マクロの大きさにおいても、ある種の物理系が重ね合わせ状態にあることが、実験的に確かめられた。

［14］観測問題を初心者にわかりやすく説明しようとする書籍は多数発刊されている。たとえば、竹内薫・ＳＡＮＡＭＩ1998『シュレーディンガーの哲学する猫』徳間書店、を見よ。

一方で、物理系でないものが関与するときに「観測」が起きるとすれば、量子力学の整合性が保たれるとして、ウィグナーやウィーラーは、観測者の「意識」が物理状態を決定していると想定した。意識がかかわる前までは、複数の状態が重ね合わされているが、誰かの意識がその物理系を観測すると、波動方程式に示された確率に従って、いずれかの状態に決定するという。

また、エヴェレットは、「観測」はそもそも起きていないとする「多世界解釈」によって量子力学の整合性を保とうとした。多世界解釈では、電子が経路Ａに検出されて針が右に振れ猫が死んでいるのを観測する世界と、電子が経路Ｂに検出されて針が左に振れ猫が生きているのを観測する世界とが、それぞれ別個に存在するとされる。波動方程式により、日常的にほとんど無限個の世界が生成されるのだ。このようにして、観測者は多数の可能な世界に複製されるが、その意識は、意識の存在する特別な世界を認識する。つまり、死んだ猫を観測する世界の意識と、生きた猫を観測する世界の意識とが、互いに交流もなくそれぞれ存在するので、われわれは常にどちらか一方を認識するという。観測問題は解消されるが、代わりにわれわれは、多重世界《マルチヴァース》の迷宮へと追い込まれる。

（石川）

■「科学的心理学」——混迷するパラダイム

□行動主義の成立

心理学は「心をどのように理解するか」という認識論的基盤の部分に、抜き差しならない難問を抱えている。この学問としての根っこに巣くう哲学的問題の性質を見極め、現代心理学が成立したときから今日まで、ずっとつきまとう困難の原因を探るには、心理学のあり方を哲学的前提にまで遡って省察する必要がある。

19世紀の第4四半世紀にドイツで制度的に確立され、独立したディシプリンとして出発した心理学は、20世紀に入ると行動主義の成立とともに新たな時代を迎え、現在に至る発展と混乱の歴史を歩み始めた。アメリカの心理学者ワトソンが提唱した行動主義の主張[1]によれば、心理学は客観的に観察可能な「刺激」と「反応」と両者の「連合」という三つの概念だけで、すべての行動を説明する学問である。それはヴントの実験心理学の正統的研究方法だった「内観法」や、内観によって研究された「意識」のような「精神的な概念」を排除して、「行動」の科学的研究をめざすものだった。「意識を捨てよ！　内観を捨てよ！」というスローガンがワトソンの立場を端的に表している。ちょうど20世紀初頭にロシアのパブロフによって確立された条件反射学の方法[2]のような自然科学的研究方法を用いるべきだ、とワトソンは主張した。こうした古典的行動主義の立場はアメリカでは概ね受け入れられ、心理学は客観的な方法で行動を研究する科学だ、という認識が広まっていった。

［1］Watson, 1913.「行動主義者から見た心理学」と題されたワトソンの論文は、心理学の新時代の到来を告げる「行動主義宣言」だと言われる。

［2］古典的条件づけ（パブロフ型条件づけ）。道具的条件づけ（オペラント条件づけ）とともに、行動主義が最も重視した学習心理学の基本原理となった。

1930年代になると、操作主義や論理実証主義の主張も取り入れて新行動主義が成立し、現在も主流心理学の基本的アプローチと目されている〈S－O－R図式〉（図1－3）が成立した。これは、外界の刺激Sによって生活体Oの内部で心的過程が喚起され、その結果として外部から観察可能な反応Rが起こるという、心の理解のための枠組みである。ワトソンが非科学的だと排除した生活体内部の心的概念については、たとえ外部から観察できなくても、明示的で再現可能な操作によってその概念を定義できるなら、心理学理論を構成する要素と認めてもいい、ということになった[3]。このようにして今日まで続く「科学的心理学」が始まった。

1930年代から1960年頃までは、大学研究者らのアカデミックな心理学界では、この新行動主義的アプローチによって心を研究するべきだ、というコンセンサスがあった。新行動主義の牙城だった学習心理学を中心に、知覚や社会心理学、パーソナリティ心理学、さらには臨床心理学をも含む心理学全体がこの方法論を用いて研究すべきだ、と考えられていた。1879年のヴントによるライプチヒ実験室の創設以来、半世紀以上の年月を経て、心理学はようやく〈パラダイム〉を確立した、と見る向きもあった[4]。新行動主義に基づく科学的心理学という「大きな物語」が共有され、その枠組みの中で数多くの実証的研究が行われたこの時期は「理論の時代」とも呼ばれ[5]、クーンの科学の発展段階説にあてはめると、心理学史上まれな「通常科学の時代」だったとも言える[6]。

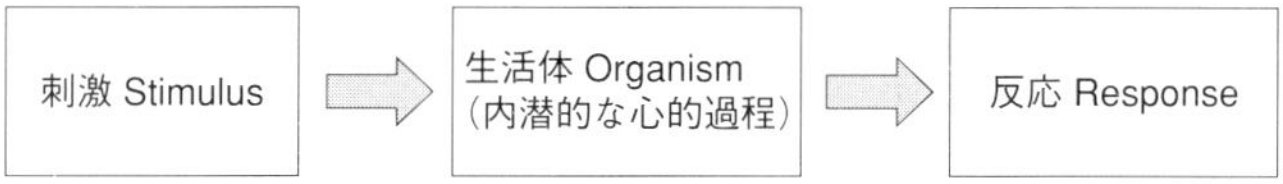

図1－3　S－O－R図式による心のとらえ方

［3］先に述べた「操作的定義」にあたる。

［4］近年、このS－O－R的アプローチは認知行動主義とも呼ばれる。実験や質問紙による調査などの方法で研究を行う基礎心理学はもちろん、この発想や方法を心理臨床に適用した認知行動療法も含まれる。欧米（特に英語圏諸国）では、臨床心理学でもこのアプローチが主流を占めている。

［5］新行動主義者は数多くの動物実験を行ったが、動物に関心をもっていたわけではない。新行動主義はすべての生活体の行動を説明するグランド・セオリーをめざしていた。ヒトやネズミなどの「生活体」の行動のメカニズムは普遍的な法則に基づいており、それを明らかにするためには、実験条件を統制しやすい動物を用いて研究するのが近道だと考えられた。

□ジオルジの診断――心理学の「理論的な危機」

だが、この幸せな時代は長くは続かなかった。不幸の原因は、心理学の根っこにある哲学的難問である。1960年代になると諸学派の間で心を理解する枠組み（認識論的立場）の相違が露呈し、互いに相容れない諸パラダイムが並立する状況が歴然となった。実験心理学では学習心理学に代わって認知心理学が主流になり、S－O－R図式をコンピュータになぞらえて情報処理モデルを発展させた。しかしこの図式自体を認めない学派も活発になった。精神分析の諸学派は北米でもヨーロッパでも独自の発展をとげ、ますます影響力を増した。また行動主義や精神分析に真っ向から異議を唱える第三勢力の心理学[7]も興った。新行動主義的アプローチが心理学の唯一の正統パラダイムたりえないことは、もはや明らかだった。アメリカの心理学者ジオルジは、この状況を心理学の「理論的な危機」と捉えている[8]。

ジオルジは、1960年代から現象学的心理学を提唱して、個々人の生活世界を詳細に検討する質的研究法を推進してきた心理学者である。彼は理論的危機の現れとして、次の三つの症状をあげている[9]。

第一は、上述のように心理学には学問としての統一性や斉合性が欠如している、という症状だ。心理学者社会には数ある研究方法の中から最もふさわしい方法を選択する明確な基準[10]がなく、研究によって得られた知見が体系化されず、断片的なままに留まっている。また将来の方向性についても深刻な意見の対立がある。このため研究の枠組みとなるパラダイムを新たに創り出そうとする試みがいつまでも続き、学派ごとに異なる理論的概念や専門用語が用いられている。

コッチの論文（Koch, 1964）が行動主義の哲学的基礎とその限界を詳述している。

［6］パラダイムや、それを提唱したトマス・クーンについては、第2章を参照。

［7］人間性心理学と呼ばれる、1960年代にマズローやロジャースによって創始された学派のこと。精神分析が前提する過去経験や本能的欲動に縛られたものとしての人間観も、行動主義が前提する刺激に対して受動的に反応する生活体としての人間観も否定した。自律的で自らの選択によって未来を築く存在と人間を捉え、人格の成長や自己実現を重んじた。後にその一部はトランスパーソナル心理学へと発展した。

［8］Giorgi, 1970. ジオルジについては、第4章を参照。

二番目の症状は、研究の意義や価値にかかわる疑問である。心理学者が人間の現実の生活世界と結びついた意義ある問題を研究テーマとして取り上げないために、またそのテーマにふさわしい研究方法を用いないために、現実の生を送る人々にとって意義のある研究がなされていない。

三番目は、科学に対する心理学者の態度の混乱である。ワトソンの古典的行動主義以来、心理学は自然科学（特に古典物理学）をモデルとして「科学的心理学」の構築をめざしてきた。このため心理学者の間には「科学」への盲目的な過度の依存と、その反動としての科学嫌いが混在している。実験心理学のように忠実に「科学的姿勢」を保って研究を行うと、生活世界にかかわりのない瑣末的な研究を積み重ねることになる。そして、実験や質問紙調査などの量的方法ばかりをよしとして、それ以外の方法[11]に基づく研究を、非科学的だと否定しがちである。逆に、臨床心理学のように個々人が抱える心の問題と向き合い、人格と生活世界を直接理解しようとする心理学者は「科学では人の心はわからない」と、実験心理学を含む科学全体を否定してしまい、その巨大な力を正当に評価できない、というジレンマが起きている。

ジオルジの診断が妥当なら、心理学は物理学など他の「先進自然科学」とは異なる道を歩んでいることになる。なぜなら、多数の心理学者が百数十年も研究を行っていながら、いまだに統一的パラダイムを確立できずに、前パラダイム的発展段階に止まっているからだ。

わが国でも昨今の臨床心理学ブームのおかげで、テレビや週刊誌などのマスコミを通して心理学的言説が広く社会に流布している[12]。また大学や大学院で心理学を受講する学生が増え、（臨床）心理学専攻コースの新設も相次いでいる。一見すると他のディシプリン

［9］Giorgi, 1976.

［10］自分だけでなく、立場を異にする他学派の心理学者も納得する方法選択の基準。

［11］参与観察やフィールドワーク、ディスコース分析などの質的研究方法。

［12］PTSDや人格障害のような心理学概念が、マスコミ報道などによって公衆の日常生活の中に

に比べて心理学は繁栄を謳歌しているように見える。しかし心理学を学んだ人の多くは、臨床心理学者と実験心理学者の対立や相互非難のような、「心理学の分裂」をうかがわせる事例を一度は見聞きしたことがあるのではないだろうか。表面的な繁栄の陰で、心理学は「理論的な危機」に直面しているのだ。

（五十嵐）

【コラム】心身問題

いわゆる近代の心身問題は17世紀のデカルトに始まると言ってよい。彼は延長を属性とする「物質（res extensa）」と思惟を属性とする「精神（res cogitans）」とを区別した。精神が物質と異なるのなら、物質である身体と精神とはどのようにして相互作用が可能になるのだろうか。デカルトはその相互作用が松果体と呼ばれる脳のある特定の場所で行われると考えていたようであるが、この場所には大した意味はない（技術の発達していない時期の解剖であったために、松果体が左右に分かれていないように見え、ことごとく左右対称の構造をもつ大脳にあって異質な存在に見えたようである）。庭園の水力仕掛けの人形に人間の運動の原型を見出したデカルトは、水力の代わりに動物精気（animal spirit）と呼んだものを仕組みとして考え出した。炎に触れるとひとりでに腕を縮める現象（現代の反射運動）は、デカルトの頃はこの動物精気（デカルトは血液中に存在する、気体または炎のようなものと書いた）が体内をめぐって引き起こされると考えていた。このことはのちにすぐに否定される結果となったが（血管を切って水中にさらしても、何も気体は出てこなかったためである）、身体が自動機械のようなものであり、心はそれとは異なる存在であるという考え方は19世紀まで強く受け継がれていった。

デカルトの立場は相互作用も認めた物心二元論であったが、それから2世紀後のヴントの時代になると、物心二元論は物心平行論としてさまざまに論じられるようになった。19世紀の物心平行論においては身体の中でも特に脳と心との関係を扱うところが特徴的である。デカルト

浸透している。西洋化された社会では「現実の心理学化」、「日常生活の心理学化」が常態となっている。ダンジガー（Danziger, 1997）は、これらの心理学的カテゴリーが、動植物の種のような自然界に実在するカテゴリーをそのまま写し取った「自然種」ではないことを究明した。それはさまざまな歴史的文化的制約の下で、社会的に構成された「人間種」である。「知能」や「態度」や「動機づけ」などの心理学概念は、特定の利益関心をいだいた「当事者たち」によって、特定の歴史的文脈の中で集合的に構成された「人間種」である。行動主義が科学的心理学の唯一の正当な研究対象だとした「行動」の概念もそのようにして構成された「人間種」なのである。

の動物精気に代わる近代生理学の概念はエネルギーである。1840年代に複数の科学者によってエネルギー理論が展開されると、生理学者が反射や神経活動にその概念を適用した。1850年代から60年代にかけて、さまざまな神経伝達や生理解剖学の実験から、大脳には運動や感覚、さらには言語の機能に関していくつかの中枢が存在すること、その中枢の刺激は神経エネルギーとなって身体を伝播することが理解されるようになった。ヴントのような生理学出身の心理学者ではないが、すでに1850年代にベインは自著の中で心的エネルギーの比喩を随所で使用している。物心平行論はデカルトと同時代のスピノザやライプニッツにも見られたが、デカルトも含む17世紀的な二元論は形而上学的色彩が強いのに対して、ベインやヴントの物心平行論とは、こうした脳科学の発展の中で、まだその因果関係はよくわからないが心身両面に多大な影響を及ぼしているものとして脳を捉えた見方である。

現代の心身問題では、脳死問題も含む広い形で「脳＝物体」と「心＝非物体」との関係が問われている。デカルトは精神の存在を人間特有のものとしたが、現代の心理学や哲学では、まず心があるとはどういうことかという点から問い直し、さらにはコンピュータのような人工物においても心を仮定することができるかどうかについても論じている。

（高砂）

■理論心理学――心理学のメタサイエンスの登場

前項で述べたジオルジの活躍もあり、1980年代には心理学理論にかかわる問題を専門的に研究する領域として「理論心理学」が成立し、学術雑誌も相次いで創刊された[1]。

この背景には「認識論の自然化」の結果、哲学者が人間の認識のあり方を解明するために認知科学や神経科学に目を向けるようになり、心身問題など哲学の伝統的問題をめぐって、心理学の哲学が心の哲学とオーバーラップするようになった事情がある[2]。また近年の脳研究の進展にともない、神経科学者が脳のメカニズムの知見をもとに心のメカニズムの理論化に乗り出した。人工知能研究は心の機能をコンピュータに実装すべく研究を進める過程で認知科学や心理学、心の哲学の領域へと参入した。これらの動向が心理学の理論や理論形成にまつわる問題の考察へと、研究者の注意を促した。

心を研究する方法や心を説明する理論をめぐる意見の対立は、実験や質問紙調査を行えば正しい解決策が一つに定まる、という性質のものではない。この問題を検討するには、今までに心理学が生み出してきたさまざまな心の理論を、その哲学的前提や歴史的社会的背景をも含めて包括的に考察する必要がある。そこで心理学の哲学や心理学史、心理学の社会学などの「心理学のメタサイエンス（理論心理学）」が、重要な研究課題として浮かび上がってきた。

このようにして1980年代に、心理学自体を研究対象とする心理学のメタサイエンスが興ったが、同じような変化は隣接諸学問ではすでに10年以上も前から始まっていた。

［1］こうした心理学自体を対象とする自己反省的研究を導いた原動力として、1970年代に始まり80年代に活発化した「新しい心理学史」を忘れてはならない。心理学史研究は、現在の立場から心理学の発展を回顧的に跡づける累積的進歩史観（勝者の立場から見たホイッグ史観）から、個々の研究や実践が営まれた時代や文化などの文脈を重んじる構成主義的な社会史（批判的心理学史）へと発展した。ダンジガー（Danziger, 1990, 1997）は、心理学史研究の転回を示す記念碑的業績とされる。もちろん、これ以前に科学史を含む歴史学全般で、こうした歴史観の変化が起きていた。

科学哲学では、1960年代に「科学の論理学」(論理実証主義)から「科学の解釈学」へとパラダイムが転換し、このことが理論心理学の成立にも大きな推進力を与えた。1930年代以来、新行動主義心理学に論理実証主義の立場から支持を与えてきた科学哲学は、1960年代に「解釈学的転回」をとげた[3]。その原動力となったのが、クーンなど「新科学哲学」者たちである。科学と非科学とを区別する境界設定基準を明らかにし、論理分析によって正当な科学の研究方法を定め、知識の根源を明らかにするという「基礎づけ主義」が、これらの学者たちによって否定された。また、科学知識の社会学や科学人類学も理論心理学に大きな影響を与えた[4]。1970年代には社会学や人類学、文学理論など様々な学問で、論理実証主義的な知識の基礎づけ主義が厳しい批判にさらされ、代わってポスト実証主義的な科学哲学が受け入れられていった。遅ればせながら80年代になると、心理学にもその影響が及ぶ。

新行動主義的な「科学的心理学」の一部門である社会心理学でも、1940年代以来、実験や質問紙を用いた調査が重んじられてきた。社会的構成主義の旗標を掲げてこうした実証主義的な社会心理学に真っ向から異議を唱え、主流心理学からの猛烈なバッシングと闘って、その確立に成功したのがアメリカの心理学者ガーゲンである[5]。彼は1991年の論文「理論心理学の挑戦——実証主義の後継プロジェクト」の中で、現在の心理学者が置かれている状況を〈ポスト実証主義の時代〉と位置づけている。つまり論理実証主義的な方法論の支配が終わり、それに代わる新しいメタ理論に基づく研究が始められるべき時代である。この認識が理論心理学の出立点である[6]。

デンマークの心理学者マッセンは心理学のさまざまな理論を比較検討する意義を強調した。彼は、心理学者の研究活動を経験的水準と理論的水準と哲学的(メタ的)水準で、そ

「新しい心理学史」は科学史や、科学知識の社会学や、科学人類学などの現代科学論から大きな影響を受けている。科学知識の社会学や科学人類学については、第4章を参照。心理学史は1970年代から心理学のメタサイエンスをリードしてきた。

[2] 心の哲学については、第3章を参照。

[3] 論理実証主義などの第一世代の科学哲学に対して、この新しい展開は「新科学哲学」と呼ばれる。第2章を参照。

[4] 科学知識の社会学と科学人類学については、第4章を参照。

[5] Gergen, 1982, 1994. ガーゲンは主著『もう一つの社会心理学——社会行動学の変換に向けて』(杉万俊夫・矢守克也・渥美公秀

れぞれ検討する視座を提唱した[7]。哲学的水準に属するメタ理論は、実験や調査（経験的水準で行われる）によって検証される個々の心理学理論（理論的水準に含まれる）のあり方を、前もって規定しているとされる。つまり、心を説明するためにどのような理論が生み出されるかは、理論を構築する研究者の世界観や科学観、人間観、心観、心身問題への解答などの哲学的要因によって、あらかじめ制約されているのである。

ガーゲンは前述の論文で、このメタ理論の視点から、北米を中心に心理学の主流と目されている論理実証主義的なS－O－R型心理学の哲学的前提を検討している。彼は次の二つの哲学的前提が、理論のあり方や心理学者が行う研究実践活動を制約しているという。

そのひとつは対象を観察する際には、観察者が前提としている理論とは独立した客観的な観察を行うことができ、これによって理論の正否が検証される、という暗黙の前提である。しかし、ハンソンが提唱した観察の理論負荷性の説[8]により、観察という研究のもとになる基本的営みが、観察者が担う理論などの要因によって、あらかじめ制約されていることが明らかになった。観察は観察者がある対象を「〜として見る」こと、つまり解釈を行うことによって初めて可能になる。論理実証主義的メタ理論が仮定した、解釈に先立つ純粋な感覚データや「生の事実」は、事後的に構成された虚構にすぎないのである。観察者が抱いている理論が、何が観察されるかを決めるとすれば、その前もって存在する理論がどのようなもので、研究活動にどのような影響を与えているのかを、理論心理学は検討しなければならない。

もう一つは「科学の中立性」という哲学的前提である。科学は特定の価値観や信条、政治的イデオロギーなどとは関係のない不偏の営みであり、それゆえ科学こそが客観的な正しい事実を明らかにできるのだ、という「客観性の神話」である。１９６０年代以降、物

監訳 1998 ナカニシヤ出版）において、社会的構成主義を提唱した。１９９０年代後半にはその主張は一定の支持を得るようになり、主流心理学者も排撃や無視だけでは済まされなくなった。

［6］第４章【現代理論心理学――その動向】

［7］マッセンの『メタ心理学的視点から見た心理学史』（Madsen, 1988）より。第４章の図４－３を参照。

［8］ハンソンや理論負荷性については、第２章を参照。

理学や生物学、経済学、政治学など多くの学問でこの神話は厳しく批判された。研究活動が、科学者個人やその所属組織、社会階級などにまつわる利害関心の影響を被ることは、今日では広く知られている[9]。この「科学の中立性」という強固な哲学的前提のために、心理学者は政治的社会的問題に対する発言を忌避してきた。しかし、「科学」の名の下に中立を装う欺瞞は、もはや許されない。

現在、この二つのメタ理論的前提をめぐって進行するポスト実証主義的転換が、心理学の新たな発展の契機となる。ガーゲンは、ポスト実証主義時代に新しい研究をめざす理論心理学は、既存の研究の枠を越えた幅広い課題をもつと指摘している[10]。心理学のメタサイエンスという新たな研究領域について、その発展を促した科学論と心の哲学のさまざまなトレンドとその背景を各章で紹介する。

（五十嵐）

[9] 野家啓一は『科学の解釈学』（新曜社 1993）で、「科学とイデオロギーの峻別」から「イデオロギーとしての科学」へと、科学観の変化が起こったと述べている。

[10] 第4章のコラム参照

■21世紀の心の科学――神経科学をめぐって

過日ニューヨーク市立大学を訪問したところ、現在の心の科学の状況を端的に象徴するものを目撃した。この大学はマンハッタン島の市街地にある数十のビルに分散して教育が行われており、一般のビルを買い取っては大学が拡大するという、典型的な都市型大学である。それらの大学ビルのひとつに、これみよがしに「心理学」と「神経科学」の看板が大きく左右に並べて掲げられているのである。最先端企業やファッションブランドの広告がいたるところに掲げられているニューヨークの街であるから、その看板は単に学部の存在位置を示すものというよりも、大学の姿勢を示す広告塔として重要な意味をもつのである。すなわち、本大学は心理学と神経科学を統合的に研究することに最も力をそそいでいます、というPRである。

思い起こせば、前回の意識科学国際会議でも「神経科学」が幅を利かせていた。意識科学国際会議とは、アリゾナ州ツーソンにて1年おきに開催される学際的な大会議であり、心理学者はもとより、生理学者、生物学者、物理学者、コンピュータ科学者から、哲学者、宗教学者までが数百人規模で集まり、意識に関するさまざまな話題を議論する場である。前回の会議では、注意や意思決定などの高度な認知活動における、脳の活性度の変化画像が、心の「神経相関」という名のもとに多くの講演で示された。その前の会議に比べれば、倍以上の頻度に増えただろう。人間が○○をするときは、脳の××の部分が興奮しています、というパターンの研究発表が次々と続いたのである。

これら二つの事実を見ると、21世紀の心の科学の行方はおのずと明らかにも感じられる。21世紀とは、いよいよ心理学が、神経科学との「結婚」を通して永年の悲願である「自然科学」入りをする世紀である、と……。いやまてよ。ここで奇妙な既視感《デジャヴ》を感じる。同様な構図を30年ほど前に体験し、そのときは期待だけが膨らんで実現せずに終わったではないか。振り返ると、１９５０年代の心理学に始まった「認知革命」は、その後のコンピュータ技術の発展とあいまって、「認知科学」というアプローチを形成した。心は、コンピュータの機能的実現になぞらえて理解することができる、とされたのだ。70年代後半から80年代にかけての絶頂期には、「人工知能」という、人間の心に機能的に相当するコンピュータシステムの開発に、わが国を含めた先進諸国はやっきになった。成功すれば、心理学はコンピュータ科学との「結婚」を通して「自然科学」入りをするはずだった。しかしそれは、次に見るように見果てぬ夢であった。この失敗の歴史を教訓にしなければ、また同じことを繰り返すのではないか。「神経科学」の台頭も単なる歴史の繰り返しにすぎないのではないか。こうした可能性を検討してみよう。

人工知能の製作に採用された基本原理は、記号計算であった。これは、数や単語の連鎖をある種の規則に則って書き換えていくことで所望の結果を導いていく方法である。当時、コンピュータ科学と論理学の理論に支えられ、人間のあらゆる行動は、遅かれ早かれすべて記号計算で実現できると思われた。ある面では人間をも上回る高度な知能をもつロボットの誕生が、すぐそこに迫っているというのである。人間と区別がつかないほどの知能をもつロボットができてしまえば、そのロボットは人間のように心をもつのだろうか。もしそうならば、人間の心も記号計算にすぎないのだろうか。そうした哲学的議論も巻き起こりつつあった。ところが、人工知能はまもなく工学的側面で壁に突き当たるのである。難題として立ち現れたのは、常識の記述と処理の問題であった。

人間のように優秀な人工知能は、人間にとってあたりまえであるような常識はすべて備えていて、常識的な行動をとらねばならない。すなわち、物理的世界に関する知識はもちろんのこと、人間の生活や社会、文化、慣習、制度に関する知識までが満載されていなければならない。そして、それらが場面に応じて適切に処理されるはずである。しかし、多量の知識を収納すると、「フレーム」問題という処理量の（あるいは記述量の）問題が生じる[1]。

ある判断を行うためには、直面する場面に関連する知識を、大量の知識から探し出さねばならない。慎重な判断をしようとすれば、すべての関連知識を探す必要があるだろう。保有する知識をひとつひとつ吟味して、今直面する場面との関連性を調べるのだ。大量の知識があれば、この関連性を調べる時間は並大抵ではない。なぜなら、知識の組み合わせがまた新たな知識を生むからである。慎重にすぎる人を指して「石橋を叩いて渡る」というが、人工知能は「石橋」を前にして、あらゆる可能性を延々と吟味し続けて、一向に前に進めないのである。ならば、場面に関連する知識をあらかじめ指定しておいたらどうか、という代案が考えられる。「石橋は安全だから渡ってよい」と記述しておくことである。しかし、これだけではあまりに知恵がない。橋げたにヒビが入っていたり、川が警戒水位を超えていたり、テロリストが爆弾を仕掛けたのを知っていたりした場合には、やはり渡らないのが賢明というものだ。すると「石橋は原則渡ってもよいが、○○のときは例外だ」などと記述することになる。こうした関連性を記述し始めると、すぐに並大抵の量ではないことがわかる。日常直面するあらゆる状況について記述することは、膨大な作業である。状況の組み合わせがまた新たな状況を生むからである。

［1］コラム【フレーム問題と知能ロボット】

現在の人工知能の分野は、方法論的な行き詰まりを見せた記号計算に代わって新たな手法が次々に現れ、方法論的な混迷状態にある。脳の構造に学ぼう（コネクショニズム）、進化の原理に学ぼう（遺伝的アルゴリズム）、環境と一体で考えよう（相互作用主義）、物理機械として考えよう（力学系アプローチ）などの方法を、ときにはいくつかが合体した形で問題に取り組んでいる。そうした方法の多くは、新たに開発されたというよりは、過去に発見されたものを再利用しているのである。またそれらの対象問題は明らかに縮小した。もはや人工知能ではなく、人工昆虫とか、人工生命とかという命名で、常識の問題が直接影響しない研究領域となっている。しかし、それでも処理の問題は依然としてある。新たな手法のほとんどは、知識に相当するものを記述して埋め込むのではなく、外界から学習するという構成になっている。外界に適応して柔軟に動作するというのは聞こえがいいが、どんな種類の動作が学習可能なのか、あらかじめ枠組みを設計して入れておかねばならない。かなり汎用的で、広い種類の動作を学習可能にしておくと、宇宙の誕生に必要なほどの膨大な学習時間が必要になってしまう。

さて、最初の議論に戻ろう。現在の神経科学のアプローチが、上に述べた常識の問題を解決する手段を内在させているかという点である。これは、かなり悲観的である。神経科学の主力である、ＭＲＩやＰＥＴなどの脳断層撮像装置技術（図１－４）が究極まで進んだ状況を想定してみよう。そうした暁には、ヘルメットのような装置を頭にかぶせると、自分の心理状態に対応した脳細胞の活性度がニューロンひとつひとつに対してわかるのだ。左手の薬指に針を刺して痛みを感じるときはこれこれのニューロン群が活性化し、恋する相手の右手を握ろうとするとこれこれのニューロン群が活性化し、昨日のおいしい焼肉の味を思い起こすとこれこれのニューロンが活性化するといった具合である。それはそれで

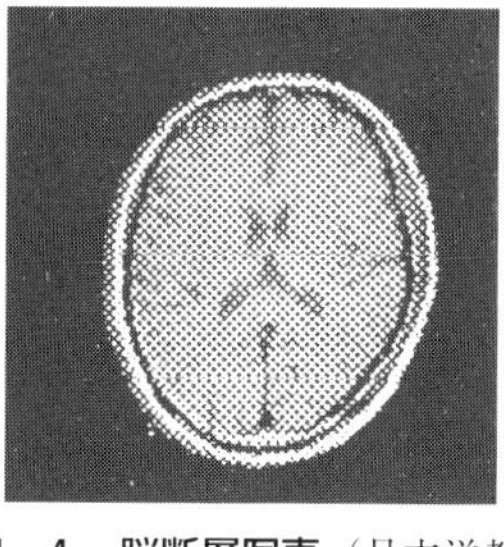

図１－４　脳断層写真（月本洋教授より提供）

すばらしいことであるが、心の研究に展開するには、ニューロン群の活性度と心理状態とを関連づける理論が必要である。この理論構築には、先に述べた人工知能の抱えた問題と同じレベルの困難がつきまとうのではないか、と思われる[2]。

科学は進歩するのではなく、社会の影響を受けて変化するのだというのは、第4章の主題でもある。現在の神経科学の隆盛は、脳断層撮像装置がかなり高額のため、多額の予算をせしめてしまい、他の研究予算を削ってしまうということと、いったん装置が稼動し始めると、論文にまとめやすいデータが多量に収集でき、論文生産性が高いということに原因を求めてもそれほど誤りではないだろう。

こうしてみると、21世紀が、心理学の脳生理学との「結婚」記念となるとは、楽観主義者の夢想にすぎないと思えてくる。では、そうだとすると21世紀の心の科学はどのように展開するのだろうか。冷静に考えると、21世紀に心の科学はこれこれのように発展するというよりも、むしろ、21世紀の心の科学は依然としてあれこれ夢見の繰り返しになるという予想のほうが当たりそうである。遺伝子が次々と「解明」され、心理学とゲノム科学の「結婚」が騒がれるかもしれない（これはかなりありそうだ）。ことによると、新手の物理学理論が現れ、心理学と物理学の「結婚」が騒がれるかもしれない。こうした状況を繰り返すのであれば、心の科学は、ブームに乗って研究者が集まっては去っていく劇場の舞台でしかない。

心の科学が夢見の繰り返しを脱却して、発展するための条件は何だろうか。なんといっても、歴史観をもって根本に立ち帰る姿勢が肝要だ。脳を知ることは心を知ることになるのだろうか。信念・願望・常識は脳とどのような関係にあるのだろうか。「私」の感覚や、体験のリアリティはどのように理解されるのか。そして世界に「生きる」とはどういうこ

［2］この理論構築の展望を整理した入門書に、苧阪直行編著 2002『意識の科学は可能か』新曜社、がある。また月本（2002, 2003）は、イメージを手がかりにして、この問題に切り込んでいる。

とか。こうした哲学的疑問を踏まえながら心の科学を捉える、「メタサイエンスの視点」が必要なのだ。すなわち、現状の心の科学を批判し、新たな道筋を示していく「開拓者」が待たれている。本書がめざすところは、そうした開拓者の第一歩を支えることにある。

（石川）

【コラム】フレーム問題と知能ロボット

哲学者のデネットは、爆弾回避ロボットの奇妙な行動を例にとって、フレーム問題の根深さを示した[3]。その話のうえでの仮想ロボットは、倉庫に爆弾が仕掛けられた情報を得て、倉庫の重要書類を運び出す任務を負う。爆弾の爆発時刻の前に倉庫に駆けつけたロボットは、首尾よく重要書類が積まれたワゴンを倉庫から運び出す。これで一件落着かと思いきや、ワゴンに載った爆弾が爆発して、重要書類は吹き飛んでしまう。

百科事典よりも多くの知識を備えたそのロボットは、ワゴンの上に爆弾があることを「知らなかった」のではない。ちゃんと「知って」いたのにもかかわらず、ワゴンを動かすと爆弾もついて来ることに「気づかなかった」のだ。よって改良を加えて、ロボット2号を開発する。論理学の規則に則って、知識に基づいたあらゆる可能性を推論するロボットである。ところがロボット2号は倉庫の前で立往生してしまう。自分が倉庫に入ることによって起きうる事柄を延々と推論しているのである。「自分が倉庫に入ることで、倉庫に空気が入る。空気の成分は窒素と酸素で、重要書類の紙が酸化されて……」そうこうしているうちに爆弾は爆発だ。

ロボット2号は、あまりに博識のために関係ないことを考えすぎるのである。そこでさらに改良を加えてロボット3号を開発する。関係ないことは単に「無視」するという機構を入れたのだ。だが、ロボット3号も立往生している。内部を調べると、無視するための、推論の打ち切り作業を延々と行っているのである。「自分が倉庫に入ると空気が入るがそれは無視する、

［3］Dennett, 1984(訳書 1987). 解説書には、J・マッカーシー、P・J・ヘイズ、松原仁／三浦謙訳 1990『人工知能になぜ哲学が必要か――フレーム問題の発端と展開』哲学書房、がある。

倉庫に振動が加わるがそれは無視する、倉庫に入った回数が1回増えるがそれは無視する……」保有する知識のそれぞれを、これからの作業に関係ないといちいち無視するのは、結構たいへんなのだ。

あれこれ考えていては行動に移せないからといって、安易に時間を切って決断する仕組みを入れては、最初のロボットに逆戻りである。ワゴンを動かすと爆弾もついて来ることも、無視されてしまうかもしれない。解決の鍵となるのは、保有している知識の中から、直面している課題と関連する知識のみを枠（フレーム）に囲い、残りは頭から無視することである。これを実現することが、フレーム問題という、工学上の難問なのである。経験を積んだ人間は、完全ではないけれども、フレーム問題にそこそこ対処できている。

（石川）

第2章　心理学のための科学哲学――歴史的観点から

19世紀、市民社会と自然科学が成熟するなかで、コントやミルら経験論的実証主義者たちは、自然科学の方法によって人間科学をも建設しようという統一科学の構想を打ち出した。けれども、ドイツの歴史学派がこれに反発し、ディルタイが、自然科学とは別の方法論を備える精神科学の構想を提案し、今日にまで及ぶ「人間科学の方法論争」の火蓋が切って落とされた。

これとは別に、ウィーンの科学者と哲学者のグループが、20世紀の初めの物理学の危機に直面して実証主義を再整備すべく、記号論理学の成果を取り入れて論理実証主義を創始した。彼らの目標は、科学と非科学を区別する合理的な境界設定基準の探求であり、「意味の検証可能性原理」を生み出した。それに対してポパーが「反証可能性原理」で対抗した。

ところが、20世紀の半ば頃から、経験論の伝統の中から経験論を批判する動きが高まり、やがてクーンのパラダイム論を代表とする新科学哲学の台頭となり、科学的合理性の普遍的基準の探究は、事実上終幕を迎えたのだった。ここで、クーンらは、ディルタイ晩年の構想に発し、欧州大陸系の哲学者によって練り上げられた人間科学の方法である解釈学に出会い、二つの流れは事実上一本化する。この流れの延長線上に、科学的合理性を根底的に批判するポストモダニズム的科学論が現れたが、現場の科学者は反発した。

他方、科学的合理性をある程度保持しつつ解釈学の成果をも取り入れた、現場科学者をも納得させるに足る科学論も出現した。この流れから生じたもうひとつの発展に、科学哲学における「自然主義的転回」があった。いまや、科学の先験的な基盤を見出そうとする試みに代わって、哲学は科学と連続したものであり、科学の成果を後験的に解明し体系化しなければならないと論じられるようになった。

（渡辺）

■「科学哲学」と「科学的心理学」——その同時代性[1]

一方で、ディルタイ[2]によって火蓋を切られた人間科学の方法論争[3]から、20世紀前半の論理実証主義の隆盛、1960年前後のクーン[4]らの新・科学哲学の勃興を経て、現代に至る科学哲学の展開の120年。他方では、ヴント[5]らによる近代科学としての心理学の開拓[6]に始まり、20世紀初めの行動主義、ゲシュタルト心理学、精神分析を経て現代へと至る心理学の展開の120年……。科学哲学の歴史と、科学的心理学の歴史のこの、年代から見てほとんど正確な一致ともいえる同時代性は、偶然なのだろうか。心理学者たちはもとより、科学史家や科学哲学者たちも、筆者らの知る限りこの同時代性にはあまり着目してこなかったように思われる[7]。

同時代性が見落とされてきたひとつの理由は、ドイツなどヨーロッパ大陸諸国（以下、「大陸」と略す）を舞台として行われた19世紀末からの人間科学の方法論争の歴史と、1920年代末に勃興した論理実証主義[8]に発する英語圏の科学哲学の歴史とが、別個の物とみなされてきたことにあろう。「人間科学の方法論争」のほうはヴントと同時代に発するとはいえ、精神分析批判（⇒【精神分析】）に一役かった以外は、行動主義を中心とした科学的心理学主流にとっては関係がない。心理学主流と関係があるのは「論理実証主義」のほうだが、こちらは1920年代以降だから、時代的にかなり後のことになる……というのが、従来の見方だったのではないだろうか。

ところが、近年ますます明らかになってきたことは、科学哲学の、大陸における流れと

[1] 本章の執筆にあたっては、一次資料に当たれなかった部分を含め、丸山（1985, 1993, 2002）、石垣（1994）、ベムら（Bem & Looren de Jong, 1997）、ゴッドフライ＝スミス（Godfry-Smith, 2003）、松本（2002）など、科学史科学哲学の専門家による著述を参考にした。とりわけ丸山とベムらには学ぶところが多かったことを、感謝の念とともに記しておきたい。科学哲学の専門書というよりは、心の科学のための参考書という性格の強い本書、特に本章を、心の科学者として執筆するにあたり、二次資料の参照は欠かせないことであった。参考箇所はできるだけ記しておいたが、本書の性格上、逐次的にはできなかった部分もあることを断っておく。無論、もし本章中に間違いがあるとすれば、責任はすべて筆者らにある。

[2] Whilhelm Dilthey（1833–1911）

英語圏における流れが、いまや交差し合い、一本の流れへと収斂しつつあるという事態だ（図2－1の右半分を参照）。このような現在時の状況から振り返ってみれば、二つの流れはもともと一つの流れの両面であって、したがって、近代科学哲学の歴史と近代心理学の歴史との、年代表のうえでの同時代性は偶然などではなく、隠れた必然性があったということになるだろう。

しかも、両者の関係は、科学哲学が心理学の展開に影響するといったような、一方的な関係では決してなかった。行動主義心理学の台頭が、哲学的行動主義の成立に影響を与えたこと（⇒【行動主義】）。ゲシュタルト心理学が新科学哲学の先駆者たちに与えた影響（⇒【観察の理論負荷性】、【パラダイムと科学革命】）、など。科学哲学のほうが、心理学の流れの影響を受けた例には事欠かない。物理学に対してはほとんど後づけの理屈的な役割しか果たさなかった科学哲学は、むしろ心理学に対してこそ、双方向的で密接な影響関係を、及ぼしていたのかもしれない。

いずれにしても、この隠れた必然性を明るみに出すという作業は、今の筆者らの力を越えたことだ。この作業を、未来の「心理学の哲学」にゆだねるとして、本書では、この章の物語を通じて、近代科学哲学の展開が、近代心理学の展開にとって、いわば通奏低音を響かせていることを感じ取ってもらうにとどめるとしよう。

それにしても、現代哲学の中で、科学哲学の占める存在には大きなものがある。知の体系として科学が収めたすばらしい成果を目の前にして、科学の成功の秘密をその「方法」を探ることによって明らかにしたいと、哲学者もまた科学者自らも、望んだのは当然だっただろう。そのようにして抽出された「方法」は、いまだ科学とはなっていない分野での、科学の建設を促進するだろう。真の科学を、科学の衣をまとった非科学（＝擬似科学）か

［3］１８８３年『精神科学序説』第1巻、刊行。

［4］Thomas S. Kuhn（1922–1996）

［5］Whilhelm Wundt（1832–1920）

［6］１８７９年、ライプチヒ大に世界初の心理学実験室開設。

［7］一般に歴史と哲学とにあまり強い関心を示してこなかった心理学者は別としても、科学史家や科学哲学者の沈黙はいささか理解しがたいが、その理由のひとつは、これまでの科学史家・科学哲学者の、物理系科学偏重と心理学軽視にあろう。科学の中心テーマが、「物質とは何か」から、「生命とは何か」へ、さらには「心とは何か」に移りつつあるこの21世紀、物理学史よりも心理学史を中心テーマとして「科学とは何か」を考えてくれる、科学史家・科学哲

ら、見分けることにも役立つだろう。論理実証主義の目標は、まさにこの、科学と非科学・擬似科学の境界を設定するための基準を明確にすることにあった。20世紀の英語圏の科学哲学は、この「境界設定基準」をめぐって展開することになる（⇒【論理実証主義】以下）。

逆に、科学の発達によって大切なものが喪われてゆくと感じる人たちが、科学の方法のどこに問題があったかを反省し、科学を相対化したいと望むのも、また当然だろう。

科学哲学の歴史には、このように相反する二種の動機が縒り合わさっていることを、認識することは重要だ。後者の動機は前者の動機に比べ、科学哲学全体の潮流の中では最近まではあまり目立たないものだった。ただし、ことが心理学の科学哲学となると、後者の動機がすでに始まりからして一方の中心としてあったことに、気づかねばならない（⇒【理解と説明】）。

ところで、科学と非科学の境界設定のための基準の探求は、失敗に終わる（⇒【境界設定基準の破綻】）。代わって英語圏の科学哲学者の間で見直されてきたのが、「大陸系」の哲学・科学思想である解釈学だった

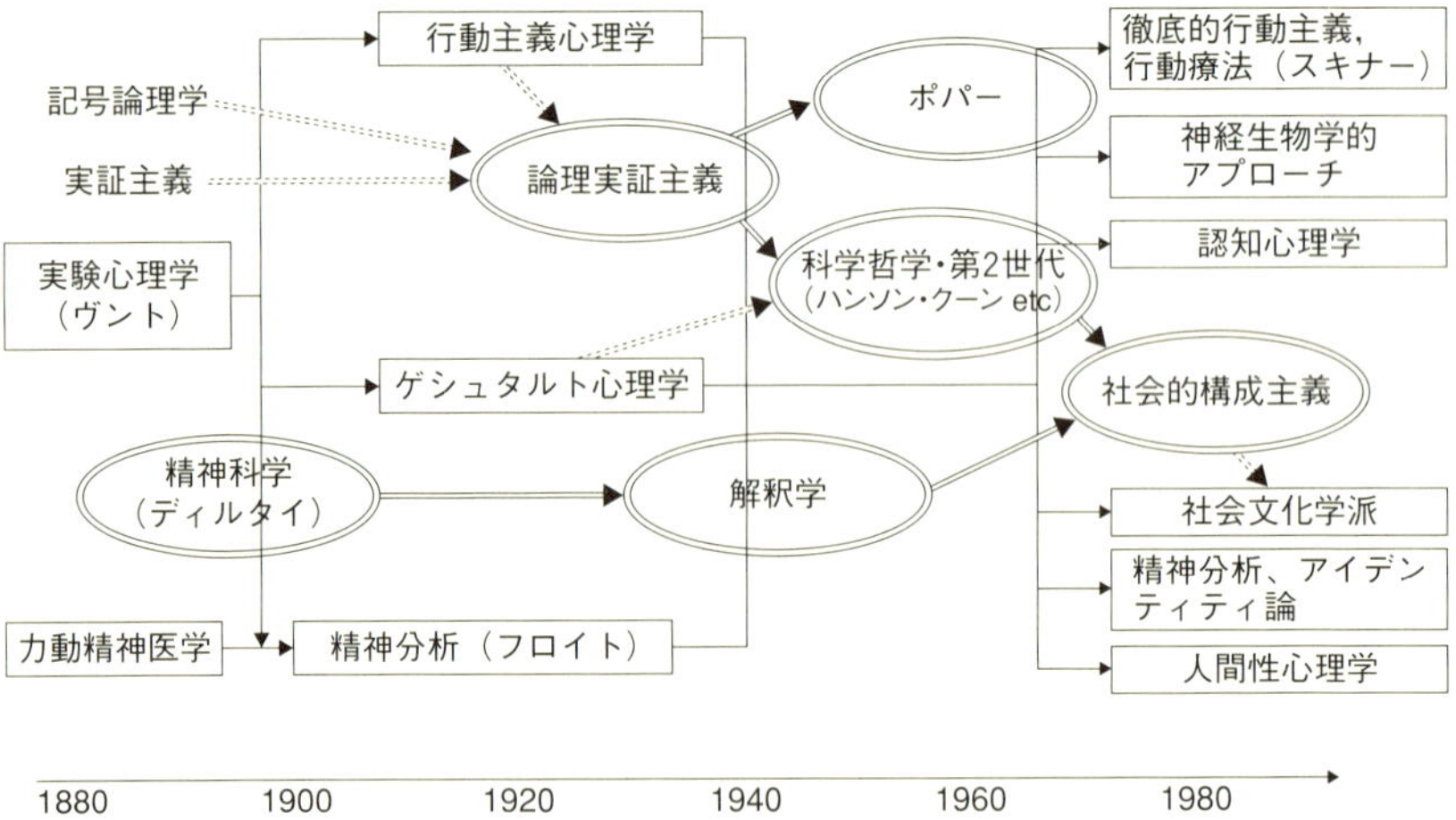

図2−1　近代心理学史と科学哲学の同時性

＊心理学の流れは□、科学哲学のそれは◎で表わし、両者の間の影響関係は ⇒ で示した。なお、序論の図序−1と本図とは、現代の心理学の分岐の様相が異なっているが、図序−1が「専門分野」＝（研究対象）のちがいによる分岐に中心を置いているのに対し、本図では、研究方法のちがいによって形成された「学派」の分岐が主眼となっている。

（⇒【解釈学と人間科学】）。この路線は精神分析・臨床心理学の歩みにも大きく影響を与えてきたが、科学に関する相対主義をもたらす点に問題があった（⇒【社会的構成主義】）。

本章の最後、【科学的実在論と実用主義】では、最近注目されているもう一つの流れである、実用主義的に再構築された科学的実在論へ赴く路線を簡単に紹介する。この流れの中では、科学と哲学の区分自体があいまいになる結果がもたらされつつある。とりわけ心という問題がかかわる領域で、この、区分のあいまい化、「科学哲学における自然主義的転回」は著しい[9]。第3章のテーマである「心の哲学」が、科学者の参加もえて盛況なのは、その結果でもある。

（渡辺）

［9］具体的には、哲学者フォーダー（Jerry A. Fodor; 1935–）の計算論的記号主義による認知科学への寄与や、同じく哲学者デネット（Daniel C. Dennett; 1942–）が、「誤信念課題」を提案して発達心理学における「心の理論」パラダイムの展開に貢献したことなど（第3章参照）。

■理解と説明——ディルタイの精神科学の構想

19世紀の半ば、科学の勝利が疑いようのないものに見えてきた時代、フランスのコント[1]とイギリスのジョン・スチュアート・ミル[2]は、それぞれ、物理学を土台として人間と社会についての科学にまで及ぶ、諸科学のヒエラルキー体系を構想した。彼らの体系の特徴は、いまだ形をなしていない人間科学もまた、自然科学と同一の方法によって建設されるものとしたことだった[3]。これは、19世紀当時の科学思想に支配的だった実証主義の特徴であるが、20世紀、論理実証主義の統一科学運動として受け継がれることとなる。

この実証主義の流れに対して、人間科学の自然科学に対する方法論的独立性を唱える学派が、19世紀の末にドイツを中心として勃興した。この流れは、しばしば、「実証主義に対する歴史学派の反撃」[4]と呼ばれている。そこで自然科学とは別個の人間科学の代表として考察の対象となったのが、歴史学であった。

たとえば、新カント学派の哲学者ヴィンデルバント[5]は、自然科学の方法を「法則定立的」として特徴づけ、歴史学の方法を「個性記述的」と名づけた[6]。個性記述的方法は、オールポート[7]によって人格心理学の領域にも導入された。また、同じ新カント学派の哲学者リッケルト[8]や、社会学者のマックス・ウェーバー[9]は、自然科学に対して方法的独自性を擁する領域としての文化科学という名称を主張した。それら「歴史学派」の中でも、今日にいたるまで、統一科学か人間科学の方法的独自性かという「人間科学の方法論争」の展開に影響を与え続けているものが、ディルタイの精神科学の構想だった。

[1] Auguste Comte（1798–1857）

[2] John Stuart Mill（1806–1873）

[3] ただし、コントは、内観に基づく19世紀当時の心理学に不信を抱いたものか、統一科学の体系から排除している。コントの体系では、生物学の上に、心理学を跳び越して社会学が来るのである。

[4] 丸山 1985.

[5] W. Windelband（1848–19915）

[6] 法則定立的（nomothetic）／個性記述的（idiographic）の対比。ヴィンデルバントは、自然科学の特徴は、あらゆる現象の生起を支配している普遍的な法則の発見をめざすところにあるとして、法則定立的と呼び、対して歴史学は、状況によって規定された個性的な（一回限りの）存在を記述するところにある、として、個性記述的と称したのだった。

[7] Gordon Wilard Allport（1897–1967）。アメリカの心理学者でハーバード大教授。人格心理学の

「われわれは自然を説明し、心的生を理解する」という、『記述的分析心理学の構想』の有名なテーゼ[10]に集約されているように、ディルタイこそは、「自然科学の方法＝説明」に対して、歴史学に代表される人間科学（ディルタイの用語では精神科学 Geisteswissenschaft）の方法は「理解」（了解）[11]であって「説明」には還元され得ないとして、今日にまで及ぶ人間科学方法論争の幕を切って落とした人であった。

ところで「説明」とは、法則的因果的説明であって、これに対して「理解」のほうは、「理由」「目的」「意味連関」に基づく説明、と一般には言われている。けれども、両者の違いを理解することは、決してやさしいことではない。ここでは、読者の便宜のために、ディルタイの原文から離れ、具体的な例で考えてみよう。

たとえば「彼女は教室の窓を開けた」という行為を目撃し、「彼女は暑いので風を入れるため教室の窓を開けたのだろう」と考える。これは「説明」だろうか「理解」だろうか。現代の議論の水準に置き直し、「心の理論」や人工知能といった知見をも取り入れて考察すれば、以下のようになるだろう。

①「理解である」説――「ため」という理由ないし目的のカテゴリーが使われているし、「窓を開ける」行為も偶然の身体運動でなく意味ある行為として知覚され、全体として意味ある連関を作り上げているから。

②「説明である」説――以下（図２－２）のような因果的推論の理論に従って説明したのである。これは、現代の「心の理論」研究が明らかにしたところである[12]。無論、図２－２のような「説明」は素朴心理学的水準のものであり、法則的説明というにはほど遠い（したがって、すべての人間が同じ状況で同じ行動をとるという確度の高い予測はできない）。けれども、科学的心理学は、たとえばこの十数年来盛況なコネクショニズム（第

権威であったが、その学風はドイツ心理学の影響を受けた。個性記述的方法については『パーソナリティ――心理学的解釈』（詫摩武俊他訳、新曜社 1982）参照。

［8］ H. Rickert（1863–1936）

［9］ Max Weber（1864–1920）

［10］ ディルタイ 1932. 丸山 1985 参照。

［11］ 理解と了解。理解の原語は Verstehen、説明は Erklären であり、英語ではそれぞれ、understanding, explanation となる。ところで日本では、ドイツの影響の強かった哲学や心理学や精神医学では伝統的に Verstehen に「了解」の訳語を当てて来た。後述のシュプランガーの心理学は「了解心理学」といわれ、精神病理学でも、有名な「了解可能／了解不可能」の議論がある。また、ハイデガーの訳書にも「存在論以前の存在了解」「前了解」などの語が見られる。これに対して社会学では

3章【コネクショニズム】参照）によるならば、多くの欲求と知識をニューラルネットワーク上に重みづけして位置づけ、計算することで、確度の高い行動予測に迫ることができるだろう。

以上、①と②を比べれば、何やら②のほうが旗色よく感じられるかもしれない（②への説得力ある反論は、のちの【解釈学と人間科学】の節で与えられる）。とはいえ、ここでディルタイに戻るならば、彼のいう理解（了解）とは、決してこのような素朴心理学の水準で説明し切られるものではなかった。なぜならば、「理解とは汝のうちに自己を再発見することである」[13]というように、理解の源泉は「体験」であり、自分自身の体験の中に見出された「心的構造連関」を、他者へと「転移」することで理解が成立するのだから。

ディルタイ独自のこの「理解」を、例に戻って改めて考えてみよう。

まず、「彼女は暑いので風を入れるため窓を開けたのだろう」という理解の源泉は、「私は暑いので風を入れるために窓を開けた」ことの「体験」にある。この体験は「心的構造連関」をなしている。教室の中にいるという認知、教室にふさわしい態度への構え、暑いという感覚、涼しさを求める衝動、窓を開けるか出て行くか等の複数動機の比較・検討・決断などなど。この構造連関は「膝を叩かれて足がピクンと上がった」といった膝蓋腱反射の

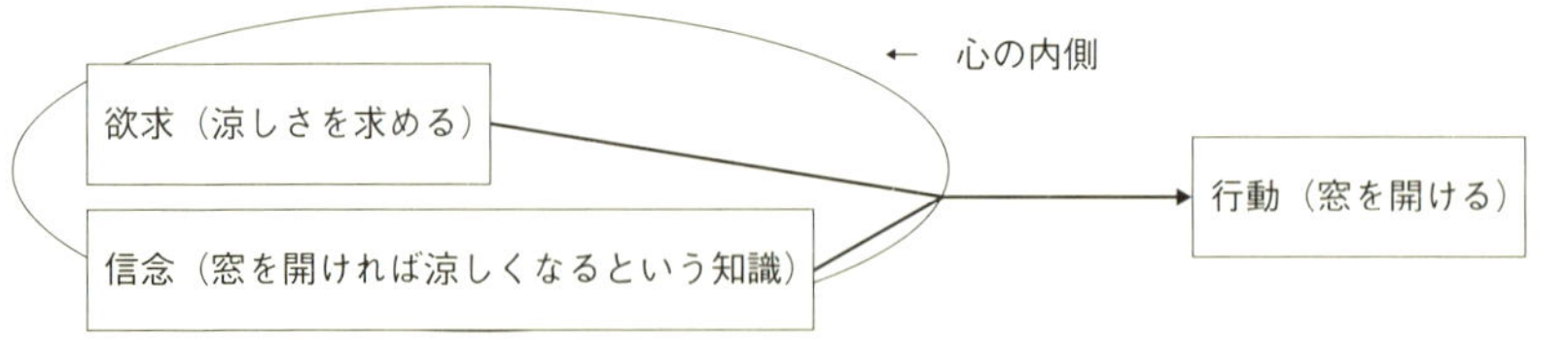

図2－2　「心の理論」による他者の認識

伝統的にマックス・ウェーバーの『理解社会学』などの用例に見るように、理解の語が使われていた。英語圏の科学哲学の邦訳で理解と訳すのは、社会学の訳例に従ったのか、それともunderstandingを経由したから了解より理解がふさわしく感じられるようになったのかは詳らかではない。「理解」では知的に傾きすぎて、ディルタイの趣旨が十分活かせない恨みがあるので、本書では、適宜、了解の語を括弧に補っている。

[12] 心の理論。私たちは、図2－2のように、他者の中に不可視の「欲求」と「知識（信念）」を想定して、因果的に行動を予測したり、逆に可視的行動から、不可視の欲求や信念を推論したりしている。この意味で私たちはみな、「心の理論」を用いて他者を認識するという、素朴ながら心理学を実践しているといえる、というのが、「心の理論」研究者の主張。

場合のような機械的な「因果連関」でなく、「目的連関」である。前者の場合のような、前項が必然的に後項をもたらすという関係は、後者にはないのである[14]。

それでも、「目的連関」と見えていても因果連関が複雑すぎてそのすべてを認識できないだけだ、という反論が出てくるかもしれない。ここでディルタイはこう説く——そもそも因果的説明に用いられ、自然認識を可能にする、因果性や実体といったカテゴリーは、「生のカテゴリー」の派生態にすぎない。生のカテゴリーとは、生に内在し、生を分節化し構造化していくと共に、生が自己を理解する働きだ。自己同一性、能動と受動、全体と部分、構造、連関、時間性、価値、意味、目的、発展、形態、本質などが、そうしたカテゴリーである。たとえば、「実体（事物）」も「因果性」も自然科学にとって最重要なカテゴリーだが、いずれも体験を究極の源泉として生み出されてくる。「自己意識」の体験に基づいて「自己同一性」の概念が生まれ、これが抽象化されて「実体」の概念となる。また、「抵抗」の体験に基づいて「能動と受動」の概念が生じ、これがさらに抽象化されて「因果性」の概念に変貌する……。したがって、実体や因果性の概念は、「自然の客観的な形式」などではなく、われわれにとって疎遠な自然を認識するために知性が生み出した「補助概念」にすぎない[15]。ゆえに、「理解」は「説明」よりも根源的なのだ[16]。

（渡辺）

もともと、プレマックら（Premack & Woodruff, 1978）が類人猿研究の中で唱えた説で、その後、心の理論は4、5歳頃に完成し、自閉症児では不完全なままである、といった研究成果が出ている。なお、詳しくは⇒第3章【民間心理学】およびコラム【誤信念課題】。

[13]『精神科学における歴史的世界の形成』（1910 訳書 1981）。丸山 2002, p.76 参照。

[14] 丸山 2002, Pp.72–74.

[15] 丸山 1993, Pp.284–285.

[16] 丸山 2002, Pp.69–70.

■記述的心理学から解釈学へ

――無意識と他者認識[1]

前節でのディルタイの、因果的説明に用いられるカテゴリーは「生のカテゴリー」の派生態にすぎないがゆえに、「説明」よりも「理解」のほうが根源的だとする議論で問題になる点は、このような、精神科学のカテゴリー（生のカテゴリー）から自然科学のカテゴリー（因果的説明のためのカテゴリー）へという「発生的な関係」が、どのようにして明らかにされ得るかだろう。これに関して、ディルタイは、このような、体験の認識論的構造を解明する「認識論的自己省察」を、記述的心理学と呼び、精神科学の全体を基礎づける学としたのだった。図2－3に精神科学、自然科学、記述的心理学の位置づけを図解しよう。

けれども、ディルタイの、このような、自己体験の他者への転移という、「理解の心理学的なモデル」には、いくつか重大な難点が最初からひそんでいたのだった。一つは無意識の問題であり、もう一つが他者認識の問題だった。

①無意識の問題――体験の自己省察としての記述的心理学に限界のあることは、もとよりディルタイ自身、自覚していたこと

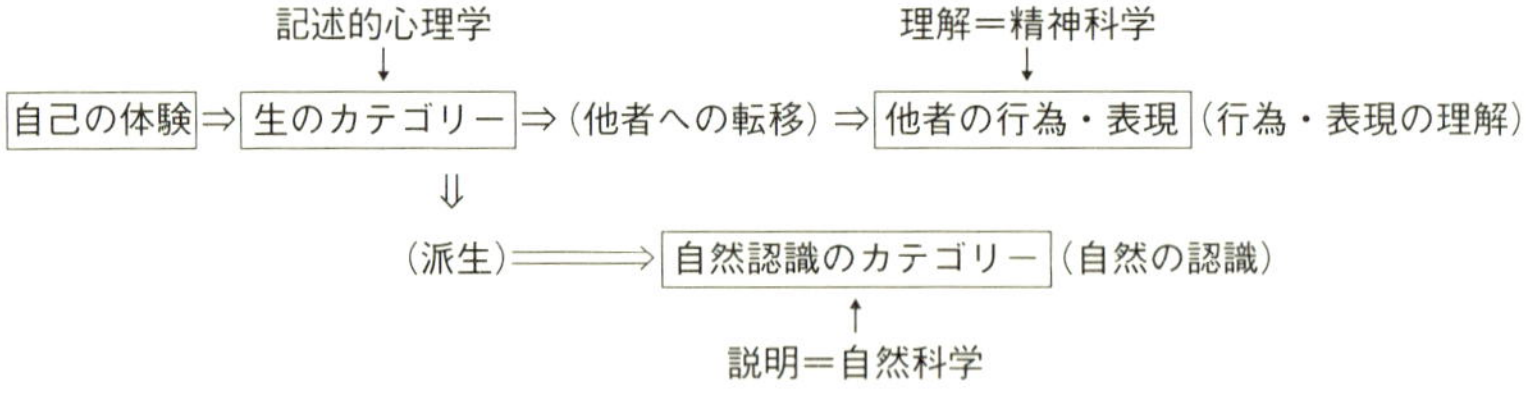

図2－3　精神科学、自然科学、記述的心理学の位置づけ

[1] この節はやや専門的なので、初学者には、とばして次節（論理実証主義）に移る読み方を勧めておく。

だった。心的構造連関の中の重要な部分は、「全体として意識に落ちてこない」からだった。ただし、ディルタイは、無意識に関するいかなる仮説に対しても、きわめて慎重な態度をとった[2]。すると、このような「内的経験がわれわれを見捨てるような場合」、どうしたらよいのだろうか。ここでヘーゲル[3]の考えが援用された。「ヘーゲルは、人間が何であるかを、自己についての沈思や心理学的な実験によってではなく、まさしく歴史を通じて経験する」。言語・神話・習俗・法律などにおいて人間の意識が、「客観的」になっており、それゆえ分析に耐えるものになっている。こうした「心的生の対象的な産物」つまり表現を研究することによって、心的生の生き生きした働きを明らかにすることができるのだ[4]。

②他者認識の問題――①の問題が科学方法論上の問題であるのに対し、この問題はより哲学的認識論的な問題である。

そもそも他者理解を自己体験が基礎づけるという「自己移入型モデル」では、自己移入にふさわしい相手であるか否かをどこで判断するかという問題が出てくる。間違った相手に移入すれば、「カミナリサマが雲の上で怒っている」といった、適合的でない「理解」をしてしまうことになるからだ。

この問題は、ロボットの発達をそう遠くない将来にひかえた21世紀の世界では、いっそう深刻味を増してきている。室温が上がれば窓を開けに行くようなロボットができたとして（これはすでに技術的に可能だ）、その振る舞いは「理解」より「説明」すべきものに違いない。けれど、窓開けロボットが進化して、表情やしぐさ、言葉と、何から何まで人間の域に近づいたならば、ある時点でロボットを「理解」したくなってくるかもしれない。

そのとき、その「理解」は、「カミナリサマ」同様の間違い、ある種のカテゴリー・ミ

［2］すでにシャルコー、ジャネらフランス精神病理学による催眠や二重人格の研究によって、無意識の力に対する関心が高まりつつあった。ちなみに精神分析が登場するのは１８９５年、フロイト、ブロイアー共著『ヒステリー研究』の公刊によってである。

［3］Friedrich Hegel（1770–1831）

［4］丸山 2002, p.75 参照。

ステイク[5]とみなすべきなのだろうか。けれども、どうしてロボットには的外れの「理解」が、人間（他人）には的外れではないのか。それとも、そのロボットにも意識があり、「体験」が発生したのに違いないから、自己体験の「移入」は正当である、と考えるべきか。そうだとすると、意識が発生したのはいつで、どのような「法則」によってなのか。……このように考えていくと、「理解」の唯一確実に適合性ある対象とは、世界でも「自分」だけではないかと思われてくるではないか。

ディルタイ流の自己移入型の理解モデルでは、いわゆる他我認識、または他者認識の難問という深みにはまり込むのを避けられそうもないのだ。リップス[6]ら、他者の問題に鋭い嗅覚を備えた哲学者や心理学者が現れはじめ、他者認識の問題の困難が自覚され出したのも、この時代だった。

晩年の『解釈学の成立』（1900）以後、ディルタイの精神科学構想において解釈学が前面に出てくるというのも、理解にまつわるさまざまな難問が自覚され出したことによったのであろう[7]。ちなみにこの１９００年という年は、フロイトの『夢の解釈』（『夢判断』と訳されているが「夢の解釈」のほうが正確な訳）が出版された年でもあった。ディルタイ本来の、体験に基づく理解（了解）という人間科学の流れは、心理学ではシュプランガー[8]の了解心理学を生んだとはいえ、無意識によって意識的な行為や表現活動を解釈するという精神分析の巨大な流れに圧倒され、目立たなくなってしまった。そして、人間科学の方法論争でも、自己体験の他者移入という心理学的なモデルを用いた「理解」から、「解釈学」という、心理学的でない人間科学論への、重点の移行がなされつつあった（ちなみに解釈学 hermeneutics はもともと文献学、それも聖書文献学由来の言葉だ）。

しかしながら、この流れの追跡をここでいったん打ち切って、ウィーン学団と論理実証

［5］何かを誤ったカテゴリーに属するものとして考えること。ライルが『心の概念』の中で行った議論が有名である。ケンブリッジ大学の図書館や各学部、事務室などの建物を紹介された外国人が、「まだ大学を見せてもらっていないのですが……」と言ったとしよう。彼は、ケンブリッジ大学という建物があるのだというカテゴリー・ミステイクを犯している。ライルはこの例を使って、心身問題は、「心」を「もの」と同じようなカテゴリーに属するものと誤って捉えることからくる擬似問題であると論じた。（水本）

［6］Theodor Lipps（1851-1914）。リップスはドイツの哲学者・心理学者・美学者。他者認識論における常識的理論である類推説を批判し、他我は自我を感情移入することによって認識されるという「感情移入説」を唱えた。ただし、感

主義に始まる英語圏の科学哲学へと目を移そう。理由は、解釈学へと変貌しつつあるこの流れが、今日の科学哲学に、そして心理学に真に影響を及ぼし始めるのは、論理実証主義が衰退した後を受けてのことだからである。

（渡辺）

情移入されて認識されるのはあくまで他我でなく「他者の身体に移入された自我」にすぎないはずなので、真に他我を認識したことにはならないという、論理的哲学的困難も同時に指摘している（『心理学原理』大脇義一訳、岩波文庫、1934）。なお、リップスの類推説批判に関しては、村田 1982 にもわかりやすい紹介がある。

［7］丸山 2002, p.76.

［8］E. Spranger,（1882–1963）. シュプランガーはディルタイ門下の心理学者。了解心理学的方法で書かれた文学的香気あふれる『青年の心理』（Spranger, E., 1932, 土井竹治訳 1973 五月書房）は、日本でも青年心理学の古典として読まれた。

■論理実証主義──意味の検証可能性理論と記号論理学

論理実証主義が英語圏の科学哲学を支配していたのは、１９２０年代から６０年代にかけてであった。これには歴史の偶然も作用しているように思われる。初期にはウィーン学団と言われた論理実証主義者たちの多くは、ユダヤ系だった。メンバーの多くがナチスに追われてアメリカ合衆国へ移住したことにより、アメリカ哲学の主流となったのだった。論理実証主義（logical-positivism）は、19世紀の支配的な科学思想だった実証主義（positivism）の発展形態とみなされる。では、そこになぜ、「論理（logical）」の形容詞が付くのだろうか。

実証主義においては、科学の唯一の正当な方法は観察に訴えることであり、注意深い実験が最後には生の事実を明らかにするのだった。この考えは相対性理論と量子力学の出現によって疑いをもたれることになった。たとえばアインシュタインの相対性理論[1]は観察や実験から直接引き出されたのではなく、思考実験的な論理的思考によって導き出された[2]。空間、時間、因果関係のような、明白なものと思われていた概念も、疑わしいものになった。ここに、もし、観察・収集が科学のすべてではないとすれば、何が科学なのだろうかという、反省の機運が生じた[3]。

ウィーン学団のメンバーたちは、もともとが科学者であり、論理学者であった。彼らにとって哲学とは科学的な知識の正当性の分析にほかならず、しかも哲学もまた科学のように正確でなければならなかった。彼らは、科学的言明[4]とは、経験的に検証可能でなけ

［１］１９０５年特殊相対性理論発表、１９１３－１６年一般相対性理論発表。

［２］アインシュタインは、光が電磁気学の法則に従うのであれば、それまでの力学が示すような光速度の慣性系による差異がないことに着目し、光速度一定の前提から相対論的力学を再構成した。その理論が、質量とエネルギーの等価性を要請し、核爆弾や原子力発電の原理までも示唆した。（石川）

［３］ウィーン学団から論理実証主義へ至る歴史については、石垣（1994）、Godfry-Smith（2003, Chapter 2）参照。

ればならないと考えた。言明の意味とはそれの真偽が検証されうる方法のことであり、検証の方法が原理的に可能でないなら、無意味なのだ。たとえば「無は灰色である」は、経験的に検証のしようがないゆえに無意味である。文学としてならこの表現は認められるが、形而上学の多くは、この種の端的に無意味な言明であふれ返っている。これが、有名な「意味の検証可能性原理」である。

もちろん、論理実証主義者は、科学文献に「位置エネルギー」や「確率波」[5]といった、直接観察できない多くの理論的用語が含まれていることを理解していた。これらを「無意味」だといって退けることはできなかった。この問題に対する彼らの解決策は「論理実証」主義という名称にまさに要約されている。科学は、事実を記述する言明に加えて、これら言明の間の論理的関係から成っているとしたのだった。これらは共に組み合わさって、基本的公理から言明が論理的に導き出されるような論理体系が組み立てられる。このようにして、直接に経験的内容をもたない理論的用語は演繹的ネットワークを通じて経験的観察と結びつくのであり、どのようにしても論理的に観察と結びつかない言明はその理論から一掃されるのである。

ここで、言明の間の論理的関係を、厳密に数学的に表現することを可能にしたものが、20世紀始めにフレーゲ[6]、ラッセル[7]らの手で完成した記号論理学だった。

たとえば、「巨大隕石が落ちる」という言明をP、「恐竜が絶滅する」をQと置くとしよう。すると、言明P、Qの組み合わせとして¬P（Pではない）、¬Q（Qではない）、P∧Q（PかつQ）、P∨Q（PまたはQ）、P⊃Q（PのときQ）といったより複雑な言明（分子的言明）が得られ、しかもこれら「分子的」言明の真偽は、単純な（原子的）言明の真偽に応じて、論理計算規則によって機械的に決まることになる。どんな複雑な言明で

［4］言明（statement）。「XはYである」という形をとり、事実についてある事柄を叙述した文のこと。なお、「命題（proposition）」という語があり、言明と同義に用いられることがあるが、厳密には命題は言明の意味内容を指し、言明は話者が具体的に行う発話の内容を指す。たとえば、「私は日本人だ」という言明は、話者が違えば異なる言明とみなされるが、命題としては同一である。

［5］量子力学では、万物の根源である量子は、可能性が波のように互いに干渉し、その絶対値の2乗をとると各状態の観測確率を与える量として表現される。（石川）

［6］Friedrich L.G. Frege (1848–1925). 第3章【反心理主義】も参照。

［7］Bertrand A.W. Russell (1872–1970)

あっても、論理計算によって真偽が一義的に確定するのである（⇒コラム【真理表】）。

ちなみに論理実証主義者は、論理的関係や数学的関係を表現する論理学や数学の言明は、すべて、内容をもたないトートロジー（同語反復）に帰すると考えた[8]。もっとも、論理数学的言明は経験的な検証の手段をもたなくても、計算によって真偽を確定できるから有意味である。したがって、論理実証主義者にとって、有意味な言明とは、経験的に検証可能な言明と、論理的数学的言明の二種類ということになったのだった。

論理実証主義の論理的体系がまた、「仮説演繹法」という方法論を支えることになった。仮説的言明は理論から演繹的に導き出される。たとえば、「この壜の中の水は１００度で沸騰するだろう」という言明は、「水は１００度で沸騰する」という一般的法則から論理的に引き出される。つまり、「説明」とは個別的事象を記述する言明を一般的法則へと包摂することである。また、「還元」とは理論間の関係を確立するものである。たとえばメンデル遺伝学は分子遺伝学に還元できる。遺伝子は染色体と同定され、生化学の法則からメンデルの法則を導き出すことが可能だから[9]。

このように見てくると、科学はとどのつまり一つの統一された体系、「統一科学」となる。この体系では同一の方法が境界を越えて適用され、高次の科学（生物学、心理学、歴史学）は基礎的科学（物理学）に還元可能な特殊事例となる。心理学や歴史学も、物理学と同じ法則定立的[10]な枠組みで定式化される。それにうまく適合しない程度だけ、本当の科学ではないというわけだ。

論理実証主義者は、また、科学的知識にとって真に重要なのは「正当化（justification）の文脈」だと論じた。科学的知識は、それらが相互に演繹的論理体系をなし、検証可能な言明に結びつけられていることが証明されれば正当化される。これに対して、科学的発見

［8］数学的論理学的な知の体系は、$A=A$（同一律）、$A=\neg(\neg A)$（二重否定）、$\neg(A \wedge B) = (\neg A) \vee (\neg B)$（ド・モルガンの法則）といった、トートロジーであることが明らかな少数の公理の上に築かれていることが、わかっているからである。これは、ホワイトヘッド＝ラッセルの『数学原理』（Whitehead & Russell, 1910）で明らかにされたことである。

［9］Bem & Looren de Jong 1977, p.44 参照。

［10］法則定立的。⇒【理解と説明】（7ページ）

における歴史的背景や心理過程やその他の偶発的状況は、「発見の文脈」に属する。「正当化」と「発見」の文脈を区別することにより[11]、科学的実践は、論理と検証可能性理論によって合理的に再構成されることになる。

（高砂・渡辺）

【コラム】真理表

P	Q	¬P	¬Q	P∧Q	P∨Q	P⊃Q	(P∧¬Q)⊃(¬P∨Q)
T	T	F	F	T	T	T	?
T	F	F	T	F	T	F	?
F	T	T	F	F	T	T	?
F	F	T	T	F	F	T	?

原子的言明P、Qが真（T）か偽（F）かによって、分子的言明の¬P、¬Q、P∧Q、P∨Q、P⊃Qの真偽が一義的に決定される。すると、P、Qに分子的言明を代入することによって、より複雑な言明を作ることができる。そうやってできた上表の最右欄（P∧¬Q）⊃（¬P∨Q）の真偽はどのようになるだろうか（回答は下段注［12］）。なお、T、Fを言明の真理値といい、上表のような表を真理表と呼ぶ。

（渡辺）

［11］この区別はライヘンバッハ（Hans Reichenbach 1891-1953）に基づく。Godfry-Smith 2003, p. 29 参照。

［12］TFTT。ちなみに、論理学の教科書で今日標準的に使われているこの真理表を、最初に体系的に使った著作は、ウィトゲンシュタインの『論理哲学論考』である（コラム【ウィトゲンシュタイン】参照）。「トートロジー」という語が今日論理的真理をも意味するようになったのも、この著作の影響である。

（水本）

■観測と間主観性

ここで、論理実証主義、より広くは、論理実証主義を含む実証主義的科学哲学の「標準的見解」と呼ばれるものの主要な要件を、要約しておこう[1]。

①科学的知識の基本的要素は、感覚所与（センス・データ）[2]とそれを反映する観察言明である。言明の検証は感覚器官を用いた観察によってなされる。

②理論的な言明が許容されるのは、それが観察から演繹されるものである場合のみである。また、理論と観察の間には明確な区別がある。

③科学は演繹的・法則定立的構造を有しており、さまざまな科学が同一の方法を用いているので統一が可能である。統一とは実際には物理学による他の科学の併合を意味する。

④仮説や理論のような科学的成果の評価において重要なのは「正当化の文脈」である。この評価は、「発見の文脈」とは関係がない。

⑤科学は累積的である。科学的進歩は社会に利益をもたらす技術的業績に反映される。

⑥科学哲学の課題は、科学がいかにして、またなぜ成功しているのかを説明し、健全な科学的方法のための恒久的な基準と標準を発見し、擁護・推進することである。

今日でも、現場の科学者の科学に関する共通理解には、以上の実証主義の基本的な考え方が反映されていると言ってよい。１９５０年代以降、この標準的見解は挑戦を受けることになるが（⇒【デュエム＝クワインのテーゼ】以下参照）、それ以前にすでに論議を呼んでいたのは、「科学の標準的見解①」であった。科学的理論なり言明なりの真偽の経験的

［1］ Bem & Looren de Jong, 1998, pp.44-45 参照。

［2］ 感覚所与は、センス・データの訳語で、感覚与件とも言う。なお、データ（data）とはラテン語で「与えられた」という意味。

［3］ 感覚所与を知識の源泉とするタイプの認識論（実証主義的経験論的認識論）が内観心理学におちいりやすいのは、以下のような論理による。——白い着物の幽霊と思ったら枯尾花だったというたぐいの誤りがしょっちゅうのことのように、感覚はとかく誤りやすい。けれども、デカルト（René Descartes; 1596-1650）が強調しているように、一切を疑ってみても、私が疑っていること自体は疑いえない。そのように、「白い着物の幽霊を見た」という感覚は過ちであっても、少なくとも、白い着物の幽霊を見た「と思った」と

検証は、感覚器官による観察によってなされる。したがって、感覚的に与えられたところのもの（感覚所与）こそが、確実な知識の第一次的源泉ということになる。

けれども、感覚所与などというものを基礎として、論理実証主義者の、物理学を土台とした統一科学への夢は、実現できるだろうか。感覚所与を知識の源泉とするタイプの認識論は、ヒュームらの内観心理学へと行きつき、袋小路に入りこんでしまったではないか[3]。ここで、論理実証主義者が、感覚による観察の条件として訴えたのが、「間主観性（intersubjectivity）」だった。「温度計の目盛が摂氏10度を指している」という観察は、間主観性すなわち、複数の主観（subject）による観察の間での一致が、簡単に言えば「公共の一致」がある場合にのみ、正しいとされることになる。これは、自然科学者ならば本能的に依拠している方法論的原理であった[4]。

また、論理実証主義のなかでも物理主義[5]をとる論者は、観察言明の検証には、間主観的な一致だけではなく、視覚、聴覚、触覚など、複数の感覚様相の間の一致が必要と主張するに至った。単一感覚だけで観察されて他の感覚にキャッチされないようなものは、幻覚、錯覚のたぐいであって、真の知識にかかわることはない。「白い着物の幽霊」の正体をあばくには、手で触ったりして、他の感覚を用いて確かめるのがいちばんよいのだ。これに対して、「赤い色」が物理学的に実在するという場合、視覚的に観察できるだけでなく、約８００ナノメートルの波長と定義することでそれを音波や振動へと変換可能であり、感覚様相の間の一致を得ることができるのである。

（渡辺・高砂）

いう「私の思い」自体が存在していることは、確実なことである、ということになる。つまり、「感覚的経験によって言明の真偽を検証できる」、という実証主義的経験論的な認識論の行きつく先は、「内観の確実性」なのである。実際、デカルト以来、イギリス経験論を経て、19世紀に心理学が認識論から独立してヴントらの手で経験科学として誕生したときにも、内観法が心理学の方法として当然のことのように採用されたのだった。ちなみに20世紀に入ると、心理学の分野でも、心の劇場では人が違えば別のものを見ると言うことが明らかになってきて、内観法はすたれてゆき、行動主義心理学の勃興へといたる。

[4] この項、石垣 1994 も参照。

[5] 物理主義。諸科学の言語は物理学の言語に還元されるという立場。詳しくは第3章のコラムを参照。

■行動主義

経験的検証には間主観的な一致や感覚様相間の一致が必要ということになると、たちまち問題になるのが、心に関する言明、つまり心理学的言明だろう。「山田花子は殴られて痛がっている」といった言明は、どんな意味で検証可能な言明になりうるだろうか。この問題に対して、論理的行動主義をもって答えた科学哲学者が、ヘンペル[1]だった。その説は、指導的な論理実証主義者で物理主義者のカルナップ[2]の主張に基づいて、物理的身体運動と生理学的現象こそが、心に関する言明の検証の条件であると唱えるものだった。たとえば、「ピエールは歯が痛い」という心理的言明を検証する状況として、ヘンペルは次のようなものをあげている[3]。

a　ピエールはしくしく泣いて、これこれの身振りをする。

b　「ボクどうしたの?」と尋かれて、ピエールは「歯が痛いよう」という言葉を発する。

c　より詳しく調べて、虫歯があることが分かる。

d　ピエールの血圧や消化作用、反応速度がこれこれの変化を示している。

e　ピエールの中枢神経系でこれこれの過程が生じる。

ヘンペルによれば、これらの状況はすべて、物理的事実に関する言明で表現される。つまり、bの各発話も「ドウカシマシタカ」という音列と「ハガイタイノデス」という音列の発生として理解すべきなのである。このように、ある人の「痛み」に関する言明は、以

[1] Hempel, 1935.

[2] R. Carnap, 1932–33; Hempel, 1935 参照。

[3] なお、この項について詳しくは、金杉 2002 も参照のこと。

上のような物理的事実に関する諸言明の省略にほかならず、それゆえ「痛み」に関する言明は、「「痛み」という語をもはや含まず、物理的な概念のみを含むある言明に、内容を欠くことなく、翻訳しなおすことができる」[4]ことになる。

このような翻訳プログラムは、心理学のいかなる言明についても適用することができると、ヘンペルは考えた。つまり、「心理学の言明は、結果的には物理主義的言明[5]なのである」[6]。このように論理的行動主義は、まず心にかかわる言明を（中枢の状態を含めた）行動にかかわる言明に翻訳し、次いでこのような言明の分析から、心を物理学の言明によって表現されるさまざまな状況に還元することを主張するのである。

ヘンペルの、物理主義に基づいた論理的行動主義は、しかしながら心の哲学の世界ではあまり影響力を維持することのないまま、ライルの、より日常言語分析的で非物理主義的な哲学的行動主義に取って代わられた[7]。「人が彼自身の心の特性を実際に働かせていると叙述される場合、われわれは、その人の外部に現われた行為や実際の発話を結果としてもたらす隠れた挿話《エピソード》について叙述しているのではなく、むしろ、それらの外部に現われた行為や発話そのものについて叙述しているということである」[8]。ヘンペルのあげている検証条件のうち、d、eのような身体内部の状態は、三人称的には観察可能であるという意味では「目に見えるもの」であっても、ライルにとっては、心的な概念を構成するには無関係であった。したがって、ライルに代表される哲学的行動主義の基本テーゼは、「心をもっているということは、行動の原因である内部状態にあるということではなく、まさに一連のある行動をなすということにほかならない」[9]とまとめられることになる。

このように、「心」から、心的状態としての内部状態だけでなく、脳生理学的内部状態まで排除し、純粋に外部的な「目に見える行動」によって定義しようとすると、たちまち

[4] Hempel, 1935, pp.33–34.

[5] 物理学の言語に翻訳可能な言明のこと。

[6] Hempel, 1935, p.35.

[7] G. Ryle, 1949（訳書 1987）. ただしライル自身は行動主義者を自称はしなかったが。

[8] Ryle, 1949（訳書 p.21）

[9] 金杉 2002 p.98.

問題になるのは、「痛くとも顔色に出さない」場合と、「本当に痛い」場合をどう区別するかだろう。ライルはこれに対して、「傾向性（傾性 disposition）」をもって答える。ガラスは実際にぶつけなければ割れることはないが、だからといって割れやすいという傾向性をもたないわけではない。同様に、ピエールも痛みを感じたときに必ずしも行動をとるわけではないが、だからといって行動への傾向性をもっていないわけではない。

また、「傾向性」とは「原因」のことではないことを、言っておかなければならない。ガラス製品をぶつけて割れた場合、「ガラスは脆い（＝傾向性がある）から割れた」という説明は、「理由を与える説明」であって、「ガラスに机の角が当たって割れた」という因果的説明とは本質的に違う[10]。このように考えれば、行動への傾向性について語ることは、あくまでも、内部状態について語ることではなく、ある主体がなす目に見える行動についてある仕方で語ることにほかならないということになる。たとえば、「山田太郎が殴られて痛がって呻いている」という場合、呻きの「原因」は殴られたことにあり、「痛み」ではない。「痛がって呻いている」という説明は理由を与える説明であって、「殴られて呻いている」という目に見える状況をある仕方で語っているにすぎない。この説明は、因果関係について何ものも実質的な情報を付け加えはしないのだ。

なるほど、生理学者は殴打→脳神経系の興奮→呻き声、という因果連鎖について語るだろう。けれども、心的概念は、脳神経系についての生理学的知識に基づいて構成されたのではなく、大昔から存在していたのだ。心について語るとは、素朴な形で目に見える行動について、ある仕方で語ることにほかならないのである[11]。

最後に、行動主義心理学と、上記の論理的または哲学的な行動主義との関係について一言しておこう。行動主義という心理学上の方法論が、いかに論理実証主義の検証理論に

[10] Ryle, 1949（訳書 pp.115–116）

[11] 以上、ライルの哲学的行動主義を、筆者なりに噛み砕いて述べてきたが、とりわけ「理由を与

従っているかのように見えるとしても、前者が後者の影響を受けたわけではない。実際、ワトソンの行動主義宣言が早くも１９１３年に出されたのに対し、論理実証主義がウィーン学団として旗上げをしたのは１９２９年のことであった。むしろ、心理学を統一科学へと統合するにはいかにすべきかという課題にカルナップやヘンペルが関心を向けた際、すでに発足していた行動主義心理学の方法論に着目して論理的行動主義の名をまとったということではないだろうか。少なくとも、行動主義心理学の興隆を目の当たりにすることが、心理学も統一科学へと併合できるという確信を促したのは間違いないところだろう。

（渡辺）

える説明」と「因果的説明」の違いなど、十分納得のできるものとは言いがたい。事実、心の哲学の領域でも、さまざまな問題点が指摘され、心脳同一説や機能主義へととって代わられたのだった（第3章【物理主義】）。ただし、哲学的行動主義は死んだのではない。金杉（2002, pp.104–105）によると、デネットら現代の心の哲学には、解釈主義や全体論的行動主義とでも呼べる立場として、哲学的行動主義が継承されていると言う。

■デュエム＝クワインのテーゼ——実証主義的科学論への挑戦

１９５０年代に入ると、論理実証主義的な科学の標準的見解に挑戦すべく、英語圏の哲学者によっていくつかの認識論的論争が提起される。その中から、クワイン[1]の経験論の教条《ドグマ》批判、ハンソン[2]の観察の理論負荷性、ウィトゲンシュタイン[3]の言語ゲームを見ていこう。これら論争の結果として生じた科学哲学における革命は、心理学にとっても重要である。「それによって認知心理学が行動主義にとって代わることが可能となった」[4]だけではない。行動主義へのもう一つの叛旗である人間性心理学の創始者マズロー[5]も、彼の心理学を提唱するにあたって、『科学心理学』[6]という書を著し、ハンソン、クーンら新科学哲学の科学観を援用している。

クワインの、「経験論の二つの教条《ドグマ》」[7]によると、ヒュームらイギリス経験論の時代から論理実証主義にまで脈々と続く経験論の伝統には、批判されるべき教条が二つあるという。一つは、用語の意味を説明する「分析的」な言明（「円は丸い」、など）と、世界についての情報を提供する「総合的」な言明（「太陽系の惑星は9個である」など）との二分法である。もう一つは、有意味な総合的言明の各々が世界についての個々の直接的経験の報告だという、信念である。

総合的言明と分析的言明との間を峻別したのはカント[8]だった。分析的言明は単に言語や論理についての言明であって、世界についての私たちの知識を増やさないのに対して、総合的言明は世界について何かを知らせてくれる。それが真かどうかは世界の状態による

[1] W. v. O. Quine（1908–）
[2] N. R. Hanson（1924–1967）
[3] L. Wittgenstein（1889–1951）
[4] Bem & Looren de Jong, 1997, p.43.
[5] A. Maslow（1910–1974）
[6] Maslow, 1966.
[7] Quine, 1963. 初版は1951（訳書1972）
[8] I. Kant（1708–1776）

ので、そのような言明は偶然的な経験に依存する[9]。経験論の伝統に従って、論理実証主義者は、有意味な言葉の領域はこの二種類の言明で尽き、そして両者の間には際立った区別があることを信じていた。【論理実証主義】の項で述べたように、総合的言明は検証によって真偽をテストされるのに対し、分析的言明は論理・数学的言明を始めとしてトートロジーであり、経験的検証は必要としない。

クワインの批判は、まず、この二分法の教条に向けられた。完全に感覚の経験のみに基づく言明というものもなければ、経験的内容をまったく含まない純粋に先天的言明というものもない、というのである。

経験論のもう一つの教条は、還元主義的なものだった。「還元主義のドグマは、それぞれの言明が、その仲間の諸言明から切りはなしてとらえられたとき、とにかく検証ないし反証が可能であるという考えの中に生きのこっている。」[10] けれども、単一の言明を世界のある状態と一対一で比較することは不可能である。私たちは、複数の言明を構成要素とする「理論全体」によって世界と向き合っている。外界についての私たちの言明は、「個別的にではなく一つの集合としてのみ、感覚的経験の裁きに直面するのである」[11]。すでに1906年にフランスの物理学者で哲学者のデュエム[12]によって同様の主張がなされていたので、これはデュエム＝クワインのテーゼと呼ばれている。科学的言明の土台となるような、中立的、個別的で直接的な経験というものは存在しないのである。

このことからわかるのは、観察は、理論を背景にしてのみその意味を明らかにするのだから、観察と理論の間には鮮明な区別はない、ということである。ハンソンに始まる、「第二世代」の新科学哲学において繰り返し主題となったのは、まさにこの、観察の、理論負荷的な性質だった。

（高砂・渡辺）

[9] カントはこの、経験への依存をアポステリオリ（後天的）と呼んだ。たとえば、太陽系の惑星は9個であるかどうかについては、経験的に調べてみなければならない。ちなみにカントは第三の言明があると考えた。すなわちアプリオリ（先天的）な総合的言明である。これは私たちに経験を超えて実在について教えてくれるので、必然的に真ではないかもしれないが、経験にはよらない。たとえば、「因果関係」は経験から抽出されるものではなく、むしろ枠組みとして経験に押しつけられて経験そのものを可能にする。しかしながら、ふつう論理実証主義者を含む経験論者はこの第三の種類の言明を顧みず、後天的な総合的言明と分析的言明という最初の二つの言明のみを受け入れている。

[10] Quine, 1963（訳書 1972, p.38）

[11] Quine, ibid.

[12] Pierre Duhem（1861–1916）

■観察の理論負荷性——ハンソン

「……ケプラーを登場させてみよう。彼が丘の上に立って明けゆく空を眺めているとしてみる。傍らにはティコ・ブラーエがいる。ケプラーは、太陽は静止していると考えていた。動いているのは地球だというわけだ。一方、ティコは、少なくともこの点では、プトレマイオスやアリストテレスに従って、地球が静止していて他の天体がその周囲を回っているとしていた。さて、《ケプラーとティコとは、明けゆく東の空に同一のものを見ているだろうか》。」[1]

これはハンソン『科学的発見のパターン』の最初の章に置かれた問いかけである。二人の天文学者は同じ刺激を受け取っているから同じものを見ている、という答えは根本的に誤りだ。彼らは同じ感覚所与をもっているから同じものを「見ている」ことになり、この経験の後で見たものの「解釈」が異なっているのだと言う人もいるであろうが、それもまた誤りである。見るということは単に視線を向けることではない。目が同じ感覚作用を受けているにもかかわらずティコとケプラーが「異なるものを見ている」のは、彼らの知識や理論が異なっているからである。見るということは「理論負荷的」なのであり、朝日を見るということは朝日の概念を「知る」ことである。

観察はそれ以前の知識によって形作られ、知識の背景を伴うものである。観察は背景となる情報の文脈において明らかにされ、たとえば私が見たものについて問われれば、「観察の理論負荷性についてのページを見ています」と答えるだろうが、日本語を知らない観

[1] Hanson, 1958（訳書 1986, p.14.）

察者なら、「ミミズののたくったような模様を見ています」と言うだろう。目と知識は一体であり、この知識なしには見たものは何も意味を成さない。

たとえばゲシュタルト心理学では、「あいまい図形」または「多義図形」というものが研究されている。図2－4を見て、ある人はまず若い女性の横顔を発見するだろう。ところが、「しばらく見ているとオバアサンの横顔が見えてきます」と言われると、なるほど高齢の婦人の顔が見えてくる。そして、「オバアサンの顔だ」と思うと、しばらく、高齢の婦人の顔ばかりが見えて、若い女性の顔が見えなくなる。

高齢の婦人の顔が見える場合（もしくは人）と、若い女性の顔が見える場合（もしくは人）とで、目は同じ感覚所与を受け取っている。にもかかわらず、思い込み（＝背景知識）によって違うものを見てしまうのだ。

このように観察が理論負荷的である以上、科学とは、単に世界を鏡に映したような体系的知識ではない。それはまた世界についての考え方であり、概念の作り方でもあるのだ。理論は「概念のゲシュタルト」なのである。ゲシュタルト心理学やウィトゲンシュタインの影響を受けつつ、ケプラーをはじめ物理学者の歴史的業績を例示しながら、ハンソンは従来の科学哲学を批判する。「理論は観察された現象をつなぎ合わせることでは得られない。それは、現象をある種のものとして捉え、また他の現象と関係づけることを可能にする枠組みなのである。理論によって、現象は体系になる」[2]。

（高砂・渡辺）

[2] ibid., p.189.

図2－4　あいまい（多義）図形
「若い娘か老婆か」
1930年、心理学者ボーリング（E. G. Boring）が公表。漫画家ヒル（W. E. Hill）が描いたもの。原題は「家内と義母」。

■言語ゲーム——ウィトゲンシュタイン

ウィトゲンシュタイン（コラム参照）の哲学は、心と言語の哲学に対して、そして科学哲学に対して重要な影響を与えてきたし、その影響は今も続いている。

まず、初期の著作『論理哲学論考』（1922）が、論理実証主義者たちに大きな影響を与えた。その中で唱えられているのは、いわゆる命題の「写像理論」である。それは、世界の中の基本的要素的事態は言語に写像されることができ、世界の事態の構造である「論理形式」は言語の論理構造や論理計算に反映され得るとするものだった[1]。

ところが、１９３０年代の半ばから、ウィトゲンシュタインは上記のような自分自身の理論も含めて言語の実証主義的理論を批判し始めた。『哲学探究』（1953）では、彼は、命題や言明[2]は互いに独立しており、その真理値や意味は個別に調べることができる、という前提を批判している。なぜなら、個々の命題の真理値や意味は、命題の全体系に属しているからである[3]。

こうした問題と取り組んでいるうちにウィトゲンシュタインは、ゲームとの類推を思いついた。言語というのはチェスのようなもので、単語はチェスの駒のようなものである。一つのチェスの駒は、ゲームの文脈とその動きにおいてのみ意味を担う。同様にある一つの単語は、それが使われる「言語ゲーム」の文脈においてのみ意味をもつ。どちらのゲームも規則を守ってプレイしなければならない。そして、規則とは、プレイする者とは独立の実在物ではなく、作り出されるものなのである。

[1] 説明を補うならば、命題の各要素とそれら相互間の論理的関係は世界の事態の要素とそれら相互間の関係に似ており、それは楽譜や地図の構造が、楽曲や風景の構造に似ているのと同様である。また、命題の各要素は世界の事態の各要素に対応するかしないかによって決定される「真理値」をもち、複雑な命題の真理値も、構成要素である単純な原子的命題の真理値をもとに、論理計算によって決定される、という。これについては、63ページのコラム【真理表】も参照のこと。

[2] 61ページ注［3］参照。

[3] 前節【デュエム＝クワイン

言語ゲームは活動であって、ゲームの要素の意味は活動の中で明らかにされる。「言語《ゲーム》」という言葉は、ここでは、「言語を《話す》ということが、一つの活動ないし生活形式の一部であることを、はっきりさせるのでなくてはならない」[4]。

このような考えが、「語の意味とは言語内におけるその使用のことである」[5]というウィトゲンシュタインの意味理論を形作ったのだった。店主が「赤いリンゴ5つ」と書いた私のメモを理解したかどうかは、その人が次にとる行為によって明らかにされるであろう。単語や文は文脈においてのみ意味を得る。そして、文とは、主張したり、命令したり、質問したりするための道具として使われものである。したがって、意味を理解するためには、「生活形式」の習得が必要となる。意味とは生活形式の一部としての言語ゲームによって担われるのであり、そしてゲーム自体は真であったり偽であったりすることはありえない。ゲームは、事実という基礎の上にあるのではなく、逆に事実を構成するのである。

また、この本の終わりのほうでウィトゲンシュタインは、心理学についても次のような文章を書き残している。

> 心理学における混乱と不毛は、それが「若い科学」であるからということで説明されてはならない。心理学の状態は、物理学のたとえば初期の状態と比較されるべきではない（それはむしろ数学のある分野と比較できよう。集合論）。すなわち心理学においては、実験的方法と概念的混乱がある（集合論において、証明方法と概念的混乱があるように。）
>
> 実験的方法の存在は、われわれを悩ます諸問題を解決する手段があるのだと思わせる。たとえ、問題と方法とがすれ違っているとしても。[6]

のテーゼ】参照。

[4] Wittgenstein, 1953, sec 23, 訳書 1976, p.32.

[5] ibid., 訳書, p.43. また、この辺り、ベムら（Bem & Looren de Jong, 1977, p.50）による解説も参照。

[6] ibid., II-xiv.

それなら、心的概念について、また心という概念そのものについて、どう考えればよいのか。「……心はなくてただ体だけがあるのか」、と反問されよう。答え「「心」という語には意味がある、すなわち、われわれの言語の中である用法をもっている。だがこう言ってもまだどんな用法でそれを使うのかを言ったことにはならないが」[7]。

のちにくる社会的構成主義（⇒【社会的構成主義】）は、ウィトゲンシュタインのこのような心理学批判、心的概念批判を出発点のひとつにしている。私たちが「悲しい」だの「期待する」だのといった心的概念を使うのは、他者を非難したり、賞賛したり、協議したりすることで、なにごとか実践的目的をとげようとするためにほかならない。すなわち心的概念とは、言語ゲームの中で実践的概念として社会的に構成されたものである、というのが社会的構成主義の答えであった。

（渡辺・高砂）

【コラム】ウィトゲンシュタイン

ルートヴィヒ・ウィトゲンシュタインは、1889年、オーストリア屈指の大富豪の末っ子として生まれた。大学で工学を学んでいたものの、突然哲学を志し、ケンブリッジのバートランド・ラッセルのもとで学ぶが、すでにそこで、先生であるはずのラッセルに（その著作の出版を断念させるなど）大きな影響を与えていた。

第一次世界大戦従軍中に書き上げた『論理哲学論考』は、ウィトゲンシュタインが生前唯一出版した著作であるが、出版後間もなくウィーンの哲学者・科学者集団（ウィーン学団）による「論理実証主義」の運動に多大な影響を与えた。その後「問題は最終的に解決された」として一時哲学を放棄し、田舎の小学校の教師などをして9年間過ごすが、1929年にケンブリッジに復帰すると、『論考』とは全く異なる新たな哲学を始め、この後期の思想も前期のそ

[7] ibid. 訳書 1975, p.124.

[8] というのも、その思想を全体として捉えるのが難しく、まずは解釈の正しさが問われることになってしまうからである。特にアメリカの哲学界は、ウィトゲンシュタインの影響を強く受けた論理実証主義の後、それを批判したクワインの哲学が主流となり、ウィトゲンシュタインの後期思想もその影に隠れて非主流、あるい

れ以上に英米の哲学界に多大な影響を与えることになる。

彼の後期の主著は、死後間もなく出版された『哲学探究』であるが、出版後しばらくこれは、形式言語でない、日常言語を分析する哲学の流れ（「日常言語学派」と呼ばれた）の文脈で評価され、「言語ゲーム」という語がその思想を代表するキャッチフレーズとして認識されていた。ただ、彼の書き残したものは、『論理哲学論考』も含め、特定の哲学的主張を「論証」するスタイルでなく、大部分が短い警句のような文の寄せ集めであり、それゆえその影響は表にはなかなかその名が出にくかったと言える[8]。それでもウィトゲンシュタインの思想は、イギリスを中心にアクティヴであり続け、時にその影響は、直接その名が言及されない場所でも明らかであった。だが、特に1980年に、ソール・クリプキのラディカルなウィトゲンシュタイン解釈が出版されるや、ウィトゲンシュタインの思想は一大ブームとなり、その名は哲学の外にも広く知られるようになった。

現代では、心の哲学との関連から1944年以降の最後期の考察である心理学の哲学がしばしば注目される。そこではウィトゲンシュタインは、ケーラーのゲシュタルト心理学を主に考察しているが、彼はまた、ウィリアム・ジェームズの『心理学原理』を終生大事に何度も読み返し、そこから多くの考察を行っている。さらにウィトゲンシュタインは自分を一時期「フロイトの弟子」と称したが、同時に彼のフロイトに対する徹底した批判は哲学分野に留まらない大きな意義を持つと言える。ウィトゲンシュタインは心理学一般について終生批判的であったが、その論点、たとえば「実験」という方法に対する過信や概念的混乱などは、現在でも解決されたとは言えない問題であり、今も真剣な考察に値するだろう。というより、そもそもウィトゲンシュタインの思想一般が、未だ完全に理解・消化された（ましてや乗り越えられた）とは言えない。だがその正確な解釈はどうであれ、少なくとも彼が20世紀哲学において最も重要な哲学者の一人であることに間違いはないだろう[9]。

（水本）

は反主流、の哲学とみなされた。

［9］ウィトゲンシュタインの解説書でお勧めしたいのは、鬼界彰夫『ウィトゲンシュタインはこう考えた』（講談社現代新書2003）、飯田隆『ウィトゲンシュタイン』（講談社1997）である。前者は筆者の大胆な解釈が展開されたエキサイティングな「ヒーロー列伝」でもある。後者は素人にわかりやすく、同時に内容も妥協することなく書かれた理想的な入門書であると言える。もっと手っ取り早く知りたい方には『西洋の哲学者たち』（梓書房2002）の「ウィトゲンシュタイン」の項を参照されたい。『ウィトゲンシュタインと奥雅博の三十五年』（勁草書房2001）は、題名が誤解を与えやすいが、主に後期思想についての解説であり、鬼界の本とともに日本のウィトゲンシュタイン研究の水準を示すものであると言えよう。

■反証可能性理論——ポパー

論理実証主義の本来の動機は、科学と擬似科学との境界を設定するところにあった。しかしながら、論理実証主義者の計画は、いろんな点で困難に突き当たった。検証のためには言明を「生の事実」と一対一対応で比較できなければならないが、(クワインが批判したように)これは不可能なことであった。また、理論と観察の厳密な二分法も、(ハンソンが批判したように)断念せざるをえなかった。さらに、言明の意味はその検証の方法であるという検証理論そのものにも、重大な困難があった。そもそも、「一般言明」[1]の検証は、厳密に言えば不可能である。「カラスはすべて黒い」という一般言明は、カラスの観察によって百万回検証されてきたかもしれないが、次の百万と一羽目のカラスが黒色でない論理的可能性は残っている。この論理的な困難ゆえに、すでに一八世紀、ヒュームは、帰納法には合理的な根拠がなく、心理的に自然なだけだとしたのだった[2]。

カルナップは、検証よりも実際的で、それほど厳格ではない方法である、確証(confirmation)という概念を導入した。ある言明が有意味であるためには、ある程度の確証可能性があればよいとカルナップは示唆する。確証とは確率の問題であって、「未確証」である0から「検証」された1までの値をとって変動し、一応、言明を支持する観察の数に依存している。通常、科学的知識に要求されるのは完璧な検証ではなく、仮説的なものであり、一般言明や一般的法則は完全に検証されなくとも多少なりとも確証されるので、問題は解決されたと考えたのである。観察から言明への一般化の規則を与えることで、カル

[1] 一般言明。「すべてのXはYである」という形をした言明。法則や理論はすべて一般言明である。

[2] Godfry-Smith 2003, p.39–40参照。

ナップは帰納法の論理を形式化した。けれども、それは十分納得のいくものとはならなかった。そもそも「確証の確率」といっても、「心証」の域を出ないのである[3]。そして次に来たポパー[4]が、帰納法も確証もそして検証も、科学的知識の正当性の根拠にはなりえないことを示したのだった。

ポパーの論じるところでは、厳密には検証ではなく反証（falsification）のみが可能である。大量の証拠を蓄積したところで仮説の真実性の保証にはならない。白いカラスが一羽見つかった時点で、カラスはすべて黒いという強く確証された言明は反証され、棄却されてしまう。また、検証の代わりに確証をもってきても、私たちは確証に反する例がまだどれほどあるかを知ることができない以上、確証の程度を推し量りえない。しかしながら、反証は論理的にたしかである。ある理論で効果を予測しながら実際にそうならなかったなら、その理論は棄却されるのである。

科学は理論を証明しようとするのではなく、反駁しようと努めるべきである。良い理論とは、それがどんな観察によって反証されるのかということが、あらかじめ明確になっているような、「反証可能性」のある理論のことである。

ある理論の値打ちは、それから発する予測によって排除できる特定の現象の多さによって決まる。「排除する現象が多ければ多いほど、その理論は多くを語るのである。」[5]たとえば相対性理論は、ニュートン力学によって予測される森羅万象の現象を、厳密な測定下では、事実上、ことごとく「排除する」。ポパーは理論の経験的内容の豊かさを、可能な反証の数として定義する。競合する理論の中で私たちが受け入れるべきものは、最も広範な経験的内容を備えるがために最も多く反駁される危険を伴い、それでいて数多くの反駁の試練を生き延びてきた理論である[6]。

［3］石垣 1994, p.87ff; 井山・金森, p.56 参照。

［4］Popper, 1959（訳書 1971）が重要であるが、ダイジェスト版として『知的自伝』（Popper, 1976）が勧められる。本節の執筆も主としてこれに依った。

［5］Popper, 1976（訳書 9 節）

［6］推測と反駁を通じて理論が生き延びる過程を、ポパーは、自然選択の過程に擬する。なお、ダーウィン進化論は、科学的理論というより「形而上学的研究プログラム」だと、ポパーは一時考えた（Popper, 1976　訳書 37 節）。

［7］ポパーは批判的思考と独断的思考との間に絶対的な差異を見る。確実で批判に抵抗力があると宣伝されるような理論は擬似科学にすぎない。マルクスや、フロイトの思想体系もまたその例であり（⇒【精神分析】）、この種の擬似

ポパーは論理実証主義者とは異なり、理論が仮説作りの段階から経験的証拠や論理によって厳格に統制されるべきだとは考えていない。欠陥が見つかれば容赦なく否定されるのであれば、仮説は大胆であればあるほどよい。大胆に推測することと反駁の試練にさらすことこそ、よき科学者というものなのである。そもそも、これまで生き残った理論にしても、決して最終的に検証されたわけではなく、いつ間違いであることが証明されるとも限らない。支配的な物理学の理論が間違いであることが証明されるなどということは想像しがたいが、ニュートン力学が相対性理論と量子力学に取って代わられたときに事実起こったことだ。

論理実証主義者とは違ってポパーは確実性への要求を捨て去ったが、科学と形而上学および擬似科学の境界設定という理想にはこだわった。彼が合理性の品質保証の印としたものは反証可能性であり、いかなる知識や理論の主張に対しても批判的な態度をとりえることこそが、科学と擬似科学とを区別する境界であると考えた[7]。

ポパーの批判主義の原則は、事実が予測に適合しないと判明したときにはいつでも理論全体が容赦なく否定され、新しい予測や代わりの理論が考え出されてテストを受けるというものである。ところが、ポパーが科学者の間では最も声価の高い科学哲学者であるという事実[8]にもかかわらず、これは科学者が実際に行っていることではないという批判がある。現場の科学者は自分たちのお気に入りの仮説のことを、事実によって否定され放棄されるにはあまりに良くできていると思うものである。予測がはずれたとき、彼らは元になった理論を否定するよりも、その場限りの（ad hoc）仮説に訴えることが多い。その場限りの仮説のなかには、次のラカトシュの項で見るように、観測装置の不具合のせいにするといったものから、惑星の軌道が理論どおりに観測できないからといって未発見の惑星

科学では世の中のあらゆることが説明できてしまう。たとえば、マルクスの社会理論では、資本主義社会の内部で生産力が増大すると、生産様式との矛盾が強まり、その結果「必然的に」革命が起こって共産主義という新しい生産様式へと移行する。しかし、必然的にといっても、それは、いつ、起こるのか。マルクス主義者たちは、たいてい、数年以内に起こると言っておいて、起こらなければ10年後、また起こらなければ20年後というように言い逃れをする。彼らを反駁することは不可能なのだ。これに類したことを、事実、若きポパーは、第一次世界大戦の敗戦後の故国オーストリアの混乱のなかで、マルクス主義に傾斜する友人との交流のなかで、経験したのだった（Popper, 1976　訳書8節など。奥1997も参照）。

このような思想体系は、反駁はおろか、批判さえできない。それ

の存在を仮定するといったものまである。

哲学者ポパーが独断主義を科学的精神に対する罪だと考え、批判精神を合理性の品質保証印だと考えるのに対して、実際には科学者たちは仮説が証拠に適合しなくても頑固にしがみつく傾向があるし、しばしば独断的でもある。しかも、天文学の場合の未知の惑星の発見のように、それでかえってうまくいくこともある。自分の先入観に固執して、実際の現象がなぜそうあるべく起こらないのかという理由を探すことは、新しい発見をもたらす有効な方法なのかもしれない[9]。

1960年代には、ハンソンとクワインの理論負荷性に関する学説が十分に理解されるようになった。ある意味で理論は自ら事実を作り出す。したがって、理論とその理論から独立した事実とをすり合わせて確証や反証をすることは不可能であるし、さらにより良い理論と不十分な理論とを区別するのに事実を使うことはできない。こうした見解における相対主義的意味合いは、次節に見るようにクーンやファイヤーアーベントによってさらに練り上げられた。ポパーもまた、単純な観察言明によって述べられた事実といえども確実なものではなく、その分野で何を基本的事実とみなすかという専門家間の修正可能な合意に基づくことを認めてはいる[10]。ただし、べムらの評言を借りるならば、「彼の科学哲学は観察言明の中に知識の根拠を見出そうという試みを放棄しながらも、科学と形而上学を区別する絶対確実な境界設定基準を創り出そうとする伝統の中に留まるものであった」[9]。

（高砂・渡辺）

は信者からの独断的な信仰を必要とし、したがって科学的合理性とは対極にある。特に有害なのは政治哲学におけるそのような独断主義である。ポパーは、ヘーゲルやマルクスのような思想体系を「歴史法則主義（historicism）」（Popper, 1961, 1966）と呼ぶ。

［8］Godfry-Smith, 2003, pp.57参照。

［9］Bem & Looren de Jong, 1998, p.53参照。

［10］Godfry-Smith, ibid, pp.64–65参照。

■パラダイムと科学革命——クーンの学説

経験論と実証主義への批判が進行するなかで、「第二世代」「新・科学哲学」といわれる科学哲学者たちが登場する。彼らの共通の関心は、理論の論理的構造よりも、科学者がその理論と仮説に到達する方法にあった。論理実証主義者が「正当化の文脈」に焦点を合わせたのとは対照的に、彼らは「発見の文脈」に光をあてるようになった。この世代のなかでも重要な業績は、クーン[1]のパラダイム論と科学革命論であった。

クーン[2]によって唱えられた「パラダイム（paradigm）」という語には、マスターマン[3]の分析によるとなんと21もの異なった意味があるというが、そのうちひとつの意味は、どのデータが正当で、どんな方法が用いられ、結果を述べるのにどんな語彙が使われるべきか、そしてどんな種類の解決が可能なのか、といったことを決定する枠組み（＝準拠枠）のことである。

ここで注意すべきは、パラダイムには研究の社会的組織も含まれ、初学者の、実験室や科学者共同体への入門の過程も含まれていることである。学生や若い研究者は、その共同体で用いられている語彙・方法・技術という準拠枠に忠実であるように訓練を受ける。ポパー流の開放的で批判的な議論という理想とはまったく対照的に、研究者の共同体は、研究者であれば誰でも知っていることだが、権威的で独断的であり、若手研究者がそのパラダイムの正統な結果を再現できないのであれば、パラダイムを反証したとみなされるどころか、仕事を失うのがオチである。

[1] T. Kuhn（1922–1998）
[2] Kuhn, 1962.（訳書 1971）
[3] Masterman, 1970.（訳書 1990）

クーンは「理論」というものを、方法、枠組み、概念、職業的な習慣と義務、実験室での実践からなる全体的構造の一部であると考える。この構造が研究への一般的アプローチを決定し、何が正当な観察であるかを定義するので、それなくしてはどんな研究課題も存在しない。このように、パラダイムは第一に研究者の学派・共同体、第二に方法・数学的技術・実験装置などのすべて、第三に概念的準拠枠から成っており、理論的知識と同様に実践的技能も含んでいる。パラダイムの見本例（exemplar）を見分けるには、データの見方や概念・装置の利用にも特別な訓練が要求されるからである。ここで見本例とは、実証的研究のよき手本のことである[4]。たとえば、図2－5の俗に「パブロフの犬」と呼ばれる条件づけ実験は、条件反射学や学習理論だけでなく、乳幼児研究や比較認知科学のなかでも数多くの適用例を生み出している、見本例中の見本例である。

あるパラダイムをポパーが主張したやり方で合理的に否定することはできない。事実がパラダイムの文脈においてのみ事実として存在する以上、理論が経験的に適切であるかどうかを評価して棄却することは不可能だからである。したがって、競合するパラダイム間のどんな合理的比較も不可能である。これを、パラダイムの間には「通約不可能性（incommensurability）」[5]がある、という。このことは、科学史における進歩を測る方法がないという、重大な結果をもたらす。

クーンは、実証主義者が広めた科学の累積的進歩という考え方が事実ではないことを強調する。クーンが提案する科学の歴史的発展の一般的パターンは次のとおりである。まず前パラダイム的科学があって、その後にパラダイムが確立すると「通常科学」となる。しかし変則的な観察結果の

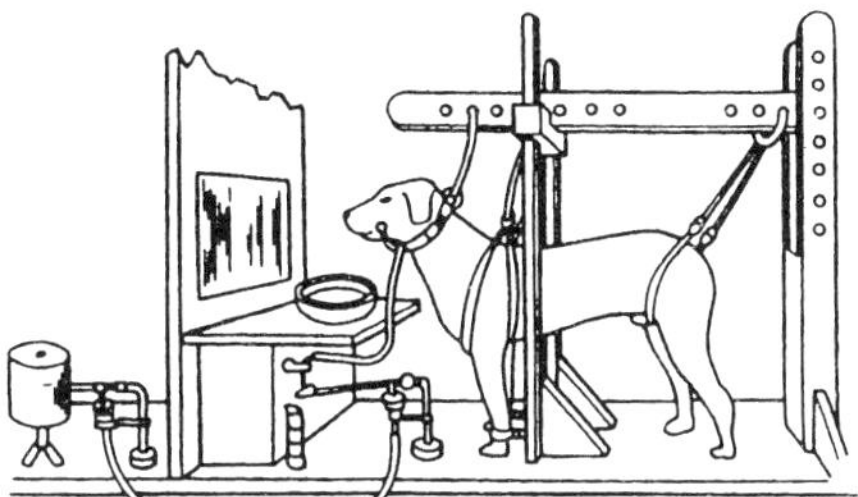

図2－5　パブロフによる犬を用いた条件反射の実験

ブザーの音と共に肉粉が与えられるようになっていて、肉粉を見て流す犬の唾液量が、測定される。やがて犬は、肉粉なしのブザーの音だけでも、唾液を流すようになる。

[4] Kuhn, 1970, p.187.（訳書p.213–214）なお、「パラダイム（paradigm）」とはもともと、この意味の「見本例（exemplar）」と同義だったことを付け加えておく。見本例と同義としてのパラダイムは、従来、範例と訳されてきたが、ここでは訳書に従っておく。

[5] Kuhn, 1970, p.198.

出現が危機を招き（「危機の時期」）、その後に新しいパラダイムが確立する「革命」を引き起こすきっかけとなる。そしてしばらく通常科学の時期があって、また次の「危機」が始まり、同様にして続いていく[6]。

パラダイムの変化は、実際に、政治におけるような意味での「革命」の性質をもつ[7]。合理的手続きを踏んだ議論を通じてというよりも、非合理的なある種の群集心理の結果としてパラダイムが放棄されるのだから。したがって科学革命とは、ポパーのいうところの反証例が積み重なったあげくの、合理的な理論の交代などというものではない[8]。変則例をいちいち反証の例とみなすようなことを、科学がしているわけではない。「事実」はただパラダイムの内部にのみ現れるのであるから、変則的なものは科学的事実でさえない。クーンはパラダイムの変化を反転図形におけるゲシュタルトの切り替えに喩えた。「革命前に科学者の世界で鴨であったものが、後には兎になる。」[9]

パラダイムとは、理論以上のものである。それは、概念や理論のみならず、観察・実験の道具や方法、さらには基本的な形而上学的仮定に至る一連のものからなる。また社会的、実践的側面も、科学研究の一部としてパラダイムの要素をなす[10]。形而上学的な仮定とは、クーンはこれをパラダイムの形而上学的な要素と言っているが、直接には検証も反証も不可能でありながら研究の枠組みを事実上支配する、研究者の暗黙の信念のことである。たとえば17世紀のデカルトの一連の著作は、「科学者に宇宙にはどういうものが含まれ、どういうものが含まれないか教えた。つまり、そこにあるのは形ある物質と運動だけであった」[11]。心理学史から例をひくならば、心理的行動は単純な要素の寄せ集めだとする、原子論的仮定がそれである[12]。この仮定はヴントの心理学にもワトソンの心理学にも含まれるが、それを直接証明することは不可能である。しかし、証明され得ないこの原子論

[6] 革命と通常科学の時期とは著しく対照的である。後者では全体的枠組みは批判の対象とならず、研究とは本質的に「パズル解き」（訳書 p.41ff.）である。すなわち、すでに受け入れられているものをより正確に測定したり、予測されている事実を見つけたり、要するにまだ残っている不確かなものを解決するためにパラダイムを使い尽くすことである。パズルが解けないときにのみ、新しい法則やアプローチへの要求が現れるのであって、本当に新しい発見のためには革命が必要なのである。

[7] 訳書 p.104ff.

[8] 訳書 p.165f.

[9] 訳書 p.125. 図２－４の図形を例にとれば、「始めに若い女性であったものが、後には老婦人になる。」

的仮定によって、多くの研究が可能になったのである。ちなみに前述のマスターマン[3]はこれを、メタパラダイムと名づけている。

　興味深いことに、クーンはもともと物理学者出身の科学史家であったにもかかわらず、パラダイム論は物理学者よりもかえって心理学者や社会科学者に迎えられたのだった。とはいえ、心理学史家たちのパラダイム分析の結果は、必ずしも心理学の歩みを、クーンの科学革命の図式の通りには描き出しはしなかった。１９８０年頃までの概観によると[13]、物理学史由来のパラダイム論が心理学史に適用できるかどうかですでに論者の意見は分かれるし、通常科学としての単一パラダイムが心理学史にあったか否かには否定的なものが多数を占めたのだった。ある心理学史家によれば心理学はいまだに「前パラダイム科学の段階」[14]であり、「絶えず危機にある科学」であり[15]、「多パラダイム並存科学」なのであった[16]。日本でも村田孝次[17]が、発達心理学史をパラダイム分析して、発達心理学には単一のパラダイムの交代のような歴史は見出せなかった、と結論している。

　なかでも出色なのは、マッセン[18]のメタパラダイム論だろう。

　心理学が自己認識の科学である以上、研究主体の暗黙裡の反省以前の自己観が、つまりは人間観が、パラダイムを深いところで規定するものとして取り上げられねばならない。マッセンは、この、心理学で特に問題となる反省以前の人間観のことを、メタパラダイムと呼んだ。メタパラダイムには三つの種類がある。人間を生物の一種とみなす生物学的人間概念。社会的存在とみなす社会学的人間概念。そして、反省する自己意識的存在とみなす、人文主義的人間概念である。マッセンによれば、この三種の人間概念の分岐・発達・交錯として、心理学史を理解することが可能なのであった（⇒第1章【理論心理学】）。

（渡辺・高砂）

[10] クーンは、パラダイムには明示的な方法上の規則や概念よりも基本的なものがあり、研究者になるための訓練では、理論を学ぶことよりも見本例を取り扱う技能やノウハウを発展させることが重要とする。

[11] 訳書 pp.45-46.

[12] Leahey, 1980, 訳書 p.9. 信念母型（matrix）という語も用いられる。

[13] Peterson, 1981.

[14] Schultz & Schultz, 1992.

[15] Leahey, 1980, 1991.

[16] Hergenbaum, 1992.

[17] 村田 1987.

[18] Madsen, 1988.

■研究プログラム――ラカトシュ

ラカトシュ[1]は、クーン流のパラダイム分析と、ポパー流の科学の合理的再構成の可能性とを結びつけようと試みた[2]。科学的研究の内側ではクーンの言うような独断論とパズル解きが主要な役割を果たしていることを認めながらも、彼は「研究プログラム（research programme）」間の競争に進歩がかかわっていることを認めることによって、合理性を救おうとする。ハンガリーに生まれ、ナチスドイツと、次いでスターリン主義権力と闘ってきたラカトシュにとって、クーンの科学革命論は、理性と社会にとって危険をもたらすと映じたのだった[3]。

ラカトシュによれば、研究プログラムとはそのときにうまくいっている理論の複合体のことであり、それは批判に対して閉じている一組の中核的仮説と、ずれた結果を説明できるように修正可能な補助的仮説という防御帯から成っている。プログラムが新しい事実を予測する限りは中核的仮説を直接反駁することはできない。あるプログラムが他のプログラムよりも優れていることを調べるには、経験的内容が増えるかどうかによる。

中核を防御するために変則的なものを勘定に入れようと場あたり的な（ad hoc）仮説を増やし続けねばならないようなプログラムは退歩的とみなされる。しかし、場あたり的な説であっても、うまく機能して結果的に新しい領域が開かれ、新しい研究のきっかけとなれば、それは進歩であるとみなされる。天文学の歴史においては、数学的理論的にケプラーは未知の惑星の存在を仮定するに至ったが、これは場あたり的な仮説であった。しか

[1] Imre Lakatos, 1970.

[2] ここで合理的再構成とは、科学史上の出来事を、そこに進歩があって当然であるような形に解釈し直すことである。Godfry-Smith, 2003, p.104 参照。

[3] Godfry-Smith, ibid, p.103.

し、後に天王星が発見されると、その仮説が正しいことが証明され、結果的に経験的内容が増加したのである。

　科学の発展は研究プログラム間の競争の結果として生じる。各々のプログラムは変則的事象に対して補助仮説を動員することで自身の中核を守ろうとする。しかしながら、クーンと対照的にラカトシュは進歩的な研究プログラムと退歩的なそれとは見分けられると考える。もしあるプログラムが経験的な進歩を示さず、新しい事実を予測せず、ただその中核を新しい口実で繕うことで生き延びるだけであるならば、それは退歩的である。が、もしそのプログラムが発見的な力をもっていて、経験的内容が増大する傾向にあるならば、競争に勝利するであろう。天文学の例でいえば、未知の惑星が実際に発見されるのであればプログラムは進歩するし、逆にプログラムが苦し紛れにあらゆる推測をしなければならず、しかもそのどれも確証されない場合には退歩である[4]。

　たしかにクーンの言うように、研究プログラムの「内部」では独断論が支配するというのは正しいが、しかしラカトシュの説ならばポパーの学説も何らかの形で救われることになる。プログラム間の合理的選択が可能なら、他よりも経験的成長の可能性が大きいと判断されたプログラムを選択することで、進歩と合理性が得られる。

　このように科学的進歩の「合理的再構成」は可能である。ただし、合理的に再構成された科学史と、現実の科学史の間にどんな関係があるか、という問題が残る。また、科学研究の現実に関しても、経験的内容を評価するための堅実で手っ取り早い尺度がないので、二つのプログラム間で常にどちらが良いかの選択が適切にできるわけではない、という問題点があろう[5]。

（高砂・渡辺）

[4] この部分、要を得た解説として、Bem & Looren de Jong, 1997, pp.58–59 参照。

[5] Godfry-Smith, ibid, p.104; Bem & Looren de Jong, ibid, p.59 など参照。

■方法論的アナーキズム――ファイヤーアーベント

「科学は本質的にアナーキスト的な営為である。すなわち、理論的アナーキズムは、これに代わる法と秩序による諸方策よりも人間主義的であり、またいっそう確実に進歩を助長する」[1]。

ラカトシュとの論争のなかでクーンの相対主義を先鋭化させ、認識論的アナーキズムまたは方法論的アナーキズムとして知られるようになったファイヤーアーベントの代表作は、このような言葉で始まっている。すなわち、科学の方法論においては「何でもかまわない(anything goes)」のであって、境界設定基準などないし、あってはならない。境界設定のために認識論的な法と秩序に訴えることは、科学の進歩にとって自滅的であり、確立した理論に反対して仮説を作り出していくことが科学の進歩の様式なのだ。

確立した理論というものは、クーンが言うように、自分自身の証拠を作り、特権的地位からくる社会の支持や権威を使って自身を堅く守る。巨大科学の成功は、財源・人材などの資源を支配下に置いて、より多くの結果を手っ取り早くもたすところにある。それにひきかえ、当然のことながら、新規参入した学説には証拠が乏しく見える。

けれども、ファイヤーアーベントの説では、確証が欠けていたり、常識に反することはむしろ望ましい。それによって確立されたイデオロギーが動揺し、本当の進歩を実現する可能性が出てくればいいからである。大胆な発想には最大限の寛容が与えられてしかるべきであり、経験的・方法論的に不十分な説を抑圧するような普遍的方法の適用は、進歩に

[1] Feyerabend, 1975, 訳書 p.1.

大きな損害をもたらすであろう。科学史を見るがよい。偉大な科学者たちは、その時代の哲学の与える方法論的規則など、ぶちこわしにして来たではないか。このような訴えが、彼をして1970年代後半のカリフォルニアの反体制的文化のなかで一種カルト的存在へと仕立て上げたのだった。

ファイヤーアーベントが発見の文脈と正当化の文脈を区別しないのは驚くことではない。新しい科学上のアイデアを受け入れるか否かは、ある程度、偶然的要素による。方法論的規則などかえって進歩の妨げとなるというわけである。さらに彼は、科学は本質的にイデオロギーや神話と異ならないと主張する。教会から科学が分離独立したのと同様に、国家と科学を分離することを唱え、学校の子どもたちは支配的な科学イデオロギーを教え込まれるべきではない、という。「このような分離こそ、われわれが手に入れることができるとはいえこれまで一度も十分に実現されたことのなかった人間性を完成させるための、われわれの唯一のチャンスであるかもしれない」[2]。実際、彼は、公立学校でダーウィンの進化論とともにキリスト教原理主義の創造説を教える権利を、擁護したのだった[3]。

ファイヤーアーベントの方法論的アナーキズムの激しい論調は、科学者のために法律を制定し、社会全体に何が合理的で科学的に尊重できるかを規定してあげようとする尊大な科学哲学者たちへの嫌悪に由来するものであった。ただし、科学哲学者として永続的貢献があったか否かは疑わしく、科学と非科学を区別しているものは何なのかという根本的問題には、ついに答えることはなかった、と評されるのである[4]。

（高砂・渡辺）

[2] ibid, 訳書 p.295.
[3] Hogan, 1996, 訳書 p.78.
[4] Bem & Looren de Jong, 1998, p.61 参照。また、Godfry-Smith, 2003, pp.116–117 および前掲 Hogan のインタヴュー記事参照。

■境界設定基準の破綻——相対主義の勝利

ウィーン学団に始まる、境界設定基準の探求をベムらを参考にしつつおさらいしよう[1]。

論理実証主義者（ウィーン学団）は、科学を非科学から区別するための境界設定の基準として、言明の意味の検証可能性原理を唱えた。ポパーは厳密な意味では検証は不可能であるとし、反証可能性という原理を提案した。クワインは経験的言明と論理的言明の区別という教条を批判し、科学的言明は理論全体と不可分であるとした。ウィトゲンシュタインは個々の語や言明の意味は所与のものではなく、意味というものは言語ゲーム、生活形式の一部であると主張した。ハンソンは、観察というものが暗黙の理論的前提から独立したものでない以上、理論を否定したり確証したりするためには使えないとする、観察の理論負荷性という概念を導入した。クーンはパラダイムという術語を導入した。

それによると、それぞれの科学者集団が自分自身のデータを生み出すので、他の集団、他の時代のデータとは直接比較することができない。そもそもパラダイムが観察対象を決定するので、経験に基づくどんな合理的比較も不可能であり通約不可能である。したがってどんな境界設定基準も置くことができない。ファイヤーアーベントは理論負荷性とパラダイムの概念を徹底させて、「何でもかまわない」の認識論的アナーキズムに至る。これに反してラカトシュは、研究プログラムの内部では独断論が支配していることを認めても、複数の研究プログラム間で進歩的か退歩的かを見分ける可能性があることを説くことで、

［1］Bem & Looren de Jong, 1998, p.61.

［2］以上のような概括の仕方は、ベムやゴッドフライ＝スミスのような科学哲学者だけでなく、新時代を切り開きつつある心理学者の間でも、共通認識になりつつあるようである。たとえば、社会心理学のガーゲン（⇒【社会的構成主義】）は、社会的構成主義という

合理性を救おうとした。

論理実証主義からクーンやファイヤーアーベントまでの歩みを、境界設定基準の破綻と、そしてその結果として相対主義が勝利したこととみなすこともできよう。それを科学哲学においてより人間的で文脈依存的、歴史的な要素の、導入として捉えることもできるだろう。いまや科学は神のごとき合理性の支配する世界ではなく、きわめて人間くさい活動としてみなされるようになった。

すでにポパーも仮説の形成を本質的に自由で創造的、人間的な活動であるとしていた。クーンは科学の社会的性質と知識の文脈依存的性質を強調し、ある共同体の内部における共通の実践的活動という基盤に立ってのみ研究は可能であるとした。ウィトゲンシュタインも早く同様の結論にたどり着いていた。知識は実際的で社会的な基盤から生まれ、反省以前の実践的活動に依存しているのだ。

こうしてみると、科学哲学におけるこの展開は、ドイツやフランスなど欧州大陸における解釈学的哲学の流れと共鳴し、しだいに収斂するかのように思われる[2]。次節以降で、この流れに戻ることにしよう。

（高砂・渡辺）

自らのよって立つメタ理論の出現した必然性を説くため、主要著作でこの種の概括を踏まえる。また、『近代心理学とインド思想における自己とアイデンティティ』という、一見科学哲学と関係のなさそうな著作の中で、パランジュペ（Paranjpe, 1998）も、ほぼ一章を割いて、同趣旨の科学哲学的概観を行っている。従来の異文化比較研究は、生活形式を異にする文化に近代西洋起源の心理学的概念を適用するという、西洋自民族中心主義の産物に過ぎない。真の異文化研究は、西洋近代の実証主義的なメタ理論が、対象となる文化の暗黙のメタ理論に触れることで相対化されるような、それ自体がメタ理論的な研究でなければならない。科学哲学における近年の展開が、まさにこのような研究を必要かつ可能にしつつあるのである、と。

■精神分析――哲学者たちの批判と擁護

人間科学における二つの科学問題の、焦点に常にあったのが精神分析だった。もともと、精神分析はポパーの反証可能性理論の主要な攻撃目標だったので、まずポパーの精神分析批判の紹介から入ることとする。そもそもポパーの回想によると、ウィーンの若き学徒であった彼が反証可能性原理を考案したきっかけに、フロイト精神分析、アドラー個人心理学、マルクス主義歴史理論という三つの理論があったのだった。

> 1919年の夏……私は、それらが科学という地位を要求していることに、疑問を抱き始めていた。……私が単に物理数学は社会学や心理学といったタイプの理論よりもいっそう精確である、と感じていたためでもない。……むしろ、これら三つの理論が……実際には科学よりも原始的な神話と共通した部分が多いように思われたということ、言ってみれば、天文学よりも占星術に似ているように思われたということであった。……最も際立った特徴は、当の理論を「検証」するような確認や観察が絶え間なく行われていることにあると、私には思われた。……しかし、そうした見かけ上の強さが実は弱点なのだということが、私には徐々にわかり始めていた[1]。

ポパーによると、伝統的な帰納主義的な立場では、こうした多数の検証例を誇示する理論を容認することになってしまう。こうした反証不可能に見える理論に対して、科学とい

［1］Popper, 1972（訳書 pp.59–60）

う地位を与えないために生み出されたのが、反証可能性原理だった[2]。たとえば、「彼女は彼に対して無意識でアンビヴァレント（両面価値的）な感情を抱いている」といったよくある精神分析的な言明は、彼女のどんな態度によっても「検証」されてしまい反証は不可能なので、精神分析理論は全体として科学失格だ、というのである。

ところで、日本で精神分析の科学性批判としてかつて知られていたのは、ポパーではなく、ドイツの精神医学者で実存哲学者としても知られるヤスパースの批判であった。

ヤスパースの批判は、ポパーとはまったく趣を異にしたものだった。精神分析理論は、フロイトがこれを自然科学と主張していたのに反して、了解（理解）心理学の一種なのである。しかも、無意識的動機づけを持ち込むことによって、どんな不可解な思考や行動をも「了解（理解）可能」にしてしまい、それをもって「説明」が完了したとする。了解（理解）と説明とが混同されているのだ。無意識による了解とは、説明のように実証されることもなく、真の了解のように追体験されることもないので、これを、「かのようにの了解（als ob Verstehen; as if understanding）」というのである[3]。了解であるかのようでもあり、説明であるかのようでもあるが、了解でも説明でもない似非了解である。

了解の働きは、もともと一人ひとりの人間についてなされるべきであり、その人の固有の内容をもつべきなのに、精神分析ではこれを一般化法則化してしまう。了解は、実存の前には常に静かにその了解の完了するときがないことを自覚すべきであるのに、精神分析はこの限界を忘れ、完結した説明体系を求めて際限なく理論化に向けて突き進む。精神分析は、個人の精神史の解釈からその人を了解できるような、その人固有のものを理論化して捉えうると主張しているのである。これは神話を構成する空想に似たものであり、結局のところ、合理的心理学と見える精神分析も、神話の一種にすぎないのである……[4]。

［2］松本によると、精神分析は反証原理によって非科学とされた、というよりむしろ、ポパーが疑わしく思った精神分析などの理論を非科学とするために反証原理が成立した、というほうが実情に合っているだろう、という（松本 2002, p.260 参照）。

［3］Jaspers, 1923,（訳書 1956）pp.254–255.

［4］Jaspers, 1923. なお、懸田 1978, pp.52–53 も参照のこと。

ヤスパースの批判は手厳しい。しかしながら、すでにディルタイの項で一瞥したように、言語・神話・習俗・法律などの歴史的産物は、因果的法則的に説明が難しいだけでなく、たやすく追体験を許すものでさえない。それらの多くはそのままでは理解（了解）不可能なのである。

たとえば、精神分析家ベッテルハイム[5]は、東アフリカ、ナンディ族の、少年のみが受ける奇妙な成人儀礼の試練について述べている。イニシエーションを受ける少年は、まず割礼の儀式を受けて血を流し、女の服をまとって、池の上に作られた小屋にこもった後、裸になって数回、水中を腹這いの姿勢で泳ぎぬける。小屋は子宮、水は羊水を象徴し、全体が「男の子が、女として死に男として再生する死と再生の通過儀礼」を成しているのは明らかだろう。男の子は、女から生まれ女と一心同体になって育ち、そのままでは「男」になりがたいゆえに、このような過激なイニシエーションを必要とするのだ。

ベッテルハイムが語るようなこの風習の「意味」は、因果的説明によって得られるわけでもなければ、（そもそも当事者でさえその意味を意識していないのだから）追体験的に理解されるわけでもない。ただ、歴史と文化人類学と精神分析的探究によって入念に編まれた解釈の網の目のみが、「意味」を顕在化するのである。

個人心理を対象としても精神分析が行っているのは、この意味での「解釈」なのではないだろうか。解釈学については次項以降に詳しく取り上げるが、解釈学的な視点から精神分析の意義を救い出そうとしている論者に、ドイツのハーバマス[6]やフランスのリクールなどの哲学者がいる。ここではリクールの説に触れておこう。

リクールによると、「心理学とは[7]行動の諸事象を対象とする観察科学である。それに対して精神分析は、衝動の原初の（そして失われた）対象とそれの代用された対象との間

[5] Bettelheim, 1971（訳書 1983）.

[6] Jürgen Habermas（1929–）. 現代ドイツの代表的哲学者・社会学者。主著『認識と関心』（1968）に精神分析論がある。

[7] 引用者注　行動主義心理学のこと。

の意味関係を扱う解釈科学である」[8]。

そもそも、精神分析においては、「心的現象は意味によって定義され、必ずしも意識によって定義されない」[9]。「精神分析が意識のテキストの下に解読するのは、まさに別のテキスト」[10]、無意識というテキストなのである。精神分析の作業は、歴史文献学者が発見された文献を解読する作業に比較できるだろう。「……精神分析は解釈であって、心理学よりもむしろ歴史学に比すべきものなのだ」[11]

最後に、現代の英語圏について一瞥すると、それは、生物学的精神医学の圧倒的な影響のもと、精神分析が衰退しつつあるという光景となる。そのようななかで、一方でアメリカ科学哲学界の大御所グリュンバウム[12]の、精神分析は伝統的な帰納主義的な科学観から見ても科学性の基準に達しないという、現場の科学者からすると支持しやすい説が影響力を増している。その一方、リクールらの流れを汲み解釈学や社会的構成主義の立場から、精神分析の意義を救い出そうとする試みも、盛んである。例をあげるならば、スペンス[13]は、グリュンバウムの議論を批判する一方で、解釈学的立場を擁護し、フロイトの理論はメタファーとして機能するのであって、科学性や治療の有効性など、実証主義的意味での妥当性の立証とは元々関係がないと主張する。

（渡辺）

［8］『フロイトを読む』（Ricoeur, 1965）訳書 p.393.

［9］p.425.

［10］p.424.

［11］p.381.

［12］Grünbaum, 1984. 松本 2002, p.272 参照。

［13］Spence, 1992.

■解釈学的人間学——ハイデガーとガダマー[1]

ディルタイに始まる解釈学（⇒【記述的心理学から解釈学へ】）が大きく発展したのは、二十世紀中盤から後半にかけて、ドイツのハイデガーやガダマーの手によってであった。ハイデガー[2]は、哲学界の一部では二十世紀最大の哲学者とみなされているが、日本でのマインドサイエンスへの影響は、少数の精神医学者が、ビンスワンガー[3]やメダルト・ボス[4]の「現存在分析」の源泉として知っている、といった程度であっただろう[5]。ここで「現存在」とは、ハイデガー独自の用語で、「現にある」、つまり「常に今、ここに生きている」、というあり方から「人間存在」を定義した言葉である。ハイデガーは人間を、生物学的存在としては捉えないし、そうかといってデカルト以来の西洋の哲学者たちがしてきたように、「自己意識的存在」としても定義しない。なぜなら、人間は、意識や表象を通して意識とは別個の「外部世界」を認識する、というのではなく、気がついたらすでに世界の只中にある存在だからだ。しかもその「世界」たるや、無意味な事物の集合ではなく、諸々の道具的存在相互の、目的－手段の「指示連関」なのである。

この、「気がついたらすでに世界の只中にある」という現存在の（つまり人間の）根本的な存在様式は、世界－内－存在（In-der-Welt-Sein）[6]とも言われる。現存在にはまた、絶えず未来へ向かってなにごとかを企てるという、「自己投企性」や「先駆性」という構造が備わっている。そして自己投企の果てに、「死」が待ち構えている。現存在の根源的気分が「不安」であるのは、そのためだ。そこで死の不安から目をそらすために、私たち

［1］この節はやや専門的なので、初学者は跳ばして次の節に進むという読み方も勧められる。

［2］Martin Heidegger（1889–1976）

［3］Binswanger（1881–1966）

［4］Medard Boss（1903–1990）

［5］例外は木村敏で、ハイデガーの影響のまざまざと見て取れる分裂病（統合失調症）論を残している（木村 1973, 1978.）

［6］世界内存在。コラム【「世界内存在」と「世人」】参照。

は「気晴らし」が絶えず必要となる。「非本来的な」生き方をしているわけだ。また、私たちは、日常、あたかも自分自身が不特定多数の「人々」の一例であるかのような生き方をしている。つまり、「世人（das Man）」[7]へと「頽落」している。また、現存在は孤立してあるのではなく、他の現存在との「共‐存在」としてある……

このような現存在の存在様式の分析（現存在分析論）がまた、もともと精神分析の徒であったビンスワンガーやボスにとって、精神分析という治療的実践の理論的基盤として、新たなる精神病理学的人間理解の方法になったのだった。

意想外なことにハイデガー哲学の影響は、現代の人工知能研究にも及んでいる。人工知能研究のうえで難問として意識されてきた、文脈性や身体性といった概念を、現存在分析論が解明してくれるのではないかと、期待する論者が現れたのだった[8]。

けれども、英語圏で発展しつつある解釈学的科学哲学（⇩【解釈学と人間科学】）へ、さらにそれを通じて社会学や人類学など社会科学に直接に影響を与えることとなったのは、ハイデガー哲学とディルタイの解釈学の統合を試みたガダマー[9]であった。

もともと、ハイデガーの、デカルト的な確実性の探求に始まる近代の哲学と科学に対する批判は、それが、私たちの、乗り越え不可能な歴史性や有限性を無視しているということにあった。ガダマーは主著『真理と方法』の中でこの主題をさらに精緻化し、人間科学における理解と解釈の本質を、私たちの芸術作品に対する理解の仕方を分析することで説明した。

私たちは公平無私な傍観者として芸術作品を客観的に理解するのでない。ある悲劇作品を鑑賞するところを例にとってみよう。観客は公平な立場にあるのでなく、役者と共に芝居に参加している。アリストテレスが悲劇論で示唆したように、「演技にはそれを見る者

[7] 世人。コラム参照。

[8] Winograd & Flores, 1986.

[9] H. G. Gadamer（1900–2002）

が本質的に属している」[10]のだ。こうしたことは上演のたびに起こり、しかも一度として同じ仕方で起こることはない。芸術作品は決してそれ自身が客観的対象ではなく、その本質は解釈され理解されるところにある。したがって、上演もその解釈も上演のたびごとに異なったものになるだろう。

芸術作品や、さらには文献一般の意味を理解するためには、素朴な客観主義の誘惑を退けなければならない。文献を理解するうえでわれわれが中立的で「客観的」であることは、ありえないだろう。ある文献を理解するとは、自分自身の状況から出発して理解する以外のものではないが、その状況というものも歴史の産物なのだ。何かを理解することは、自分の状況の中にそれを再演し、自分自身の問いへの答えのためにそれを尋問することである。この、言ってみれば弁証法的な質疑応答の過程の中で理解された文献の意味が、もともとの著者の意図と一致する必要はない。

ガダマーは自然科学に関してはほとんど言及してはいないとはいえ、解釈学の考え方の中には、クワインの認識論的全体論、ハンソンの観察の理論負荷性、クーンの歴史の重要性といった、実証主義以降の英語圏科学哲学の展開と共通したものがあることに気づくだろう。丸山[11]も、ガダマーの『真理と方法』、クーンの『科学革命の構造』、そしてハーバマスの『分析的科学論と弁証法』など、1960年頃に出た著作群の「底に流れている共通の問題関心にいまさらながら驚きを覚えずにいられない。彼らはそれぞれまったく異なった知的伝統の出身であり、それぞれ独自のテーマに取り組んでいたにもかかわらず、〈科学の成立基盤〉という問題において出会っており、しかも知の〈解釈学的基底〉という点で、基本的に一致した見解に達している」、と言う。

（渡辺）

[10] Gadamer, 1960. 訳書 p.137.

[11] 丸山 1993, p.295. なお、ハーバマスについては、【精神分析】の注［7］参照。

【コラム】「世界内存在」と「世人」

ハイデガーには独特の用語が多いので、二つばかり選んで解説しておく[13]。

世界内存在（In-der-Welt-Sein）――ハイデガーが『存在と時間』（1927）の中で導入した、「現存在」と呼ばれる人間の存在仕方を表す概念。デカルトに代表される西洋の伝統的な哲学では、絶対確実なものとしての自我意識から出発して対象を、すなわち「世界」を見出すが、このような枠組みに変え、ハイデガーは、自分がすでに、常に世界の「中」にいる、ということを、哲学的分析の出発点とした。この、自分がすでに、常に世界の中にいるという人間のあり方が「世界内存在」であり、世界内存在というあり方を哲学的に分析することが、「現存在分析」である。

「世人（das Man）」――「小学校からの帰り道のことだったと思うが、私は突如、自分というものは他の誰とも異なる存在であることを理解した。それは、何か電光のように私の幼い心を震撼したことを覚えている。私がどんなに努力したところで、自分と別の存在になることはできず、自分であることをやめることができないという痛切な自覚が、その瞬間私の心に誕生したのである。」

これは、精神分析の権威、土居健郎博士（『精神分析』創元社 1972）が回想している、自我意識誕生の体験である。けれども私たちは、日常、このような深い自覚なしに、自分が不特定多数の世人の一例であるかのように感じて生きている。そのような日常的な存在の仕方をハイデガーは、「世人（das Man）へと頽落している」という。もともと〝man〟という言葉は、「ひとは……と言う」といった漠然とした三人称不定代名詞として用いられているが、ハイデガーはこれを大文字化して中性定冠詞の das をつけ、匿名の群集の一人と化している存在の仕方を表現させたのである。

（渡辺）

[13] なお、この節に紹介したハイデガー哲学については、主著『存在と時間』（1927）を参照されたい。

■解釈学と人間科学

クーンが自伝的に回想しているように[1]、英語圏の科学哲学に解釈学的要素を導入したのはテイラー[2]であった。それによれば、文献、状況、行為、要求、目的といった、人間科学の対象には、「意味」というものがあり、こうした意味は主体によって解釈されねばならない。意味は人間行動を特徴づけるうえで本質的である。あるものがある「意味」をもつのは、他の物事との関連においてのみである。単独で意味をなす要素というものは存在しない。「恥」は、「隠れる」といったある反応を導くような特定の状況を指し示す。しかし、ここでの「隠れる」ことが、武装した追跡者から隠れることと同じではないと理解するためには、体験される感情（恥）に言及しないわけにはいかない。つまり、われわれは、「恥」⇔「隠れる」という、循環の中にいなければならない。これが、「全体の表現の読解は部分部分の表現に依存するが、部分の表現の読解は全体の表現に依存する」という、ガダマー[3]の言う「解釈学的循環」ということである。

それゆえ、文献の読解であれ行為の理解であれ、解釈の不確実さと主観性とを免れることはできない。行動主義は——そしてその影響を受けて成立した「主流」の行動科学的社会科学も——この点で間違いを犯している。なぜなら、刺激なしに反応を定義することはできないし、逆もまた然りである。おまけに、主体による刺激の解釈が介在するのだから、状況とそれに対する反応とを、客観的に定義するなど不可能である[4]。

政治学の領域から、投票といった日常的なより複雑な行為を取り上げてみよう[5]。紙

［1］Kuhn, 1994.

［2］Tayler, 1971, pp.6–13.

［3］Gadamar, 1960.

［4］似た種類の間違いは、ゲシュタルト心理学にも存在する。たとえば、「近接の法則」によれば、近接しておかれた点同士がひとまとまりになって「見える」。けれども、ここで「近接」とは、物理的客観的距離を意味するのではなく、近接して「見える」という、主観的心理的距離を意味するのである（柿崎 1995 参照）。つまり、近接の法則とは、「主観的に相互に近接して見えるものは、主観的にひとまとまりに見える」と言っているのにすぎない。この「法則」は刺激（＝近接距離）－反応（＝ひとまとまりに見える）の関係についての実証主義的な意味での客観的な法則などではない。なぜなら、上記の事態は、「主観的にひとまとまりに見えるものは、主観的に相互に近接して見える」

片に名前を書いて箱の中へ入れるという行動は、社会的実践としての投票という全体の、部分としてのみ意味をなす。投票、約束、交渉、握手などの社会行為は、これら行為を「構成する」ある種の語彙と規則を暗黙裡に伴っている。規則と語彙と、そして社会的行為の全体的構造が、ある特定の行動の意味に必要不可欠な文脈を作り上げる。したがって人間行動を理解するためには、時空間的に定義されるような物理的な記述以上のことを必要とするのであり、社会的現実の中に埋め込まれ、共有されている「意味」に関する研究としての解釈学が必要なのである。

　おまけに、社会的行為を構成する暗黙裡の語彙や規則は、すなわちウィトゲンシュタインの言う「言語ゲーム」（⇒【言語ゲーム】）は、すべての社会で共通というわけではない。言語ゲームとそれを支える生活形式が異なれば、紙片に名前を書いて箱の中へ入れるという行動は、まったく異なる意味になってしまう。解釈学の流れと後期ウィトゲンシュタインの流れとは、ここで出合っているのである。

　ここまで来ると、読者にも、【理解と説明】の節で例を出した「彼女は教室の窓を開けた」といった単純と見える行動でも、「解釈」が必要とされることがわかるだろう。図2－7（図2－2の再掲）に図解したような、心の理論風の因果的説明は、実際はぶ厚い歴史的な状況を暗黙裡に踏まえた、解釈学の実践なので

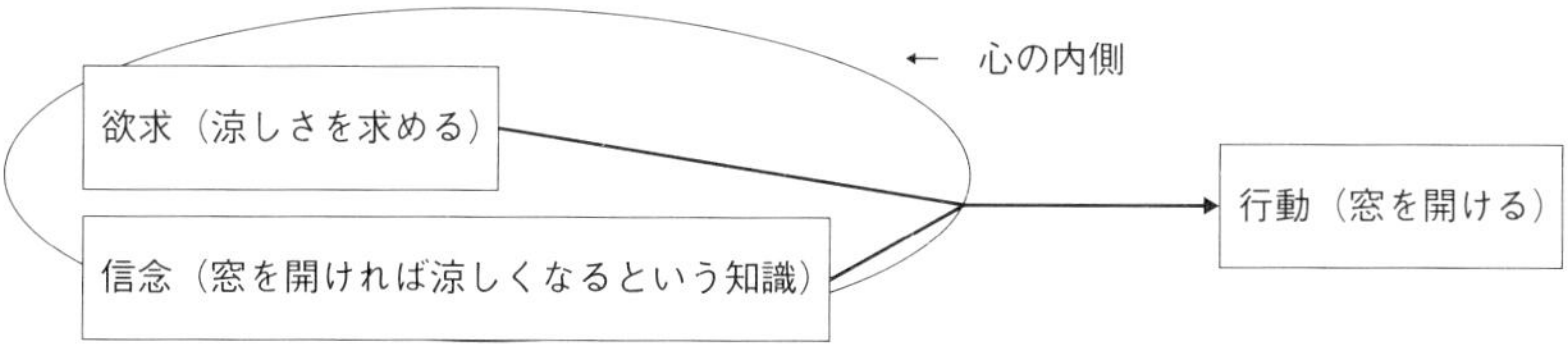

図2－7　図2－2の再掲

と、さかさまに言いかえることができるから。実験者が客観的な刺激だと信じて提示した2点間の「距離」を、被験者が、二つの異なるやり方で「解釈」して成立した二つの主観的経験同士の意味上の連関を、この法則は明示化したものなのである。ところがゲシュタルト心理学者は、自らの方法をより自然科学化しようと、心理生理同型説や情報理論の導入をはかったあげく、自己解体してしまったのだった（渡辺 1994a 参照）。

［5］Taylor, 1971, pp.18ff.

［6］社会科学や人文科学など広義の人間科学。人文科学という語と人間科学という語があり、英語では共にhuman sciencesである。ところで、村上陽一郎は編著書の『現代科学論の名著』（1989）の中で、「そもそも『人文科学』という日本語の呼称が、すでにその傾向を示している、とも受け取れ

ある。教師の指示なしの勝手な行動の許されない中世の修道院風の学校での出来事であったならば、自発的に窓を開ける行為は反抗の狼煙《のろし》として「理解」されたかもしれない。「数多くの欲求と知識をニューラルネットワーク上に重みづけして位置づけ、計算することで、確度の高い行動予測に迫る」という科学的心理学の試みも、「窓開けロボット」を作るという人工知能の試みも、そう簡単に達成できそうもないのは、まさにここに原因があるだろう。単なるエアコンディショナー代わりの窓開けロボットなら簡単だが、中世修道院風の学校でならまったく別の振る舞いをするロボットを作り出すのは、きわめて難しい。

ここで、ディルタイ以来続いていた、自然科学の方法論と、社会科学や人文科学など広義の人間科学[6]の方法論との間の違いについて、再考しなければならない。論理実証主義の流れを汲む実証主義者・経験論者は、精密自然科学が方法論的標準を設定するという考えを支持して方法論的一元論を信奉している。これは、いまだに多くの現場の自然系科学者の無意識的科学哲学であり（⇩【科学的実在論と実用主義】）、また実験系心理学者の無意識的科学哲学でもある。

ところが、解釈学的哲学者のなかには、まったく逆の理由から、自然科学の方法と人間科学の方法を区別すべきだとは考えないものもいる。

アメリカの哲学者ローティによると、実証主義と経験主義の終焉により、いかなる知識であろうとも客観的・非歴史的に根拠づけられるような場はなくなっている。したがって、「事物よりも人間の方が理解しがたいという必要はない」[7]。すなわち、ローティは、人間科学と自然科学の間には本質的な違いはないし、どちらも理解にかかわる解釈であるという意味で解釈学的であると考える。自然科学における「説明」と人間科学における「理解」との伝統的区分を受け入れる根拠もない。

る。たとえば、英語でそれに相当する語が、《humanities》であって、決して《human (humane) sciences》ではないことを考えれば、日本語の『人文科学』という板金のもつある種の意味が明らかになるのではなかろうか。そこには『科学』が、他の『科学』とは呼びえない知識領域（たとえば、文学とか実学などを例にあげればよいだろう）に比べて、知識としては『より確実』であり、『より信頼がおける』というような、プラスの価値評価が、例の了解のなかに含まれていることが、暗示されている」p.v–vi）と指摘していて興味深い。

また、人間科学（science of man）という表現も用いられるが、こちらはフランス語の science de l'homme 由来の語で、自然人類学や医学など自然系諸科学をも含めた人間についての諸学の総体を意味する。「人文科学」とは決して

だが、テイラーはこうした区分の撤廃を拒絶する。自然科学における課題は、「人間にとってもつ意味とは独立なものとして世界を説明すること」[8]だから。が、この「絶対性の要請」、すなわち主観と関連する用語を避けるという要請は[9]、人間科学にはあてはめられない。そこでは、世界を人間自身にとって意味をなすものとして理解しなければならないのであり、主観と関連した用語によってのみ表現されうる物事の、意義を把握しなければならないのである。人間科学においては、主体の体験が欠かせない役割を有している。それは、すでに前々頁で、「恥」の理解について示した通りである。

しかしながら、人間科学についてなされる指摘のほとんどは、ハンソンやクーンの節で自然科学についても指摘されてきたことでもあることに、気づかねばならない。ハンソン、クーンに始まる自然科学のポスト実証主義的な解明と、ガダマー、テイラーらの人間科学における解釈学的アプローチの間の類似は、クーン[10]自らが認めているように意外に大きいといわねばならない。そして、人文社会科学と自然科学の違いを本質的なものと認めず、前者と同様に自然科学の知識もまた社会的に構成されるという主張を文献実証的に例解したのが、ブルアの『数学の社会学』[11]に代表される「科学的知識の社会（的）構成主義」[12]であった。

（渡辺・高砂）

訳せない語である。

[7] Rorty, 1979（訳書 p.451）

[8] Taylor, 1980, p31.

[9] 主観と関連する用語。たとえば、「私にはXと思われる」「彼らにはYと見える」といった用語で表現される事態は、人間科学の対象であるが、自然科学の対象ではない。自然科学の対象自体は、「Xである」「Yである」といった、客観的な言明で表現されねばならないから。

[10] Kuhn, 1994.

[11] Bloor, 1976.

[12] 金森 2000, p.205 参照。

■社会的構成主義[1]

「過去15年ほどの間、イギリスと北アメリカの社会系諸科学の学生たちは、社会的動物としての人間の研究への、多くの新しい取って代わるべきアプローチが、少しずつ現れてくるのを目の当たりにしてきた。それらのアプローチは、〈批判的心理学〉や〈言説分析〉、〈脱構築〉、〈ポスト構造主義〉などといった、さまざまなタイトルの下に現れてきた。しかしながら、それらのアプローチの多くが共通にもっているものは、今ではたいてい〈社会的構成（構築）主義〉と言われている。」[2]

社会的構成主義については、バー[2]、金森[3]、小松[4]など要を得た紹介が出たし、社会心理学における代表的な社会的構成主義者ガーゲン[5]の『もう一つの社会心理学』、エスノメソドロジーを代表する社会学者クルター[6]の『心の社会的構成』が邦訳されるなどもしている。本項では、概観はそれらの文献に譲り、社会的構成主義の認識論的基盤に話をしぼって紹介する。

社会的構成主義の認識論的な源泉のひとつは、ウィトゲンシュタインの言語ゲーム論であり、いまひとつはライルの「哲学的行動主義」（⇒【行動主義】）である。ここでは、クルターも著者に加わっている認知科学への徹底的な批判の書から、ライルの議論に基づいた、心的概念が社会的に構成されるとする説明を紹介しよう[7]。

「ある人がパスポートを取得し、航空券を購入する」行為をするのを観察したとする。この行為は「海外へ出かけようとしている」という「意図」の証拠とみなされる。けれど

［1］社会的構成主義（social constructionism）は、社会学では社会構築主義としばしば訳されている。けれどもここでは、金森（2000 p.270）の、構築というと実体的なモノを作り出すニュアンスになる、という提言を受け、構築の語を避けて「構成」とした。また、ガーゲン、クルターなどの訳書、横山(2002)、小松(2002)などでも、「社会的構成」「社会的構成主義」の語を用いている。

［2］Burr, 1995（訳書 1997, p.1.）なお訳文では〈社会的構築主義〉となっている。

［3］金森 2000.

［4］小松 2002.

［5］Gergen, 1982, 1994（訳書 1998）

［6］Coulter, 1979（訳書 1998）

［7］Button, et al., 1995.

も、この意図なるものは、「いかなる心理学的規則性をもって推論されたわけでもない。」私たちは、前者（パスポート取得など）が後者（海外へ出発）の「必要条件（requirement）」「前提条件（precondition）」であることを知っているから、そう推論するのである。そこには「いかなる心理学も関係しているわけではない」[8]。

けれども、これに対してはただちに、私たちは一種の自己経験からこれら「必要条件」や「前提条件」の存在を知ったのではないか、という疑問が出てくるだろう。ちょうど、ディルタイの了解（理解）的方法において、他者の行為の理解が自己の「体験」の投入であるとみなされたように（⇒【記述的心理学から解釈学へ】）。

けれども自己経験は、「意図」の実在を明らかにできるだろうか。「私たちは、自分がパスポートや航空券を手に入れて、しかるのち、海外へ出発しようという意図を自分がもっていたに違いない、などと結論するのではない」[9]。私たちが自分の意図について述べるときは、自分の内部や脳をのぞき込んでそうするのではない。私たちは、自分のしようとしていること（＝意図）を、他者の支援や賛同を得るために話すのである[10]。

このように、心的概念が、実践的目的のために社会的に構成されたものである以上、社会学や社会心理学において一般に用いられている、ジェンダー、攻撃性、自己、情動、精神疾患、子ども、母性愛などの概念もまた、「社会的人工物」であり、歴史的に人々の間で行われてきた相互作用の産物となる[11]。社会的構成主義者は、客観的で普遍的であると想定されているこうした知識の基盤を分析し、掘り崩す。それらが社会的・道徳的・政治的・経済的な諸制度によって生み出され維持されていることから、彼らは異文化心理学的・民族誌学（エスノグラフィー）的な研究にも関心が深い[12]。心理学的理解は物や事柄の性質に依存するのではなく、伝達・衝突・交渉など変遷する社会的過程に依存してい

[8] ibid., pp.36–37.

[9] ibid., p.36.

[10] ibid., p.37.

[11] Gergen, 1985, pp.267f.

[12] ibid., pp.270f.

る。心理学的理解とは、賞賛や非難や責任の回避や報酬や罰を受けたり検閲をしたりするための、道具のようなものなのだ。

心理学者を含む社会科学者が出会う重要な問題に、「行為の同定」がある[13]。「ロスは手を伸ばして、ちょっとローラの髪に触れた」というとき、実証主義的な意味での経験的証拠だけでは、何が起こっているかを理解する助けにはならない。ローラの髪の埃を取ろうとしたのか、愛情の表現か、それとも尋問の予告なのか？　どんな行為であろうと、常に、展開しつつある文脈の中に埋め込まれた意味をもつので、行為それ自体を同定することができない。行為の意味を理解するためには、「相互に依存し、変容し続けることが可能な解釈の網目」[14]に訴えなければならない。

それゆえ、社会的構成主義者は、心理学（これは自然科学でなく社会科学にほかならない）には客観的理解などというものは存在しないと考える。何が実在するかは社会が合意するところに依存する。彼らが支持する解釈学的な社会科学とは、「経験を知的に理解可能にし、経験に意味を与える」理論である。かくして、何が事実で何が真または偽なのかという認識論的基準は、共同体の内部で構成されたのである以上、心理学など社会科学には、経験的根拠を与えることができない。「真（理）という語は、元来、自分の立場を保証し、敵対者の理不尽さを主張することを意味していたのではなかったか？」[15]。

けれども、このように、社会的構成主義の流れが、社会科学だけでなく、自然科学や数学をも含む科学的知識全般が社会的構成以外の何ものでもない、というところまで至ったとき、現場の科学者からの痛烈な反撃を食らうことになったのだった（⇒コラム【ソーカル事件】）。

（渡辺）

[13] Gergen, 1994（訳書 1998, p.76）

[14] Gergen, 1985, p.242.

[15] ibid., p.268.

【コラム】ソーカル事件

ソーカル事件について、簡単に紹介しておこう。

急進的なポストモダニズム科学論の雑誌『ソーシャル・テキスト』で１９９６年に「サイエンス・ウォーズ」という名の特集が組まれた。ところが、この論集の最後に掲載された物理学者ソーカルの「境界を侵犯すること」という論文が、雑誌公刊後わずか3週間後に著者の手によって、これは何ら本気で書かれたものでなく、ポストモダニズム風の科学論を真似たパロディにすぎないのだと、暴露されたのだった。

ソーカルは、自分の悪ふざけが見ぬけなかった編集委員会を批判し、当人でさえ何を言っているかわからないような最近の科学論は、単なる修辞的幻惑にすぎないと論難した。さらにソーカルは、ベルギーの物理学者ブリクモンと共に、『「知」の欺瞞』（ソーカル、ブリクモン 1997）という本をフランス語で公刊し、ポストモダニズム科学論者が好んで依拠するラカンやドゥルーズなどのフランス系現代思想家たちの、自然科学的概念の乱用のいい加減さを厳しく糾弾したのだった（金森 2000）。

この、「サイエンス・ウォーズ」とも称される事件（全体像は『現代思想』１９９８年1月号の特集に詳しい）の教訓は、（認知神経科学を含めた）自然科学系の研究者が、前節（⇒【社会的構成主義】）で垣間見たような相対主義的な結論に、納得することは考えられないということであっただろう。実はこの点は科学哲学界でも同様の事情であり、相対主義へのまた別の選択肢として、現場の科学者たちをも納得させるに足る科学哲学（科学的実在主義や実用主義）が新たに展開しつつあるのである。

（渡辺）

■科学的実在主義と実用主義

□現場科学者が納得できる科学論？

解釈学や社会的構成主義など、ポストモダニズムとして一括される科学論の影響は、現在までのところ社会学や文化人類学、社会心理学、臨床心理学のなかで著しい。これらの分野では、解釈学も社会的構成主義も、科学哲学として後づけ的な役割のみではなく、ナラティヴ・セラピー[1]や「もう一つの社会心理学」[2]など、心理学の新たな領域や研究法を開拓する原動力となっていると言ってよい。

けれども、こういった影響力はなんといっても、序論の図序－1（3ページ）で言えば②や③など、心の科学の流れの中でも傍系的な領域にとどまっている。①の主流をなす認知神経科学や、さらには自然科学一般においては、現場の科学者は科学哲学に無関心か、関心があっても反証主義、もしくはさらに古典的な検証主義や帰納主義といったところによりどころを求めているのが実情である。そんな現場と、急進化する科学論・科学哲学とのギャップが、ソーカル事件（前節コラム）のようなスキャンダルの起こる背景になったと思われるのだ。

実際、（認知神経科学を含めた）自然科学系科学者が、前節・前々節で見たような相対主義的な結論に、納得することは考えられない。この点は科学哲学界にも同様の反省があり、相対主義へのまた別の選択肢として、現場の科学者たちをも納得させるに足る、科学的実在主義と実用主義が新たに展開しつつある。以下、日本では適切な紹介がまだあまり

[1] ナラティヴ・セラピーは、来談者の話の真偽は別として、物語として興味をもって聞こうという心理療法の一技法。来談者の自己物語の再構成が「改善」「治癒」とみなされる。

[2] Gergen, 1985（初版）1994（第2版）訳書 1998『もう一つの社会心理学——社会行動学の変換に向けて』ナカニシヤ出版

なされていないので、科学的実在主義をめぐる論争書『科学のイメージ』[3]や、ベムらの記述も参考にしつつ紹介しよう。

まず、科学的実在主義の話に入る前に、「実在論」を定義しておこう[4]。

実在論の素朴なものは「素朴実在論」だ。つまり、空は見えるがままに青く、森は見えるがままに緑であって、自分が死んでも人類が死滅しても、それは不変のままであると、私たちは日常生活の中では暗黙裡に信じているのである。このような暗黙の態度が科学に持ち込まれると、「科学における実在論」になる（「科学的な」実在論ではない！）。つまり、科学は世界が実際にそうであるように表象するか[5]、少なくとも世界を表象しようという試みである、という考えとなる。

素朴実在論は、科学そのものの進歩によって維持しがたくなってくる。よく引き合いに出される例に、エディントンの「二つのテーブル」がある。私たちが見たり野菜を切って乗せたりするテーブルに対して、量子力学で記述されるテーブルは原子より小さな粒子（もしくは波）で満たされた真空である。ここに、科学によって表象された「実在的な」世界と、日常経験の世界との、二元論ができ上がる[6]。

科学の絶え間ない進歩が、二つの世界の乖離をはなはだしくする。科学は観察から、日常経験から出発したものなのに、相対性理論や量子力学によって表象された実在は、日常経験からは理解しがたく思える。一元論的であるはずの科学的世界像が、懐の中に二元論を棲わせているのだ。科学的な実在と日常世界とはどのような関係にあるのかが、改めて問われるに至るのは当然だろう。科学において実在論は、言ってみれば自爆してしまうのだ[6]。

反実在論が向かう選択肢のひとつが、すでに見てきた社会的構成主義など相対主義だ。

［3］Charchland & Hooker. (Eds.). 1985.

［4］実在論も実在主義も同じrealismであるが、最近の日本の科学哲学界ではscientific realismに科学的実在主義の訳語を使うことが多い。「実在論」だと哲学史上の認識論一般における立場を表すのに対して、科学哲学・科学認識論上に限局された立場であることを明らかにするために、「科学的実在主義」と訳し分けたものと思われる。

［5］表象。本書でよく出てくるこの語はrepresentationの訳語であるが、表現や表示の訳も使われる。直感的に分かりにくい語であるが、次のように理解すればよい。presentation（眼前にあること。現に示されていること）に、「再び」の意味である接頭語をつけたのが、representationだから、「かつて眼前にあったが現にないもの

それは私たちの理論や概念とは独立に世界が存在することを否定し、理論や概念が外界を表象したり指示したりすることを否定する。「実在」とは社会的構成であり、すべての概念・理論・観察・方法・実験・測定などは、科学者が参加している理論的伝統の中で決定され定義され構成されていて、「実在」によって客観的に与えられているわけではない。

反実在論の別の一派は「道具主義者」と呼ばれる人々だ。科学理論は真理を主張しているわけでもないし、世界を表象しているわけでもない。それは世界を記述する好都合な道具にすぎないのだ。哲学的な疑問にあまり関心のない科学者の多くは、自分たちの理論の道具主義的な定義に満足しているのかもしれない。

科学的実在主義はより洗練された実在論の一種であり、ポスト実証主義の流れに対して敏感ではあるが、社会的構成主義や道具主義の考えは否定する。『科学のイメージ』[7]によると科学的実在主義には四つの中心的テーゼがあるという[8]。

ところが、問題は、現代の科学的実在主義者のほとんどが、これらの教義のうちの一つないしそれ以上を、事実上修正してしまったところにある。ここでは、パトナム、チャーチランドによる実在主義の修正を論じ、彼らの修正が向かう実用主義的な知識概念を提示しよう。

パトナムの、「内的」あるいは「実用的」実在主義は、実在論的な、表象と外界の対応としての真理の対応説と、相対主義における世界は心の制作であるという見解の対立の、克服の試みである。そのスローガンは、「心と世界は協力して心と世界を作り上げる」[9]というものである。世界を絶対的な方法で、つまり、人間の観点とは独立に記述することは不可能であると論じるが、しかし、そのような〝神の視点〟が接近不可能であることが必ずしも相対主義に至るとは限らない。なぜなら、「われわれの世界像が「正当化」され

を、現にあるものによって（再び）示すこと」という意味になる。今、教室の中で、現にない愛犬の姿を現にあるものによって示すには、「タロー」という言葉を使うか（＝記号）、タローの図を書くか（象徴）、眼を閉じて心に思い浮かべるか（＝心像）、すればよい。記号も象徴も心像も、表象体系の一種である。

［6］ Bem & Looren de Jong, 1997, pp.69f. 参照。

［7］ Ellis, 1985.

［8］ 1　物理主義的な存在論にくみしていること。

2　科学上の法則や理論は、道具主義的にでなく、実在論的に理解されるべきである。つまり、それらは、実在についての主張であって、単なる予測のための道具ではない。

3　科学法則や理論は、「客観的に」真か偽かのどちらかである。

4　真理の対応（correspondence）

るのは、ほかならぬ成功によってである」から[10]。ここでパトナムの実在主義は伝統的な客観主義的実在論とは袂を別つ。心と世界との間の対応という参照関係は、関心相対的(interest-relative)であり、客観的にも内在的にも決定され得ない。

チャーチランドも、「真理」が科学の目的であるという観念を批判する。真なる「理論は認識論的基準からして、可能な限りの最良の理論、ということになるわけだが、そのような唯一の理論の存在を保証するものは何もない。……どんな理論であれ、より良い理論が常にあるし、どんな良い理論に到達しても、さらに良い理論がある、というふうに無限に続くだろう」[11]。そもそも科学という認識活動が、生物の行動の一種であることを考えても、「真理」は科学の目標というより、行動を導く一つの中心的要素というにすぎない。これらの主張は相対主義か道具主義のように聞こえる。ではなぜこの立場を「科学的実在主義」と呼びつづけるのか。それはチャーチランドが、「われわれの認識とは独立に、われわれがそれと相互作用し、その表象を構成する世界が存在する」[11]という考えにとどまり続けるからである。いずれにしてもパトナム、チャーチランドの実在主義は「実用主義」の方向へと移動しており、素朴な実在論ではなく、実践へのガイドとしての科学の使用という考えに共鳴するものである。

□「実験室」と「工学」

「最近の十年程、科学史家、科学哲学者、科学社会学者たちは、実験とフィールドワークへ、並々ならぬ関心を注いで来た。」[12] 興味深いことに、最近の科学哲学においては、(言語的)表象としての知識から「技能と実践」として知識をみなすことへと、すなわち「表象」から「操作」へと、注意の焦点が移ってゆきつつある。科学的知識は世界を単に

理論。科学が記述する「実在」が、われわれの思考と独立している以上、真理の対応理論が必要である。

[9] Putnam, 1981, p.xi; Bem & Looren de Jong, 1977, p.74 参照。

[10] Putnam, 1990, p.29; Bem & Looren de Jong, ibid 参照。

[11] Churchland, 1985, p.46.

[12] Rouse, 1996, p.184.

描いているというよりも、世界を能動的に開示しているものだとするのである。

このような最近の潮流は、主観主義と通俗的道具主義という両極端を巧みに避けるものとなっている。科学の実用主義的成功は、心と独立の世界を模写するような「理論」や「心的表象」にかかっているわけではない。そもそも、「実在」とはわれわれが操作するところのもののことである。ハイデガー[13]は『存在と時間』の中で、事物が道具性をもって現われること、世界は道具的存在の目的－手段の指示連関であることを記述した。たしかに、私が原稿を書いているこの部屋にあるものの中で、道具的でないあり方をしているものは存在しない。ただ、私が傍観的に「反省」した時にのみ、手の中のペンもただの「事物」へと派生的に成るのである。日常的実践も、その延長である科学的実践も、世界の道具的あり方についての反省以前の了解に基づいているのである。

ラウズ[14]は、クーンのパラダイム論はそのような共有された技能や道具を重視していて、パラダイムは命題から組み立てられた論理的構成物よりも、実践の場にかかわると論じている。ラウズはこの点を彼が（ハイデガーに影響されて）実践的解釈学と名づけた考え方に結びつけ、技能（knowing how）は理論的知識（knowing that）に先行すると考える。この見解によれば、あらゆる知識は局所的・状況的であり、実践的な日々の活動に依存しているということになる。よく似ていることに、クーンの論でも「研究」とはまず第一に「研究道具」を適切に使用できるかにかかっており、見本例となる具体例を、本来の対象以外の領域へと外挿してゆくことをいかに学習するかにかかっているのである。

「ボルヘス的幻想……」という信じがたい副題を伴って日本では紹介されている本の中で、ハッキング[15]は、科学に対する「実験室（laboratory）」の独自の貢献を強調した。経験的成功や新しい現象の生成は、新しい理論だけでなく技術的革新にも依存している。

[13] Heidegger, 1927.

[14] Rouse, 1987. また、Rouse, 1996, p.128, p.168; Bem & Looren de Jong, 1997, p.79 も参照。

[15] Ian Hackng, 1983（訳書 1986）

実験室はデータが作られる唯一の場、ひとつの小世界であり、この意味で研究は局所的であって普遍的ではない。データは日常の現象ではなく、特定の実践において生成されており、実験室外の世界ではどこにも見出せない。けれど、データが特定の技能によって特定の領域で生成されるということは、それが非実在的な虚構であるということを意味するものではない。実験室における実践は、科学的解釈がアクセスできるよう、世界の様相を整えるところにある。」[16]と、ラウズも論じる。人間の実践から切り離された、未解釈の実在といったものは存在せず、世界はわれわれの実践において現れてくるのである。

理論化ではなく工学が科学的実在主義の最良の証明であるというのが、ハッキングの論旨である。実際、第3章（147ページ）で見るように、近年の心の哲学では、世界の写像としての知識よりも、相互作用や行為のための情報に、焦点があてられている。実在や環境について何か語る際にすでに探索的実践が前提条件となる。情報とは、ギブソンが示したように探索的実践のための情報であり、行為をアフォードするものなのである[17]。われわれは、環境の中を動き回ることによって、環境にすでに在る情報（＝意味）を、直接ピックアップするのである（⇒第3章コラム【生態学的心理学】）。真理を理論と実在との対応とみなす科学的実在主義の古典的テーゼは、ここでも放棄されている。第3章を先取りして補うことになるが、心の哲学にも影響を与えつつあるギブソンのユニークな生態学的心理学のアイデアは、第二次世界大戦中の空軍パイロットの視知覚研究に発している[18]。いわば大地と大空が、ギブソンにとっての「実験室」だったのである。（渡辺）

[16] Rouse, 1996, p.184.

[17] Gibson, 1979.

[18] Gibson, 1950.

■科学哲学から心の哲学へ——章の結びにかえて

第1章にも引用したように物理学者ファインマンは、かつて、科学哲学を皮肉って、「科学哲学が科学者にとって役に立つ度合いは、鳥類学が鳥にとって役に立つ度合いに等しい」と語ったという。これに対して、本書の目標が、「ファインマンの言葉は、物理学や化学、分子生物学など物質科学についてはあてはまっても、心の科学となるとあてはまらなくなる」ことを示すことにあると、述べられたのだった。コント、J・S・ミルによる実証主義的な統一科学の構想と、ディルタイによる精神科学の独自性の主張。そこから始まる科学哲学の一世紀余の歴史をこれまで展望してきて、この辺で、本書のこの目標がどれくらい達成されたかを中間的に振り返ってみよう。

まず、19世紀から20世紀はじめにかけての最初期には、ファインマン言うところの「鳥類学」と「鳥みずからにとっての生活技術」の間の区別、つまり、今日のような、哲学と心理学の間の区別がそもそもなかったことを、心得ておかねばならない。ミルも、ヴントも、また、アメリカ心理学の生みの親といわれるジェームズも、「二足のわらじ」を履いていたわけではなく、経験的心理学的研究と哲学的考察は、一体のものであった[1]。歴史哲学者のディルタイも分析的心理学の構想を唱え、また、その直接の影響下に、「了解心理学」という方法を現実化したシュプランガーが出た。

経験科学としての心理学と、「科学とは何か、科学はどうあるべきか」というメタ的な考察としての科学哲学がはっきり分化するのは、１９１０年代に行動主義心理学が現れ、

[1] 例外はコントで、彼の諸科学の階層構造では、数学・天文学・物理学・化学・生物学の上に社会学が位置づけられ、心理学は抜け落ちている。ミル、ディルタ

それから少し遅れてウィーン学団と論理実証主義の運動が始まってからのことといえる。ところが、それ以後の科学哲学の歩みを概観してみると、行動主義心理学の台頭が哲学的行動主義の成立に影響を与えたのだし、ゲシュタルト心理学がハンソンやクーン、さらにはウィトゲンシュタインにも影響を与えるなど、科学哲学の流れの方がむしろ心理学の影響を受けた例に事欠かないのである。

これが、20世紀の後半4分の3、いわゆる「解釈学的転回」[2]をへて、「社会的構成主義」や、「科学的実在主義と実用主義」の時代になると、両者の関係にさらに変化が見られ、両者はさらに密接化する。社会的構成主義はライルの哲学的行動主義やウィトゲンシュタインの言語ゲーム論を受け、社会心理学やその周辺、社会学や人類学の方面で多様な具体的研究を生み出しつつある。また、いままでの流れの中でも明らかにされたように、科学哲学が、科学的合理性の審判者であることをやめ、科学実践そのものを内在的に理解する傾向が強くなったことは、「自然主義的転回」[3]と称される潮流を生んだ。科学と哲学はいまや一続きのものとみなされ、哲学の役割は、科学の成果を体系化し、その意味を解明することにあると論じられるようになった。

このような、科学と哲学の地続き化の元は、第3章にみるように、クワインの「自然化された認識論」（⇒【第3章 【自然主義】）という構想（1969）にある。すなわち、経験的言明と分析的言明の完全な区別が不可能である以上（⇒【デュエム＝クワインのテーゼ】）、科学的経験的研究と哲学的メタ的分析の間の区分も不可能であることになる。それゆえ、哲学者のみが特権的に問題に出来るような、科学の基礎づけを与える「認識論」もまたありえず、それに取って代わるものとして、経験科学としての「心理学」が、科学的知識の認識論の地位を占めるものとなる。

イがともに心理学を社会諸科学の基礎学に位置づけたのとは、対照的な扱いである。同時代の盟友ミルとは異なり、コントは物理的世界とは異なる精神現象の存在を認めず、「社会学」もコントの本来の命名では「社会物理学」となっている（丸山 1985／清水 1970 参照）。

[2] Kuhn, 1991.

[3] Bem, & Looren de Jong, 1998, p.80.

クワインの大胆な提案は、第3章で見るようにやがて英語圏の心の哲学＝心の科学の展開の中に実を結び始める。ここで、「認識論に取って代わる心理学」をまさに先取りした、スイスの心理学者J・ピアジェによる「発生的認識論」の巨大な試みがあったことを——英語圏の科学哲学ではなぜか無視されているのであるが——指摘しておいてもよいだろう[4]。心理学の基礎が生物学であり、その基礎が化学、その基礎が物理学、その基礎が数学、そしてさらにその基礎が発生的認識論としての心理学という、諸科学の階層構造ならぬ諸科学の円環構造という、ユニークなピアジェの科学論を、どう位置づけるかも、今後の科学哲学の課題だろう。

いずれにしても、科学と哲学が一続きのものとみなされるという傾向は、物理学や化学や生物学ではなく、何よりも認知科学を含めた広い意味での心の科学において著しい。そのことの一端を、次の章で見ることになるだろう。

（渡辺）

［4］Jean Piaget（1900-1982）．発生的認識論については、Piaget, 1971 でその集大成を見ることができる。Piaget, 1971（訳書 1972）参照。

第3章　心の哲学——概念分析と形而上学

実証主義は、自然科学の方法論として建前上は採用されるものの、科学哲学の内部では決定的な批判にさらされ、相対主義、社会的構成主義へと展開して行く。しかし自然科学は、自らの方法論に関するこうした議論の流れをよそに、20世紀には長足の進歩をとげた。物理学は素粒子という究極物質まで研究が至り、核という脅威を人類にもたらした。生物学はＤＮＡという遺伝子の実態を解明し、医療へ新たな手段を提供すると同時に、進化の歴史の探訪へと扉を開いた。生理学は神経細胞の仕組みを明らかにし、大脳の構造と機能の解明へと迫っている。自然科学者に言わせれば、こうした実績が証明しているように、自然世界は素朴に存在していると見てよいのだとなるだろう。自然科学者はさらに考える。さてこれからは、いよいよ「心の領域」への挑戦だ、自然科学はこれまでと同様に発展を続けるのだ、と。けれどもこれは、哲学者の側からすると、無防備にも積年の問題の真ん中に飛び込んできた、と映るのである。一方の自然科学者の側には、とかく哲学者は無用な議論に終始しているという思い込みがあり、「余計なお世話だ」となりがちである。

以下では、「心とは何か」という問いを工学的観点、形而上学的観点、民間心理学的観点、そして社会的観点、といった面から順に考察していく。その過程で、現代の心の哲学におけるさまざまな論争が浮かび上がって来るであろう。それはまた、心の科学における哲学の地位についてもひとつの見方を示唆することになるはずである。

（石川）

■反心理主義——哲学は心理学から生まれた?

「心の哲学」とは言うまでもなく心についての哲学であるが、それは心理学や、「心の科学」としての認知科学一般とはどう違うのだろうか、そしてそれらとどう関わっているのであろうか。この問いに答えることは、「心とは何か」という問いを科学的でなく哲学的に問うとはどういうことかを明らかにすることでもある。ここではまず、そのための準備として、少々の歴史的考察から始めよう。

現在ではもう忘れられがちだが、心を科学的に探求しようとする心理学の成立時からすでに、哲学と心理学との熾烈なツバぜり合いがあった。その中で、現代哲学の基礎が確立されてくるのである。まずはその模様から見たうえで、心の科学における哲学独自の問題意識の所在を探ることにしたい。

一般に哲学は、「科学の助産婦」と呼ばれるように、(数学を除く)すべての諸科学に先立ち、それらを生み出す母体であったと考えられる。ニュートンやライプニッツの頃、力学や天文学は「自然哲学」であり、そこから物理学などの個別科学は派生してきた。社会学や、最近では論理学から発展したコンピュータ科学というのも同様であろう。しからば哲学と心理学との関係も、当然似たようなものであると考えられる。だが、先ごろ若くして亡くなったエドワード・リード[1]に言わせれば、事態はまったく逆で、現代哲学のほうこそが心理学から生まれたのだとなる。たとえば彼は言う。

[1] Edward S. Reed (1954–1997)

[2] Reed, 1997. (村田純一他訳 2000『魂から心へ——心理学の誕生』青土社 pp.256–7.)

[3] 当時「実験心理学者」は哲学部に属しており、ドイツでは後に実験心理学者が哲学の講座を担当することに対する反対運動が起こった。

[4] Wilhelm M. Wundt (1832–1920)

[5] William James (1842–1910)

[6] ちなみにヴントの実験室はライプチヒ大学の哲学部に開設され、彼自身も論理学を含むいくつかの哲学的著作を出版している。ウィリアム・ジェームズは生理学の助教授であったが、後にハー

従って、１８７９年より後の10年間に科学的心理学は哲学から発生した、もしくは哲学から分離したという考えは、歴史上の記録の読み誤りだということになる。こうした広く受け入れられた神話のいちばんの問題点は、１８７９年以前に哲学が存在したと仮定すること、しかも、20世紀に生きるわれわれが哲学と認めるような学問分野が１８７９年以前に存在したと仮定することにある。今日的な意味での哲学なるものは、およそ１９００年以前の時期には、大学における制度としては存在しなかったし、一つの独立した学問分野としてさえ存在しなかったのだ[2]。

この引用の最後の言葉は少々言いすぎの感もあるが[3]、この１８７９年とは、ヴント[4]が世界最初の心理学実験室をライプチヒ大学に開設した年であり、それゆえ哲学を、今日英米で支配的な分析哲学、フッサールに始まる今日の現象学と大陸の哲学、と狭くとれば、たしかに真実の一面を捉えているかもしれない。19世紀後半、科学的な心理学が誕生しようとしていたとき、哲学と心理学の境界が、はっきりと存在していたわけではなかった。たとえば、ヴントやウィリアム・ジェームズ[5]が哲学者であったのか、心理学者であったのか、はっきりと分けることはできないだろう[6]。それまで素朴に「心理学」と呼ばれていたものは、明らかに哲学の一分野、あるいは一つのアプローチであった。だが、だからこそ、実験的手法を取り入れ「科学」となったとき、それこそが本当の哲学であるとして、伝統的な哲学は非科学的学問と切り捨てられる可能性があったのである。

他方、実験心理学の確立とちょうど同じ頃のドイツでは、数学者であった分析哲学の祖フレーゲが、その論理学の著作において「反心理主義」を展開し、そして彼の批判を受けた現象学の祖フッサールも、後に同様の主張に転向している。ここでいう反心理主義とは、

バードの哲学部教授に就任し、哲学ではプラグマティズムの始祖の一人として知られるようになった。

［7］「心理主義（Psychologismus）」という語は１８６６年にJ・E・エルトマンによって、同じく19世紀の哲学者F・E・ベネケを批判する文脈で使われたのが最初とされる（Kusch, 1995, p. 101）。この語はそれ以後一種の罵倒語として当時のドイツ語圏の哲学で広く使われるようになった。したがってそう批判された者たちが自分たちを心理主義者と認めていたわけではない。

［8］Immanuel Kant（1724-1804）

［9］Kusch, 1995.

［10］心の哲学の日本語で読める入門書としては、ティム・クレーン『心は機械で作れるか』（Crane, 1995）がお勧め。また、少し古いがD・R・ホフスタッター、D・C・デネット編著『マインズ・アイ――コンピュータ時代の

本来論理の正当化の文脈で主張されたものであり、論理的判断や論理的推論を、心の中のもの（「思考の法則」など）に訴えて説明しようとする考え（心理主義[7]）に批判的な立場のことである。

　このような論理と心理学との厳格な峻別は、すでにカント[8]が明確に主張していたものであるが、科学としての心理学が確立され始めたとき、あたかもその反動のように、反心理主義のプログラムとして現代の哲学が始まった……というのが標準的な哲学の入門書の解説である。だが、実は反心理主義は19世紀後半のドイツ語圏の哲学において広く共有された見解であったことがわかっている[9]。ただし、フッサールの反心理主義が大きな影響力があったのは事実であり、またフレーゲの思想にとってもこの考えは本質的役割を演じていたことは間違いない。したがってこの二人の哲学の、後に与えた影響を考えれば、彼らの反心理主義に注目することはそれほど不当なことではないだろう。

　いずれにしても、こうして現代哲学の二大潮流（コラム参照）が反心理主義から出発したという事実は、大きな示唆を与える。実際は、数学者であるフレーゲには、心理学に対する哲学擁護の意図などまったくなかったのであるが、この考えは、後に哲学が心理学から「独立」するのに決定的な役割を果たしたのである。というのも、そこにおいて、実験的（心理学的）でない、哲学独自の方法と主題が見出されたからである。それは、現象学においては「現象学的還元」、分析哲学においては現代論理学と結びついた「概念分析」という形で、明確に意識された哲学の方法として確立され、特にそれは分析哲学においては、後に言語哲学として実を結び、一時は認識論や形而上学をも包摂する新たな「第一哲学」とまでみなされるまでになった（これを称して「言語論的転回」と言う）。

　しかし、反心理主義といっても、哲学が「心」について語らなくなったということを意

「心」と「私」』（Hofstadter and Dennett, 1982）は、以下で言及するサールやネーゲルの論文、またチューリングの１９５０年の論文も入ったたいへん便利な本である。他にも心の哲学とかかわる小説が収録されており、素人にも楽しめる。日本人による入門書としては、最近では信原幸弘『考える脳・考えない脳』、柴田正良『ロボットの心』が読みやすい。意識やクオリアについてのより突っ込んだ議論としては、信原幸弘『意識の哲学――クオリア序説』を参照。こちらも、専門的な議論であるにもかかわらず、語り口は平易である。より学際的な観点から心の科学一般について知ることができるのが、足立・渡辺・月本・石川編『心とは何か』、苧阪直行編『意識の科学は可能か』、渡辺・村田・高橋編『心理学の哲学』などである。

　分析哲学一般についてはマイケル・ダメット『分析哲学の起源

味しない。たとえば心身問題は主に「心的語彙の分析」という形でそれ以後もずっと論じられていたが、特に1970年代の終わり頃から、心の哲学は言語の哲学に替わり分析哲学において中心的な位置を占めるようになってきた[10]。それと共に、「自然主義」（⇒【自然主義】）の復活の流れの中で、反心理主義もしだいに見直されるようになり、今では心の哲学は心理学と手に手を取って、さらには神経生理学、コンピュータ科学などと共に、「認知科学」（あるいは「心の科学」）の一翼を担っている。

だが、この反心理主義から始まった現代哲学が、認知科学および科学一般において果たすべき役割はどのようなものであるかということには、哲学者自身の間でもさまざまな見解がある。ひとつの考えによれば、それは主に批判的、否定的な貢献となる。すなわち、基本的に「実験」や（科学的な）「観察」を行わない哲学は、もっぱら科学において使用されている概念を分析することで、それが概念的混乱におちいるのを監視するのである。現代心の哲学を代表する一人であるD・デネット[11]は、人工生命の哲学についての考察の中で、このような哲学観を皮肉って、そうした役割を「概念警察官」と呼んだ[12]。彼は、もしこれが哲学のできる主要な貢献であるならば、恥ずべきことである、とまで言う。だが実際科学者に受けのいい別の考えによれば、むしろ、科学的心理学、科学的認識論としての認知科学こそが古い哲学的問題に新しい科学的な手段で取り組んでいるのであり、もしそれが正しければ、哲学は認知科学から学ぶことこそあれ、独自な貢献は成しえないということになってしまうだろう。哲学者でありながら、スティッチはこの立場のようである[13]。スティッチは、哲学と心理学の相互関係は、心理学が「記述哲学」の主題となる他は、もっぱら認知心理学が哲学の問題に対し貢献するのみで、哲学が認知心理学に対し規範的な（認知心理学はこうある「べき」だ、こうある「べきではない」といった）主

——言語への転回』（Dummett, 1994）が非常にためになる。クワインの自然主義の解説は丹治信春『クワイン——ホーリズムの哲学』、認識論的自然主義については戸田山和久『知識の哲学』が良い。

英語でもよいから心の哲学についてより詳しく知りたい方には、まずは *A companion to the philosophy of mind*（Guttenplan, 1994）がお勧め。この本の Fodor や Dennett などの哲学者の項は、その哲学者自身が書いており、本人による公式見解（と言い訳）が読める。

［11］Daniel C. Dennett（1942–）

［12］Dennett, 1994.

［13］たとえば Stich, 1990, 1994 参照。

張をするときは常に哲学のほうがどこか誤っているに違いないと考えているようである。

しかし、これらのネガティヴな描像にもかかわらず、多くの哲学者は哲学がこれまでも認知科学に積極的な貢献をしてきたし、今後もそうであると信じている。だがもしそれが事実であるとすれば、いったい哲学はどのような仕方でどのような役割を果たすのであろうか。

以下では、その問いに直接答える代わりに、心の哲学を始めるにおいて最も基本的な問い、「心とは何か」をさまざまな観点から考察し、それにまつわるさまざまな論争を概観することを通して、哲学の認知科学に対する関係を浮き彫りにすることを試みる。

（水本）

【コラム】現代哲学の二大潮流

英米の分析哲学と大陸（特にフランス）の現象学を現代哲学の二大潮流とすると、それらの創始者は、それぞれフレーゲとフッサールに求めることができる。ただ、生涯数学者であったフレーゲと違い、フッサールは良くも悪くもデカルト以降のヨーロッパ哲学の伝統を引き継いで（引きずって）おり、ブレンターノ（フッサールは彼の講義を聴いて数学でなく哲学へ進むことを決心したとされる）を含め、さまざまな先人の思想の影響を見て取れる。ちなみに分析哲学は、直接的な創始者をその後のラッセルやウィーン学団の論理実証主義、時には倫理学者のムーアも含めた人々とすることもある。

また下の図３－１の中で、ウィトゲンシュタインとハイデガーは、どちらも主流に対し批判的な傍流であると言えるが、時には主流以上の影響力をもつ[14]。（水本）

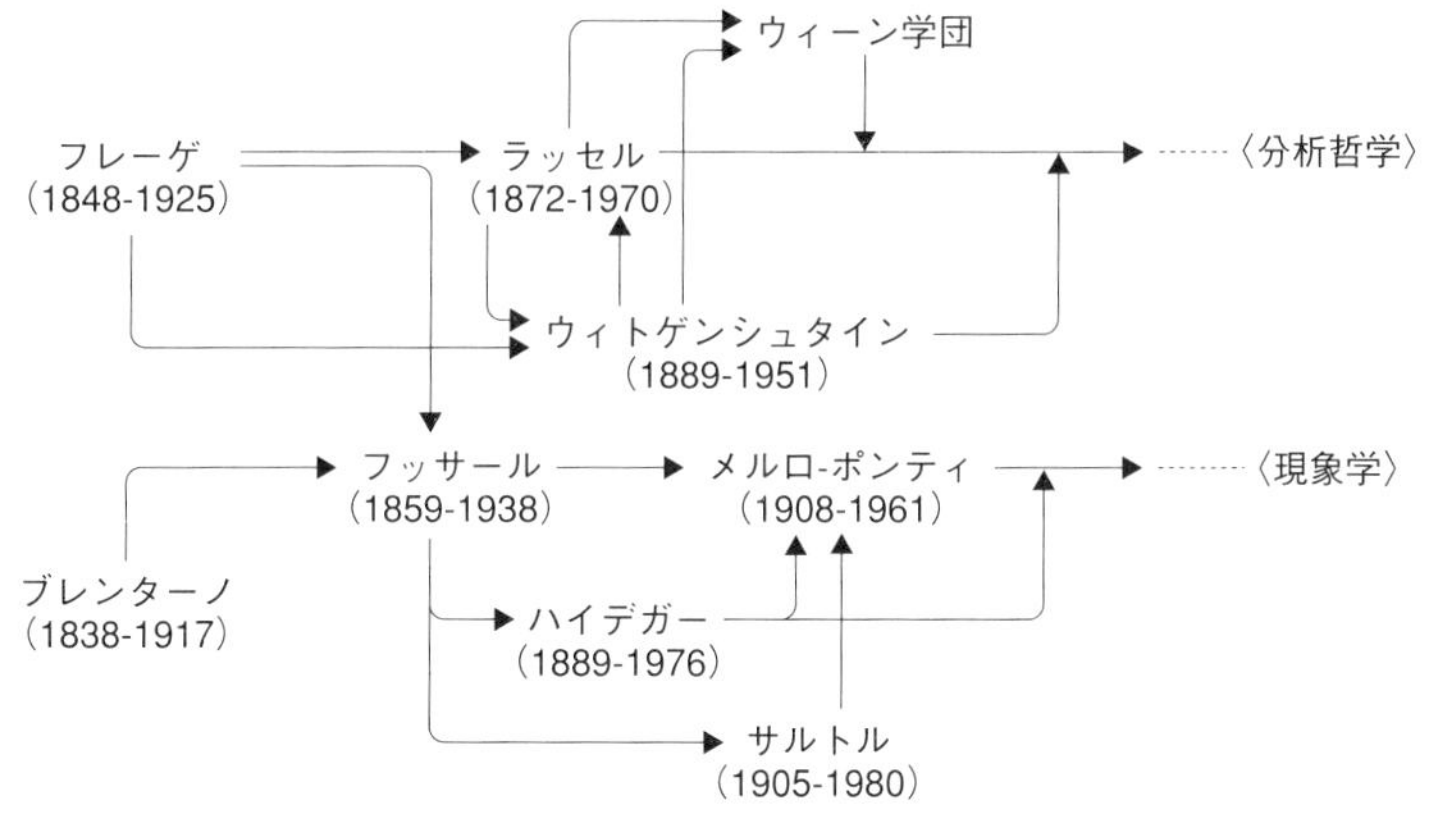

図３－１　現代哲学の潮流

［14］「記号操作主義対コネクショニズム」の項の注［8］も参照。また、ウイトゲンシュタインについては第2章のコラム参照。分析哲学と現象学の起源については、注［10］でも挙げたマイケル・ダメット『分析哲学の起源』を参照。

■意識と志向性──心を心たらしめるもの

□心＝意識──デカルトによる「心」の発明

われわれはみな自分自身、「心」をもっていると思っている。そしてそのときの「心」とは何かは、もはや明白であるようにも感じる。心とは何か内的なものであり、他人からは基本的に隠されており、本人だけが誤りなく直接的に知ることができる……。だがこうした現代人が抱く「心」概念は、実はある種の革命によって17世紀に「発明」されたのである。それを行ったのはもちろん、フランスの数学者・哲学者ルネ・デカルトであるが、彼のその革命の背景には、同時に進行していた「自然」概念の大きな変化があった。

デカルト以前における「心」（よりふさわしい表現では「魂（プシュケー）」）については、アリストテレスの「霊魂論」が大きな影響力をもっていた[1]。だがその背景にあるアリストテレスの自然観は、目的論的な因果概念を含んでいた。つまり、自然界にあるものは、みなそれ自身の意志や目的をもち、それらは一つの大きな自然界全体の目的に向かっているのである。これに対し、デカルトは、有名な懐疑的議論によって、精神と物体とをまったく異なる二種類の実体に分けることで、身体を含む「物」の世界から「目的」や「意味」を排除した。ここには当時同時に進行していたガリレオ革命（自然界は数学的に記述できるものであるという新たな信念）の強い影響を見ることができるが、デカルトのこの思想はそれと結びついて、世界を（それ自体では意味をもたない盲目的・機械的・決定論的過程として）「脱魔術化」することに大きく貢献することとなった。

［1］そこにおいては魂とは、動物の肉体の「形相」である。形相とは、プラトンのイデアに相当するもの、すなわち「何かをその何かたらしめるもの」である（ただし、それはプラトンの魂のように、肉体を離れて存在しうるようなものではない）。人間の魂はまた、植物にも動物にも備わっている植物的魂、動物のもつ感覚的魂、人

だがそれによって、身体はただの物、複雑な機械と同じになり、他方心のほうは、疑い得ない内的領域として、第一義的には「意識への現れ」として理解されるようになった。このように一人称の観点から特徴づけられた新しい「心」概念が、現代に至るまで一般の人々のみならず、哲学や心理学の「心」概念をもあらかた規定していると言える。そこで心は「私的」かつ「内的」な、不可謬の領域として「外界」から切り離されることとなった。それによって、いかにして精神は、それとまったく種類を異にする物の世界と相互に影響を与え合うことが可能となるのか、といった「心身問題」も生じて来ることとなったのである。これに対し、アリストテレスのプシュケーというものは、生命と非生命とを分ける原理であり、植物にも認められ、生理学的なものと連続的につながっていた。したがってむしろ、現代の視点から見れば、アリストテレスのプシュケーのほうが、現代の「自然主義的」アプローチ（後述）と親和的であったとも言える[2]。

デカルトにおける「心」（彼の言葉では「精神」）とは、ほとんど「意識」と同義のものであった。だが実際は、心はさまざまな雑多なものを含んでいる。一部をあげただけでも、思考、信念、感情、感覚、記憶、理解、想像、知覚、意思、などなど、さまざまな状態や活動や過程が心的なものの中に含まれる。そしてこれらのうちのいくつかは、必ずしも意識を伴う必要がないように思われるのである。デカルト的な心の捉え方に決定的な打撃を与えたのは言うまでもなくフロイトであったろう。実際意識されていない欲求や思考を見出し、「無意識」を心的領域の中に認めさせた彼の仕事は一般の人々にも「心」概念の変更を迫ったと言える。だが、心を独立な仕方で特徴づけ、心＝「意識への現れ」という見方から開放する端緒を開いたのは、フロイトも師事した哲学者ブレンターノである。

間のみのもつ理性的魂（ヌース）といった部分からなる（ただし、この最後のヌースだけは人間の肉体から離れても存在しうるようにも解釈でき、解釈者の間で意見が分かれるようである）。

［2］だが前の注で述べたように、彼にはまた人間のみに備わる理性的な機能としての「ヌース」についての教説があり、それについては自然主義的解釈が可能かは問題である。

□心の印としての志向性――ブレンターノの特徴づけ

雑多とも言えるさまざまな心的なものを「心的」たらしめているのが（デカルト以来考えられてきたように）意識ではないとすれば、それに代わる心（あるいは何かが心的であること）の印とは何であろうか。この問いに対し、19世紀ドイツの哲学者ブレンターノ[3]は、「志向性」と答えた。志向性とは、何かがそれとは別の何か「について」であるという性質である。たとえば「雨が降っている」という信念は、「雨が降っている」という事態「について」のものである（このときの信念の内容を「志向的内容」と呼ぶ）。ブレンターノによれば、心的なものすべてはこのような性質をもつのである。

彼はまた、志向性を「対象」に向けられていること、という言い方もしたが、そのような「志向的対象」の存在論的地位をめぐってはさまざまな解釈や批判がある。たとえば「雨が降っている」と誤って信じている時、その信念が向けられている「対象」とは何であろうか。志向的対象を「雨が降っている」という事態と考えるならば、それは世界に成立していないのであるから、志向的対象も存在しないのではないだろうか……。これは現代でも盛んに論じられている問題である。したがって以後、「志向性」のテーゼとしては、心とは何か「について」のものであるという、志向的対象について中立的なほうを意味することとする。

ここで問題となるのは、心を特徴づけるものとしての、意識と志向性という二つの特徴の間の関係である。それを以下に詳しく見てみよう。

[3] Franz Brentano (1838-1917)

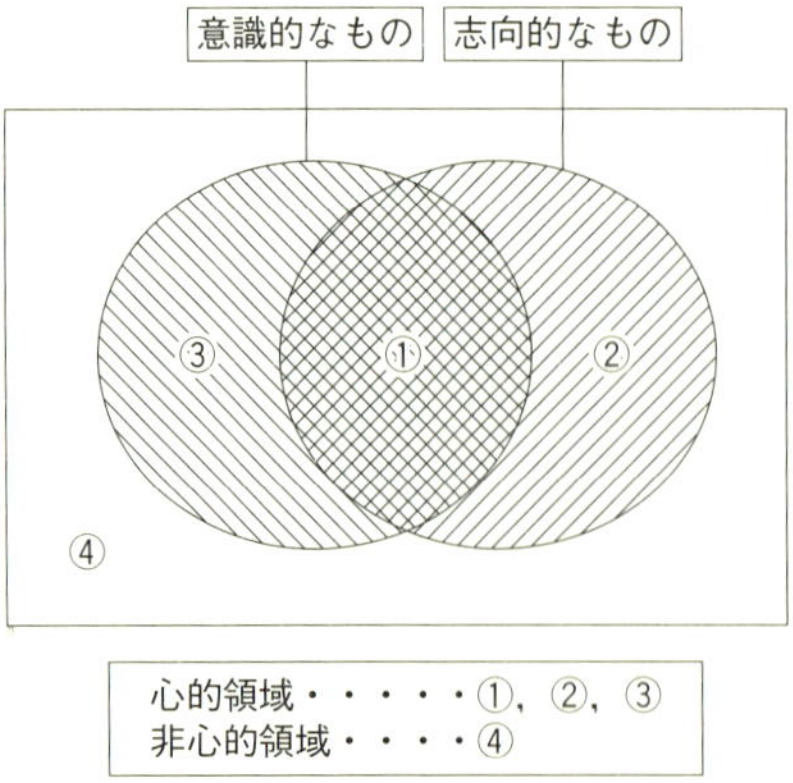

図3―2　意識と志向性

□心の哲学の二大問題としての意識と志向性

意識と志向性は、それぞれが単独で、心の哲学における最も大きな問題のひとつに数えられるものであり、ましてやそれらの関係となると、それ自体が大きな哲学的論争の的として、現在心の哲学において活発に議論されている。それに関するさまざまな立場を考察するために、まずは図3－2を見てみよう。

広く合意があるのは、意識的でも志向的でもないようなもの（④に属するもの）は、心的なものと呼べないだろう、ということである。だがそれ以外の①、②、③の領域は、すべて活発な議論の対象となっている。問題となっているのは、

1　意識的なものと志向的なものと、どちらか一方が他方より基本的なものであるのか。
2　もしそうであるとすれば、どちらが他方を説明することになるのか。
3　もしそうでなければ、両者はまったく独立なものであるのか。
4　両者が独立であるとしても、両者は互いに排除し合うものなのか。

などといった点である。もし1にイエスと答え、2に志向性と答えるならば、意識的でありながらかつ非志向的な領域、③は存在しないということになろう。同様に、もし2に意識と答えるならば、②の領域は存在しなくなるだろう。だがもし1にノーと答えるならば、3と4両方がイエスのとき、今度は①が消滅することになる。

上で、デカルトにおける「心」が、ほとんど「意識」と同義であると述べたが、すでに18世紀初めにライプニッツ[4]は、その『モナドロジー』において、デカルト哲学が、意識に上らない表象を無とみなしていたことを批判している[5]。これは②の領域の存在の

[4] Gottfried Wilhelm von Leibnitz（1646–1716）

[5] ただし、この「表象」とは原文では perception である。これは清水富雄・竹田篤司訳（『世界の名著』30）に従うものであるが、こう訳せるのはライプニッツの特殊な形而上学が背景にあるからである。特にそれは、それを通して「外的」世界を知る「窓」のようなものではないことに注意。いずれにしても、それは「意識」と対

主張であり、後にフロイトによって「発見」される無意識というのも、まさにこの領域に属している。また①の領域は、「思考には本質的にイメージが伴うか」という問いの形で、20世紀初頭、始まったばかりの実験心理学において激しい論争となった（ヴェルツヴルグ論争）。これはヴェルツヴルグ大学の心理学者とヴント、そしてヴント派のティチナーとの間で争われたものであり、ヴェルツヴルグ学派は、感覚、感情、心象のいずれも伴わない「純粋な思考」を発見したと発表し、ヴントはそれを、厳密な実験手続きに基づいていないとして全面的に否定した。この論争は、認知科学においてコスリン[6]の心的イメージの研究によって1970年代に再燃することとなる。

意識的なものはまた、「現象的」なものとしばしば呼ばれる。ここでは非志向的な意識（③）のみを指して「現象的」と呼ぶことにしよう[7]。また、志向的なものはその「内容」（志向的状態がそれ「について」であるようなもの）をもつと考えられる。それは通常他の内容と推論的関係に立つことができると考えられるので、（それ自身は必ずしも言語的なものでないものの）文によって表すことができる命題的なものである。それゆえそれを含むような心的状態（「……と信じる」「……と欲する」「……であることを恐れる」など）は、命題に対する態度として「命題的態度」と呼ばれる。命題的態度は、文によって表される内容を持つため、意識と志向性の対比は、「現象」と「内容」の対比として捉えられることもある。

この意識と志向性との関係についてのさまざまな立場の詳細は、以下に見ていくことになるが、それ以前に、意識と志向性は、それら自身がすでにそれぞれ独立に問題となる。これは主に、それらがいかにして自然の中に整合的に組み込まれるのか、という問いから来る問題である。自然界の中に、心のようなものがいかにして存在しうるのか、その存在

比される意味での「内容」であると言える。（この対比については以下の本文参照。）

[6] Stephen M. Kosslyn（1948–）

[7] 別の意識の区別の仕方としては、ブロック（N. Block）のアクセス意識／現象的意識という区別が有名である。これは上の①と③にそれぞれ対応するように見えるが、彼は現象的意識にも弱い志向性を認めるため、注意が必要である。

は、自然科学の諸法則と矛盾しないのか、とくにその存在は、われわれの科学的世界像の中にどのように組み込むことができるのか（またはできないのか）、といった問いがある。これは「自然化」の問題と呼ばれ、以下に見る形而上学的観点と深くかかわる問いであるが、とりあえずここまでの考察によれば、心の自然化の問題は、意識と志向性の自然化の問題へと還元されたことになろう（そしてこれこそが概念分析の事例のひとつである）。

（水本）

■コンピュータ楽観主義と悲観主義——工学的観点から（1）

機械は考えることができるのだろうか。これは、人間が古くから素朴に抱いてきた疑問である。また同様に、人間もむしろ機械のようなものなのではないか、あるいは機械とは本質的に違うところがあるのだろうか、という疑問もある。実際デカルトの時代から人間以外の動物を自動機械と見る考えはあり、その見方が（宗教的問題を乗り越えて）人間にまで拡張されるのは時間の問題であった。だが、20世紀におけるこの種の問いの本質的に新しい点は、これを純粋に工学的な観点から捉えられるようになったことにあろう。それを可能にしたのは、言うまでもなく人工知能の研究であった。特にアメリカで１９５０年代に始まった「認知革命」と呼ばれたパラダイム転換の後、コンピュータ科学の発展と共に人工知能の研究は哲学にも大きな影響を与えた。このようなコンピュータをモデルとする、あるいは心はコンピュータであるとする考えに基づく心の哲学の立場を、以下ではコンピュータ楽観主義と呼ぶ。こうした楽観主義は、哲学以外でも認知科学に広く共有されたものであるが、逆に心はそのようなアプローチでは解明できないとする悲観的な議論も当然（多くは哲学の側から）提出されてきている。だがいずれにしても、この観点からの問題提起が、心とは何か、という本質的問題をめぐる議論に大きな影響を与え続けていることは疑いえないであろう。

□チューリング・テスト

「機械は考えることができるか」、この古くからある問いに対し、アラン・チューリング[1]は１９５０年、論文「計算する機械と知能」において、「いつわれわれは機械を考えているとみなせるか」という判定規準を与えることで答えた。これは今では提案者の名をとって「チューリング・テスト」と呼ばれる。チューリング・テストとは、被験者が、相手が人間かコンピュータかわからない状態で質問をし、その返答によって相手を（人間かコンピュータか）正しく見分けることができるかどうか、のテストである。もし被験者が十分有意に見分けることができなければ、コンピュータは人間のように考えていると判定される。この提案の本質は、「思考」という哲学的問題を、経験的、そして工学的問題に変換するという戦略にある。事実チューリング・テストは、直感的には達成可能なターゲットであるように感じられ、最初期の人工知能の研究者に大いなる期待を抱かせるのに成功した[2]。

人工知能の研究においては、本当に「自分で」考えることのできる機械を作ることを目標とする「強い人工知能」と、単に道具として高度な情報処理能力をもつ実用的なエキスパートシステムの実現をめざす、「弱い人工知能」の立場とがある[3]が、現在人工知能に携わる研究者の大半は後者の意味での人工知能をめざしていると言えよう。その意味で、チューリング・テストはもはや研究上の目標とはみなされていない。この背景には、人間を模倣することが技術的に結構困難であるといった実情や、チューリング・テストは（インプットとアウトプットのみを問うという意味で）あまりに行動主義的であり、判断する者によって結果がまちまちであるといった基準のあいまいさも影響している[4]。

［1］Alan M. Turing（1912–54）. 万能チューリング・マシン（⇒コラム）を１９３６年に発表した、現在の（「フォン・ノイマン型」と呼ばれる）コンピュータの実質的発明者である。

［2］そしてチューリング自身も、そのような機械が20世紀の終わりまでには作られるだろう、と今から見れば的外れな予言をしていた。（Hofstadter & Dennett（ed.）1982. 坂本百大監訳 1992『マインズ・アイ』pp.70–93 参照。）

［3］この区別は哲学者ジョン・サールの「心・脳・プログラム」（Searle, 1980）による。

【コラム】チューリング・マシン

チューリングが1936年、論文「計算可能な数について」で提案した抽象的機械。本来それは、ヒルベルトが提起した「決定問題」(数学的問題を解く一般的なアルゴリズムはあるかという問い)に答えるため、「計算可能性」という概念を分析するためのものであった(決定問題はそれによって否定的に解決された)が、彼はそこで、人間の計算過程を単純で、機械的なステップに分析、分解し、計算可能な関数の計算はすべて、知能をもたない機械にも実行可能であるということを示した。そのような計算を行える機械をチューリング・マシンと呼ぶ。あるチューリング・マシンは、別のチューリング・マシンをコード化し、読み込むことで、それらの働きを真似ることができる。チューリングは、すべての可能なチューリング・マシンを一台で真似ることのできるチューリング・マシン(万能チューリング・マシン)が可能であることも示した。

興味深いのは、この論文でcomputerと呼ばれているのは文字どおり「計算する人」のことで、計算可能性の分析は、計算している人間の心的状態の移行の分析として進められているということである。これにより、人間の「計算能力」というのが、神秘的な洞察力ではなく、物質としての機械によっても実現可能な仕事であることが示され、逆にそのことが、機械も人間と同じ(計算能力という)知能をもつ(と言える)のでは、という期待へとつながっていった。

実は「チューリング・テスト競技会」と呼べるものが現在毎年アメリカで行われている(正式名称は「レブナー賞人工知能競技会」)。その競技会では、何人かの参加者が、人間とコンピュータが混在した相手と一対一、総当りで文字のコミュニケーションを行い、最後にその参加者が相手の「人間らしさ」のランキングをつける、といったものである。そこでは、人間とコンピュータを互角の状況にもっていくために、トピックを限定するといった措置が講じられている。それでもコンピュータが人間らしいと判断される(ランキングの上位に来る)ことは

[4] またチューリング自身は、単に固定的プログラムに従う機械でなく、自己修正的(self-modifying)なプログラムによって「学習する」機械でなければ知能をもつとは言えないと考えていた。このような発想の背景にも、当時優勢であった行動主義の影響が見て取れる。チューリングの「学習」概念に対する行動主義の影響はシャンカー(Shanker, 1998)の第2章参照。

ほとんどないのが現状である[5]。（水本）

[5] これについてはChurchland, 1995（信原幸弘・宮島昭二訳 1997『認知哲学――脳科学から心の哲学へ』産業図書）の第9章参照。

□心の計算理論

人工知能は機械を人間に近づける試みであるが、それはまた人間を機械に近づける試み、あるいは人間の知能をコンピュータをモデルとして理解しようとする試みへと通じている。人間もひとつの複雑な機械にすぎないとする考え自体は古くからあったが、チューリング・マシンはそれを、人間の心的過程のモデルとし、機械によって実行されている計算過程は、（無意識的であれ）脳内でも同様のプロセスによって実現されている、というひとつの心理学的仮説にまで高めることとなった。「機械としての心」という考えの登場である。この考えが定着するのは、当初もっぱら算術のための機械であったコンピュータが、数字だけでなく記号一般を変換する装置としてみなされるようになり、「情報処理する機械」としてのコンピュータ、という見方へ拡張される1950年代以降である。そのようなコンピュータの見方が、新しい心の見方、すなわち知覚刺激としてのインプットと運動機構への命令としてのアウトプットを記号変換の過程と捉えれば、心も同様に記号変換による情報処理を行っていると見ることができる、という認知革命後の心理学の発想と結びつき、「思考とは計算である」というテーゼに結実する。これが心の計算理論（単に「計算主義」とも言う）である。

論理の心理的説明を拒否する反心理主義から出発した現代分析哲学は、皮肉にも心を数理論理学（コンピュータ）で説明することは積極的に受け入れた。たしかに、もし機械で知能が実現できるなら、それは人間の思考について理解する助けになるのでは、と期待するのも自然であろう。哲学においてその先駆けとなったのは、１９６０年代のパトナム[6]の機能主義である（⇒【機能主義】）。それによれば、ある心的状態にあるということは、そのときの特定の脳状態が、他の脳状態や刺激と行動から成る因果的システムの中で、ある役割を演じている（ある機能的状態にある）、ということであり[7]、この因果的システムが、全体として心の実装化としてのコンピュータ・プログラムを実現していると考えられた。

だがチューリングのアイデアを最もストレートに受け入れ、人間の思考を文字どおりに記号操作の過程であると主張したのはジェリー・フォーダー[8]である。彼は、心的過程を（形式的、意味論的性質を備えた記号としての）「思考の言語」によって脳内で実際に行われている記号操作であると主張した（それゆえこれは「記号操作主義」とも呼ばれる）。

単なる機能主義は、心的状態が「内容」をもつことについてはニュートラルであり、何も説明しない。したがってたとえば機能主義のなかには、機能とは数学の関数と同様、あくまで抽象的パターンであり、そこにおける心もヴァーチャルに実現された抽象的プログラムであるとして、個々の機能的状態が意味論的内容をもつように見えるのも、観察者が外からそう解釈しているにすぎない、という立場もある[9]。また、ある信念をその因果的役割（機能）で定義したとしても、それが引き起こす結果はその信念の特定の内容ゆえに引き起こされたということまで保証されない。

ここで欠けているのは「心的状態が（命題的）内容をもつとはどういうことか」についての理論である。そしてそこで持ち出されるのが「心的表象」である。そのような心的表象の存在にコミットする理論を「心の表象理論」と呼ぶが、さらにこれに、心的過程は心

[6] Hilary Putnam（1926–）

[7] この考えは、後にD・ルイス（Lewis, 1972）によって「ラムジー文」という式を使って形式化された。ラムジー文とは、理論に受け入れられている文を、理論的対象の名前を使わず、すべて「……という役割を担う何かがある」と書き換えた形式的文の集まりである。

[8] Jerry Fodor（1935–）

[9] デネット（Daniel C. Dennett）の立場がその典型であろう。Dennett, 1991（山口泰司訳 1998『解明される意識』青土社）参照。

的表象の構文論的（形式的）性質に基づく変形の過程である、という主張が加わって「心の計算理論」（古典的計算主義）となるのである。

心の計算理論が可能であるためには、われわれは、脳内に、物理的なものであると同時に意味論的性質（志向性）と構文論的構造（語から文が構成されるように、構成要素を一定の規則に従って結合した構造）をもつ何か（すなわち思考の言語）があると考えねばならない。だが、そのような記号が脳内にあるとすれば、それは生得的に人間に備わっているのだろうか。また、その記号の意味論的性質、すなわち志向性はどのように実現されているのだろうか。こうしてフォーダーのこの大胆な主張はさらなる問題を次々と呼び起こし、多くの議論を巻き起こすこととなった。

すでに触れたように、この志向性の問題こそが、心の自然化において最も困難な問題のひとつなのであるが、これに対し、フォーダーは、科学としての心理学は、内的表象のそのような意味論的側面は扱うことができないとし、あくまで主体の「内側」に留まり続ける「方法論的独我論」を戦略とすべきであると主張した[10]。このような立場は一見極端に見えるかもしれないが、「志向性」などというやっかいな哲学的問題にかかわろうとしない人工知能の研究者は、多かれ少なかれ、この立場に近いと思われる。また、後に彼は、「非対称的依存性」という概念（⇒【内容と表象】）を使って、志向性を因果関係で説明しようとしているが、これを含めさまざまな同様の志向性の「自然化」の試みが本当に志向性を説明し得ているのか、そしてそのような自然化はそもそも可能なのか、はいまだ合意の得られていない大きな問題である。

またフォーダーは当初、現在われわれの手元にある認知についての科学的理論はすべて、認知過程を内的表象の計算として捉えるモデルに基づくゆえに、思考の言語を想定するこ

［10］Fodor, 1981.

とが「街で唯一のゲーム」である、と主張していた。以下に見るように、現在この前提はもはや通用しないが、内的表象の計算、という認知のモデルがいまだに支配的であることには変わりはない。

□批判的・悲観的見解

この志向性の問題に関して、哲学者のサールは「中国語の部屋」と呼ばれる次のような思考実験を提出し、心の計算理論を批判した[11]。部屋の中に閉じ込められたある人に、外から中国語で書かれた文が次々に送られてくる。彼はその意味を理解しないまま、マニュアルに書かれた通りに処理し、別の文を送り返す。実はその部屋は、コンピュータのプログラムと同じ機能を果たしており、部屋の外から見ると、あたかも中国語を理解したかのような返答が返ってくるのである。したがって、この部屋は全体としてチューリング・テストに合格する。だが部屋の中に日本人がいて、日本語の文をやりとりすることで会話する場合とは違い、ここには言語の理解はどこにも介在していない。サールはこれをもって、プログラムされたコンピュータが何かを「理解」しているとは言えないし、したがってそのプログラムが人間の理解を説明することもないと論じた。彼によれば、コンピュータの内部には単に形式的な操作があるのみで、そこには構文論はあっても意味論がない。したがってコンピュータは志向性を欠いているのである。サールは、志向性が実現されるためには、脳の実際の物理化学的性質が必要であると主張する。そして彼は、そのような性質なくとも心は実現できると考える人工知能研究者たちが、心が脳から概念的にも経験的にも分離できる、という「二元論」を受け入れているとして、彼らを「デカルト的」だとさえ言う[12]。

[11] Searle, ibid.

[12] 彼は、機械は考えることが

ライプニッツは、すでに18世紀の初め、考えたり、感じたり、知覚したりできる機械があるとして、それを風車小屋のように巨大化し、その内部を探ってみたとしても、心的表象について説明できるものは見出せないだろうと論じていた[13]。すなわち、単なる機械には志向性はないのである。彼はそこから、魂と体は切り離せない単一実体を構成していなければならないという結論を導こうとしていたのだが、サールは、ライプニッツと違い、人間も機械である、と認める。したがって、もしライプニッツが正しければ、類比的に、サール自身の議論からまさに、人間の脳も実は何も理解していない、という結論が導けるのではないだろうか。

だが、サールによれば、人間が機械であるといっても、われわれの脳は固有の（intrinsic）志向性をもつのであり、他方記号のもつ志向性は、われわれがそれを何かを表すもの「として」見ることによって与えられる派生的なものにすぎず、単なる記号操作によっては脳のもつオリジナルな志向性を実現できない。したがって結局のところこの議論の是非は、記号と志向性の本性の問題へと帰着することになる[14]。

他の悲観主義者としては、ドレイファスが有名である。彼は、われわれの知能の基礎にあるのは「こつ」や「ノウハウ」を含むような身体と密接にかかわる実践知や技術知であり、それを欠くコンピュータは知能を実現していないと批判した。また彼は早くから、認知の全体論的、文脈依存的性質を強調し、「フレーム問題」（⇒第1章コラム【フレーム問題】）と現在呼ばれるようになった問題を指摘していた[15]。彼の批判にはその他にもさまざまなものがあるが、それらは実際「記号操作主義的」な計算理論にとって痛い点であった。たしかに人工知能初期の研究者はコンピュータの将来についてあまりに楽観的であったのも事実であり、先のチューリングに限らず、1957年、ハーバート・サイモンは、

できない、と言っているのではない。むしろわれわれ人間は機械である、とさえ彼は認める。彼の論点は、心の機能を単に「シミュレート」するだけのプログラムは、その機械の複製たりえない、ということにある。

[13] ただしこの「表象」もperceptionであり、彼の特殊な形而上学と結びついていることに注意。先の脚注を参照。

[14] これについては、【内容と表象】の項で再び取り上げる。

[15] H. Dreyfus, 1972.（黒崎政男・村若修訳 1992『コンピュータには何ができないか――哲学的人工知能批判』産業図書）この問題を最初に指摘したのはマッカーシーとヘイズ（McCarthy & Hays, 1969. 三浦謙訳 1990『人工知能になぜ哲学が必要か――フレーム問

10年以内にコンピュータがチェスのチャンピオンになるだろうと予言していた[16]。またそれに対し、ドレイファスは、チェスで人間を負かすようなコンピュータは決して作れないだろう、と「予言」していた、ということになっており、彼自身がまもなくコンピュータに負かされてしまった、というエピソードがしばしば象徴的に人工知能の側にいる人間から語られる。だが正確には、そう言ったとされる１９６５年の論文の中で彼は、当時の技術では、まだチェス・プログラムはアマチュアレベルのチェスさえ指せない、と言っていたにすぎない。ここにもまたわれわれは、アメリカにおける人工知能をめぐる激しいプロパガンダ合戦を垣間見ることができよう。

だが、この記号操作主義に対するより直接的批判は、皮肉にもコンピュータ科学自体から登場することとなる。すなわちコネクショニズムである。そして、それゆえに、それらの批判の多くは再び工学的な問題のうちに回収されることとなった。

□コネクショニズム

脳の情報処理プロセスを神経細胞（ニューロン）の活動としてシミュレーションしようとするアイデアを、ニューロンの結合（コネクション）になぞらえて「コネクショニズム」という。こうした発想は、人工知能研究の初期、１９４０年代からあり、特に１９６０年代初めのニューラルネットワークモデルに基づく「パーセプトロン」という装置は一時期注目を浴びた。だが、ミンスキーらによる批判が強い影響力を持ったことと、記号操作主義的アプローチが早く成果をあげたこともあり、このアプローチは１９８０年代半ばまで忘れ去られた状態であった。けれども、記号操作が、適応学習などの量的で柔軟な処理にあまり向かないことが明らかになりつつあった時点で、大規模ニューロンネットワー

題の発端と展開』哲学書房）であるが、それは本来、形式論理において、多くの変化しない事柄をどのように効率的に記述するか、といった問題として指摘されていた。

[16] ちなみにＩＢＭの技術者らによるコンピュータ「ディープ・ブルー」が当時のチェスの世界チャンピオン、カスパロフを破ったのは１９９７年である。

クを扱う理論上の発展がもたらされ、コネクショニズムの特徴が見直され始めた。また、記号操作主義のように抽象的でなく、実際の脳の神経細胞ネットワークの働きにごく近いモデルであるということも、再び評価されたと言えよう。このアプローチは、特にパターン認識などに優れており、文脈依存的な認識も実現できることが特徴である。

心の哲学においても、チャーチランドのように、積極的にコネクショニズムを受け入れ、記号操作主義を批判する者が現れてきた。コネクショニズムのモデルでは、構文論的性質をもつ明示的な「記号」のようなものを前提することなく、基礎的認知能力を実現でき、表象として解釈できるネットワークの活性化パターンは、ネットワーク全体に広く分散されて保存されているからである。だが、両者は両立するとする考え（ハイブリッドモデル）も有力であり、両者の争点は、それほど明確ではない。より注目を集めたのは、チャーチランドを中心とするコネクショニストたちがそれを、（後に見る）消去主義的唯物論という、ラディカルな存在論的主張と結びつけたことであろう。

ちなみに上で見たサールやドレイファスの人工知能批判は、主に記号操作主義に向けられていたのであり、彼らはコネクショニズムには一定の理解を示している（だがドレイファスは、結局はその可能性にも限界を見出しているようである）。（水本）

■記号操作主義 対 コネクショニズム——工学的観点から（2）

記号操作主義がその一形態である機能主義の魅力のひとつは、それが心的状態を抽象的な機能的状態と同一視することで、たとえばそれが、脳生理学的にどのように実現されているのか、という問いを心理学から切り離し、科学としての心理学の「自律性」を保証するように思われたことにある。だが、いったん「思考の言語」という仮説にコミットし、それが脳の中に実現されていると主張するならば、それが脳の構造とまったく無関係であるとするわけにはいかなくなる。そしてそのとき、心の情報処理を理解するモデルとしては、実際の脳の神経ネットワークのシミュレーションであるコネクショニズムが強力なライバルとして現れてくるのである。だが、コネクショニズムのアプローチも、万能というわけではなさそうである。本項では、コンピュータ楽観主義の両翼を担う、記号操作主義とコネクショニズムをいくつかの観点から対比してみよう。そこでは「表象」にまつわる問題が鍵となる。

□因果的効力

一般に、機能主義の言うシステム内の機能的役割とは、さまざまな心的状態間の因果的役割である。したがってそれは、心が行動を引き起こす、という心的因果をうまく説明するように思われる。しかし、そのような因果的役割を担う「何か」が志向的内容をも本当にもつのかは、機能主義だけでは明らかではない[1]。それに対し、脳内に具体的に実現

［1］先に触れたデネットの機能主義（134ページ）を参照。

された表象の存在を主張するフォーダーの計算主義は、この心的なものの因果的効力という観点からは最も「安心」できる理論であるように見える。

だが、それでも心的な「内容」が本当に因果的に働いていると言うのには、必ずしも十分ではない。スティッチの考えるように、単に脳内の構文論的構造のみが因果的に働いているのであり、その内容は因果的に無関係かもしれないのである[2]。たとえばソプラノ歌手の声がグラスを割ったとしても、その歌の内容（意味論的内容）は、因果的には無関係であろう。同様に頭の中に思考の言語があったとしても、その意味論的内容がどのように因果的効力をもちうるのかはなぞである。

さらに、計算主義の前提する機能主義一般にとって、命題的構造をもたない意識の現象的側面、すなわち痛みや色の経験に関しての説明は困難である。機能主義は、たとえば痛みを、「侵害刺激によって引き起こされ、苛立ちに対応する内部状態と回避行動を引き起こす」といった因果的、機能的役割によって定義する。だがそれは、痛みのまさに痛さという現象的性質を捉えてはいない。また、計算主義は心の表象理論を前提しており、心的なものはすべて志向的であると考えるが、たとえば痛みは、端的に痛みとして経験されるのであり、それが何か他のもの「について」のものであるとも（少なくとも直感的には）思えない。そのような意識の現象的な側面、あるいは経験の質は「クオリア」と呼ばれる（⇒コラム）。

クオリアに志向的性質があるかどうかは議論の分かれるところだが、もしそれが志向性をもつ（先の図3－2の①のみで、③が存在しない）ならば、他の心的表象とともに心的内容の中に入れることができ、それが行為と因果的にかかわることを示せる（もちろん心的内容の因果的効力を説明するのはそれ自体容易なことではないが）と期待できようが、

［2］Stich, 1983参照。この考えは、突き詰めれば命題的態度の反実在論へと行きつくが、彼は最近考えを変えている。

もし非志向的なものである（図3－2の③がある）ならば、それが世界に影響を及ぼすのは絶望的であるように思われる。原因はあっても結果はない、すなわちなにごとも引き起こす力はない、そのような現象は、（もしあるとするならば）随伴現象（エピフェノメナ epiphenomena）と呼ばれる。意識がエピフェノメナであると考える哲学者も実際多いが、少なくともそのようなものが自然界の中に存在せねばならないとすれば、それは非常に特異な存在者であろう。したがってそれを認める立場には、なぜ意識だけがそのようなものとして自然界に存在するのか、についての説明を与えねばならないという、それなりのコストが伴う。

【コラム】クオリア

現在、認知科学を巻き込んで心の哲学の中心問題になりつつあるのがこのクオリアをめぐる問題である。クオリアは（しばしば「感覚質」と訳されるように）一般には単に経験の内在的質、などと言われるが、その正確な定義をめぐっては見解が分かれる。だが、クオリアの存在こそは誰もが疑いえない性質であると考える者にとっては、その定義を問うことさえもどかしいようである。たとえばブロックは、クオリアとは何かについて説明するとき、「ジャズとは何か」と聞かれたときのルイ・アームストロングの次のような言葉を引用している[3]。「人に聞かなきゃならないようじゃ、絶対わかりゃしねえよ。（"If you got to ask, you ain't never gonna get to know."）」

この語の最も初期の使用例はパースやジェームズに見られるが、現在のような意味での使用は、C・I・ルイスに由来する[4]。彼のこの語の使い方によれば、経験所与が本来瞬間的、非概念的で言語化できない（言語化しようとすれば、すでに概念化されている）ものであるのに対し、クオリアとは経験内容を作り上げる材料のように、経験に何度も現れうる（概念に

［3］Block, 1980.

［4］Lewis, 1929.

よって捉えうる）性質であると言える。（だがそれは、外的世界の客観的性質とは区別されるべき主観的な性質である。）[5]

（水本）

□内容と表象

フォーダーの「思考の言語」という考えが魅力的であったのは、それが志向性と因果的効力という心的内容の重要な二側面を一気に説明するからであった。だが、思考の言語は文字どおりの表象であり、生まれつきのものであるとしても、肝心の志向性について、それがいったい何によって実現されているのかが明らかになったわけではない。それは自然のなかでも他には見られない特殊な性質であり、何らかの説明を必要としているように思われる。だがたとえば、（「〜は〜を表す」といった）表象関係を因果関係で説明し、「表象とはそれを引き起こすものについてのものである」という因果説（すなわち、犬が心的表象Aを引き起こすなら、Aは犬を表す）をとったとしても、それだけでは決定的に欠けている表象の本質的性質というものがある。それは「誤表象」の可能性である。あるものが表象であると言えるためには、それが誤表象である可能性がなければならない。だが単なる因果的関係では、たとえばもし猫がたまたまAという心的表象を引き起こしたなら、そのときはAが「誤って」猫を表象しているのか、それともAは本来猫の表象で「も」ある（すなわち「犬または猫」を表す選言的表象である）のか、区別できないだろう。

フォーダーは、因果的な「非対称的依存性」という概念でこの困難を処理しようとしている[6]。それによれば、Aが犬の表象であり猫の表象でない、したがってもし猫を表象したらそれは「誤って」表象したのだと言えるのは、猫がAを引き起こさなくとも犬はA

[5] またこれとしばしば混同される概念に、「センス・データ」というものがある。こちらはラッセルの概念が有名であるが、G・E・ムーアが1910−11年の講義で導入したのが最初である。センス・データとは、一般に、経験に直接与えられる内容、といったものであり、われわれと懐疑論者が共にその存在を認めることができるようなものであるとされる。この考えに従えば、クオリアはセンス・データの性質である、と言うことができる。この点についてはCrane, 2000 参照。

[6] Fodor, 1990.

を引き起こすのに対し、犬がAを引き起こすことがなければ猫もAを引き起こさなかっただろう、というときである。

ただし、このフォーダーの志向性についての説明は、コネクショニズムと何ら対立するものではない。違うのは、コネクショニズムは古典的計算主義のような離散的表象を前提せずに志向性を説明する、ということである。そこでは志向性はネットワークの文字どおりの「訓練」（適応学習規則に則ってニューロン活性化の重みづけが変化すること）の結果として形成されるニューロン群の活性化パターンにおいて実現される。したがってそれは、フォーダーのような生得的思考の言語を前提する「デカルト主義的」理論との対比において、より経験主義的理論であると言える。

コネクショニズムを支持するチャーチランドの主張によれば、認識の単位は、思考の言語が前提するような文的、命題的なものではなく、ネットワークの活性化パターン（あるいはそれを表現する抽象的なベクトル空間の活性化ベクトル）、とみなされねばならず、それゆえ、信念や欲求といった命題的態度というものはその実在性を疑われることになるという。これに対しフォーダーは、思考は言語と同様に、生産性（出会ったことのない文を理解したり、新しい思考を生み出す能力）や体系性（たとえば“A loves B”を理解できる人はまた、“B loves A”をも理解できる）といった性質をもち、それゆえ構文論的にも意味論的にも合成的（要素の組み合わせからなり、特定の要素は全体に常に同じ貢献をする）であるという。もしこの性質をコネクショニズムのネットワークが実現できないなら、それは認知の理論としては不完全であるし、たとえ実現できるとしても、コネクショニズムは認知の単なる実装のレベルの説明（いかに構文論的構造が実現されているかという説明）にすぎない、ということになろう。

□現象と表象

だが、フォーダーのような古典的計算主義は、たとえ志向性をうまく説明できたとしても、それでクオリアのような意識の現象的側面を説明するのは絶望的であるように思われる。他方、コネクショニズムは、神経生理学との親和性が顕著である分、クオリアの説明においては明らかに有利である。実際、味覚や色などの脳内における情報処理の過程は、コネクショニズムのモデルに基づいて、かなり詳しく説明できる。これは、コネクショニズムがクオリアの物理的基盤を保証するということであり、コネクショニズムに基づいて命題的態度の消去主義を主張するチャーチランドも、クオリアについては経験されている対象の「知り方」であると主張することで、ある種の同一説（⇓【物理主義】）の立場と見ることができ、（彼の意に反して）実在論に近づいている。このことは、コネクショニズムはハードウェアのレベルの理論であるとして、あくまでコンピュータ機能主義に固執するデネットが、現象的意識をすべて錯覚のようなものとして消去主義的態度をとっているのと対照的である。

しかし、次の節で見るように、フォーダーのような記号操作主義でないにしても、クオリアも志向性によって説明できるのだ、とする「表象主義」、あるいは「志向主義」という立場がある。それによれば、たとえば痛みは身体の損傷の表象であり、痛みのクオリアとはその経験の表象内容である、とされる。この立場は、特定の経験の質（表象内容）をわれわれがもつのは表象としてのその経験の機能である、と考える機能主義のひとつであるが、心の領域をすべて志向性によって説明する（すなわち図3－2の③は存在しない）という、野心的なプログラムである（⇓【物理主義】）。

□反表象主義？

コネクショニズムは離散的な記号のような明示的表象を要請しないとはいえ、「内的表象」をもたない、とは必ずしも言えない。むしろ一般には訓練されたネットワークが全体として「分散表象」を形作っている、と考えられている。したがって、古典的計算主義者もコネクショニストも、認知に内的表象が必要であることは一致しており、その表象形式について意見を異にしてきただけであると言える。ところが最近、認知にはそもそも表象は必要ないのだとするラディカルなアプローチも出現してきている。

このようなアプローチの先駆けとなったのは、ブルックス[7]らのロボット研究である。世界についてのモデルを内的な表象によって構築するのでなく、世界そのものをモデルとして使うことができないだろうか？　こう問うたのがロボット工学者であったのはうなずけよう。この発想は、現在では「力学系」と呼ばれる数学的により洗練された方法論によるアプローチ[8]に引き継がれている。

だが、力学系のアプローチも、たとえば現前しない対象や反事実的事態について推論するのに表象が必要ない、ということまで言っているのではない。したがってむしろ計算主義やコネクショニズムと対立するものではなく、それらを含めた現在の認知科学を補完するようなものと考えるべきであろう。これと関連して、実はすでに1980年代の初めに、ギブソンの生態学的心理学（⇒コラム）の考えを受け継ぎ「直接知覚説」を主張する一派と、心の表象理論の権化フォーダーとピリシンを含めた「正統派」認知科学者の間で論争が行われていたことは重要であろう。実際現在のロボット工学者たちによる反表象主義の基本的な発想は、すでに1960年代のギブソンの思想の中にすでにあったと言える。また上に見たドレイファスの議論の中にも、知性にとっての身体の役割を強調し、環境との

［7］Rodney A. Brooks（1954–）

［8］力学系理論とは、本来複雑系の振る舞いを数学的な表現によって記述するための理論である。

相互作用を不可欠とする似た思想があったし、さらに遡るならば、人は同様の発想をすでにハイデガーやウィトゲンシュタインの中に見出すこともできるだろう[9]。

現在、「力学系」の考えも含め、すべての認識が表象なしに可能であるとする極端な主張には問題があるかもしれないが、これらの反表象主義の考えすべてに共通するのは、脳内の情報処理だけでなく、身体と環境との密接な相互作用を認知に不可欠なものと考える点であり、そこにはいまだ現在の認知科学で十分に汲み尽くされていない重要な洞察が含まれていることは間違いないだろう。

（水本）

【コラム】生態学的心理学

心理学者J・J・ギブソンは、1960年代知覚に対するまったく新たなアプローチを始め、それを「生態学的心理学」と呼んだ。計算主義をはじめとする心の表象理論においては、知覚とは入力刺激が脳内の表象によってコード化され、処理される過程である。ギブソンはそれにたいし、「環境の中を動きまわる身体」という観点から知覚を捉えなおした。彼によれば、われわれは環境の中を動きまわることで環境の中にすでにある情報を直接「ピックアップ」しているのであり、知覚とは、身体と環境とが一つの循環的なシステムとして機能することである[10]。彼の情報概念はシャノン以来の数学的情報論とは異なる、意味論的情報論というものであり、G・エヴァンス、F・ドレツキといった哲学者を通して心の哲学に導入された。またここには明らかに進化論的発想が根底にあり、フォーダーらのアプローチよりはるかに自然主義的であると言える。（これに対しフォーダーは開きなおり、そのような自然主義的心理学は不毛である、とまである時期主張していた。）

（水本）

[9] このような観点からのハイデガー解釈については門脇俊介・信原幸弘編『ハイデガーと認知科学』産業図書（2002）、ウィトゲンシュタインについては水本正晴「意図・身体・視覚〜ウィトゲンシュタインの『実験』」『科学哲学』35-1（2002）参照。

[10] ギブソンの直接知覚論の解説としては、河野哲也「反認知主義――ギブソン心理学の哲学的位置づけ」（渡辺・村田・高橋編2002『心理学の哲学』北大路書房所収）参照。またギブソンは、われわれが環境において直接出会うものを後に「アフォーダンス」と呼んだ。この概念もギブソンを理解するうえで非常に重要なものである。

■自然主義——形而上学的観点から（1）

現代の認知科学を中心とする「心の科学」は、魔術から切り離され物の科学として発展してきた自然科学が、ついに今日「心」の領域へも侵入しようとしているものとして理解できよう。だが自然科学はデカルトによって精神から切り離された物の世界を追求する約束ではなかったのか。この前提はいつ覆されたのであろうか。

そもそも自然科学による「心」の探究が可能であるとする考えの背景には、物の世界しかないという唯物論的一元論が前提されているように思われる。だが他方で、われわれの素朴な「心」概念は、基本的にこの（物の世界から独立に完結した実体、という）デカルトの図式をいまだに引きずっている。自然科学の研究者であってさえも、自らの信念、欲求、意志について内省するときには、しばしばデカルト図式を見出すのである。したがって、「心の科学」が多くの哲学的問題に直面するようになるのも不思議ではないだろう。それどころか心を「科学的に」探究しようとすればするほど、このデカルトの生み出した問題構成は先鋭化され、われわれに困難を突きつけてくる。

だがそれが現代の科学においてことさら問題となるのは、現代の科学主義的世界像が（心理学は生理学によって、化学は物理学によって、というふうに）特殊科学はより下位の理論によって説明できる、という「層化された世界（the layered world）」観に基づいているからである。科学主義的世界像の存在論的前提によれば、非・物理的な実体が世界に存在しない限り、心的なものも最終的には科学的に解明可能でなければならない。そしてその説明は、より下位の科学による説明に置き換えられることで、究極的には物理学のレベルにまで還元できるはずである。逆に、もしそれができないのだとしたら、その場合心的なものの存在は、物理的なもの以上の、科学主義的世界像と合致しない何か、ということになろう。こうして心の科学は、もし完全であろうとするならば、すべての心的なものに対し物理的な説明を与えることができるようなものでなければならないように思われてくる。これは「還元主義」と呼ばれる立場であるが、科学主義的世界観から自然に導かれる考えであろう。

だが果たしてこのような要請は妥当なものであろうか。少なくとも、このような問題意識を心理学者やその他の諸科学に携わる者はあまり持ち合わせてはいない。彼らが問題とするのはせいぜい隣接諸科学との整合性であり、特に心理学者が実験において心の存在論的地位に悩まされた、という話はあまり聞かない。だがそれでももし、心的なものの物理的な説明がないとすれば、世界には物理的には説明できない非・物理的な何かがある、ということになるか、あるいは少なくともその説明にはまだ不完全なところがあると考えるのは自然であろう。物理的「説明」の問題は、こうして形而上学の問題となってくる。哲学者の探求の根底には、このようにしばしば形而上学的関心が横たわっており、これが哲学を他の諸科学の探究から分ける独自の問題関心であるように思われる。このことを頭において、以下では、「心とは何か」という問いを形而上学的観点から見ていくことにしよう。（形而上学については、コラム参照。）

形而上学が現代の心の哲学において特に切迫した問題となる背景を知るには、まず「自然主義」の理解が必要である。哲学の門外漢は、とかく哲学は宗教的教養などを含む思弁に終始しているように思いがちだが、現代の心の哲学はこの自然主義によって科学と接続したものとなっている。自然主義とは何かについてはさまざまな考えがあるが、基本的には、この自然界以上のもの（超自然的な実体など）は何もない、とする立場である[1]。これはしばしば世界には自然科学の方法論で説明できないようなものはない、とする立場と同一視され、その時それはまた、自然科学から独立の、哲学独自の存在論的探究[2]というものはない、ということを含意する。すなわち、自然科学が「ある」とみなしているものすべてがいったん与えられれば、それに加えて何が存在するのかを哲学者が議論する余地はないのである。（だが、20世紀の前半においては、自然主義はこのような形而上学の文脈より、「道徳的自然主義」として倫理学の分野で論じられることが多かった。後に述べるクワインの「認識論的自然主義」を含め、このような自然主義で「自然」と対比されているのは多くの場合「規範性」である。だがこれは、規範性を何か超自然的なものと考えるのでない限り、誤解を招く対比である。）

われわれはこの章の最初に、フレーゲの反心理主義から分析哲学が始まったのを見た。実はそれは、この意味で反自然主義とも言えるものであり、それをいっそう徹底させたウィトゲンシュタインの『論理哲学論考』は、哲学を他のすべての諸科学とはっきりと違うレベルにあるものと位置づけた。これは当時の論理実証主義（ウィーン学団）の運動に受け継がれ、やがてアプリオリに言語や概念を分析することを主要な方法論とする言語哲学が確立されていくのである。

この流れを変えるきっかけとなったのが、W・V・クワインによる1951年の「経験主義の二つのドグマ」という論文であった[3]。彼は「全体論」の立場から、経験的事実によらず意味のみに基づいて真とされる、分析的真理の存在を攻撃することにより、経験科学から独立にアプリオリに論じうるメタな領域（哲学独自の領域と考えられたもの）の

[1] アームストロングによれば、「リアリティとは、単一の、すべてを包含する時空システムから成り、それ以外のものは含まない」という教義である（Armstrong, 1978, p.261. また Armstrong, 1997 の 1.31 も参照）。

[2] ここでの「存在論」とは「何があるのか」ということについての理論である。

[3] クワイン（Quine, 1980. 飯田隆訳 1992『論理的観点から』勁草書房）参照。ただし、そのアイデアの芽は、すでに彼の30年代の論文に見ることができる。

存在を否定した。どのような命題も、他の命題の集まりと一緒になって「経験の審判」を受けることがあり得るのであり、経験的命題から一切切り離された、意味のみによって真な命題（もっぱら哲学が論じるものと考えられていた）というものは存在しない。こうして哲学は（再び）科学と連続的な営みであるとされることとなった。ところでこの批判は論理実証主義の方法論的前提に向けられたものであったが、さらにクワインは、「自然化された認識論」という論文[4]において、哲学者のみが特権的に問題にできるような、諸科学の「知識の基礎づけ」を与えるようなものとしての認識論はありえないと論じ、代わりに心理学を（理論とその根拠との関係を扱う学問としての）認識論として扱うことを提案した。この「心理学」でクワインが頭に置いているのは行動主義的心理学であるが、それをここでは一般化して、神経生理学や認知科学一般を含むものとして理解してよいだろう。これによって、諸科学に先立ち、より確実な知識の基礎を与える「第一哲学」という、旧来の哲学像は葬り去られたのである[5]。

こうした代償を払うことで自然主義は哲学に復帰を果たしたわけであるが、それは同時に形而上学の部分的な復帰でもあった。ウィーン学団は、反形而上学を掲げていたし、言語哲学も一般には形而上学には沈黙してきたが、この自然主義の考えによれば、そのような態度が前提する、ものの世界を探究する科学と概念・言語・論理などメタな領域を探究する哲学、といった哲学／非哲学のアプリオリな境界づけは不可能だということだからである。だが、特権的地位を失ったおかげで部分的に取り戻した形而上学は、科学に侵され、哲学の身体をも侵食しかねないものとなっていた。クワインの偶像破壊的な活動の帰結は、認識論だけでなく形而上学さえも自然科学から独立ではなく、両者は連続的な営みである、という見方であったからである。こうして哲学は、あたかも自然科学の支配から逃れるた

［4］Quine, 1969.

［5］また、この論文の発表されたときの題が「自然化された認識論――あるいは、心理主義の擁護（the Case for Psychologism）」であったように、これは分析哲学における心理主義の部分的復権のきっかけともなった。

めに、その手の届かない場所を求めて心の哲学、さらにはその中の意識をめぐる問題へ避難場所を求めた、という意地の悪い見方もあながち間違いではなかろう。

いずれにしても、こうした形而上学と科学が一体となった自然主義においては、実際心をめぐる形而上学的問題は、緊張を増しこそすれ、解明が進むことはなかった。自然主義の文脈の中にどうしても収めるのが難しいものの例として、上で見た「志向性」という概念を思い出そう。志向性は自然界の中にどのようにして存在しているのか、それともそもそも存在していると言えるのか。このような問いが生じてくるようなところにこそ、哲学が必要とされるのである。そして実際、現代心の哲学の中心課題は、「自然の中における心の（存在論的）地位」を説明することであり続けてきたと言える。

だが、世界が自然科学の方法で探求できるものに尽きる、という強い主張をも内包する限り、この自然主義は、今日の自然科学の前提する「層化された世界」観においては（形而上学的テーゼとしての）物理主義とほぼ同じものになってしまうように思われる。ここでの物理主義とは、一言で言えば「すべてのものは物理的である」というテーゼである[6]が、そこには普通、諸科学の中で物理学の何らかの意味での特権性を認めることが含まれており、物理主義はその意味で本来自然主義より強いテーゼである。抽象的対象としての「集合」の存在は他に還元できないものとして認めたクワインは、厳格な意味での物理主義者ではなかったが、クワインを引き継いだ哲学者の多くは物理主義の立場から哲学を展開した。

（水本）

［6］詳しい定義は、コラム【物理主義の定義】参照。

【コラム】形而上学

形而上学とは、世界に何が、いかにあるのか、そしてそれらの根本原理や根本性質とは何かについて探求する学問である。「なあんだ、物理学のことか」と思われるかもしれない。だが、物理学だけではいったい「心」やその他の非物理的性質、あるいは物理学が前提している「法則」や「確率」を、存在論的にどう考えるべきかについて一義的な答えは与えられない。したがって、しばしば形而上学（metaphysics）とは、物理学（physics）より一つ上位の（メタな）立場に立つ世界についての体系的な理論であると言われるのである（実はこの名前はアリストテレスの著作の題名から来ており、その名前も著書の順番から偶然そう呼ばれたにすぎないのだが）。

典型的な形而上学の問いは、すべての存在するものが、究極的にはいくつの種類の実体から成るのか、一つか、それとも二つ、またはそれ以上の実体から成るのか、というものであろう。たとえばその問いに対し、唯物論（と観念論）は「一つ」と答え、デカルト的二元論は「二つ」と答える。ただし、先に引用したエドワード・リードによれば、19世紀前半において「形而上学」という語は現在で言う心理学を指すものであり、逆に（形而上学から心理学を排除した）カントでさえも「心理学者」であると呼ばれていたという[7]。したがって、哲学史においてこの語が出てきたときは歴史的文脈に十分注意する必要がある。

（水本）

［7］Reed, 1997.（村田純一他訳 2000『魂から心へ――心理学の誕生』青土社 p.48.）

■物理主義——形而上学的観点から（2）

物理主義とは伝統的に唯物論と呼ばれてきた立場の現代版である。本来前者の起源はウィーン学団（1920年代から30年代ウィーンに集った論理実証主義者の集団）にあり、少々強調点が異なるので、現在ではしばしば両者は同一視されるが、二つを区別しておくことは有意義であると思われる。唯物論は、存在するものはみな「物」、「物質」(matter, material stuff) からなる[1]という一元論的立場であり、二元論やその対極にあるもう一つの一元論としての観念論と対比される。だが、自然科学が発達するにつれて、この「物質」という素朴な概念は怪しいものとなっていった。現代物理学は、「力」「エネルギー」「場」といった、素朴に「物質」とは呼べないようなものが多く実在的なものとして認められている。したがって、現代の唯物論としての物理主義は、その定義自体が大きな哲学的論争の的となっている（⇒コラム【物理主義の定義】）。弱い物理主義においては、非物理的な心的実体は当然ながら世界の中に存在してはならないが、すべての存在者が必ずしも何らかの形で物理学の理論によって説明されねばならないと考える必要はない。だがその場合、何が物理主義であるための条件であるのか、が争われることになろう。物理主義のより正確な定義はコラムに譲り、以下では導入として、20世紀の心の哲学における物理主義的理論の歴史を概観してみよう。これは少々カリカチュアされたものであり、実際の歴史と必ずしも合致しない。特に行動主義、同一説、機能主義、の間の関係は微妙であり、単純な対立関係・発展関係で捉えられるものではない。しかし、それでも現代の

[1] それは伝統的には「延長（extension）」と呼ばれ、空間的な捉え方がされていた。

論争の背景として、以下のような図式的説明は、対立点の理解のために有用であると思われる。

【コラム】物理主義の定義

物理主義は、ウィーン学団、特にその中心人物の一人ノイラートが主張し始めたテーゼであったが、その当初の強調点は「諸科学の統一」といった方法論的なものにあり、形而上学的主張どころか、むしろ「反形而上学」というのが彼ら論理実証主義者たちのもう一つの主要なテーゼであった。それが英米の哲学に論理実証主義の運動が取り込まれていく過程で、唯物論と同じ形而上学的テーゼとなっていったようである。だが、それゆえに、その定義には困難がつきまとう。そもそも「物理的」とは何か、を定義すること自体が、簡単ではないのである。たとえば、「物理的」を現在の物理学において理論的に認められているものとすれば、物理主義は偽となろう。というのも、物理学というものは日々進歩しており、何百年か先の完全な物理学から見れば、現在の物理学理論は、限られたデータと未熟な計算能力に基づいているからである。だが、もしまだ見ぬ将来の理想的な、完成された物理学によって物理主義を定義するというならば、われわれは、誰も知らないような理論に基づいて存在論を主張していることになろう。したがってそのような物理主義はたとえ正しいとしても、内容を欠く、トリヴィアルでつまらない主張になってしまう。それどころか、将来の物理学は、何か還元不可能な心的要素を「物理的」なものとしてその中に含むかもしれない（これを「ヘンペルのジレンマ」と言う）。「物理的なもの」といえども、その定義を安易に物理学にゆだねるわけにはいかないのである。

現代の物理主義はしたがって、「物理的」の正確な定式化は避け、代わりに以下の三つの条件いずれか（あるいはすべて）によって定義されるのが一般的である。

同一性――これには、以下に見るようにタイプ同一説とトークン同一説があり、後者のほうが現在は優勢であるが、要するにすべての心的出来事、性質、事実は、何らかの物理的出来事、性質、事実あるいはそれらの組み合わせと同一である、とする考えである。

因果的閉包性――これは因果によって物理主義を定義する立場で、世界の中の物理的結果はすべて、それを引き起こすに十分な物理的原因をもつ、という基準を世界が満たすならば、物理主義は真であるとする。デーヴィッド・パピノーはこれを「物理学の完全性」と呼ぶ[2]。

付随性（supervenience）――心的なものは物理的なものに付随する（supervene）、と物理主義を定義する。ある性質や過程（M）が別の性質や過程（P）に付随するのは、Pが変化しなければMは変化しないときかつそのときに限る、として定式化される[3]。

だが、この中で、因果的閉包性や付随性は、それだけでは物理主義を支えるには不十分であり、物理主義の必要条件とはなっても、十分条件ではないと考えるべきであろう。また、以下に見るように今日では多くの哲学者は、機能主義の指摘する多重実現性ゆえにタイプ同一説は誤りであると考えている。しかしトークン同一説にしても、その同一性が単なる偶然的同一性であれば、物理主義を擁護するに十分ではないとする議論がある（⇒【反物理主義】「クリプキの様相論法」）。

（水本）

□哲学的行動主義[4]

１９３０年代から５０年代にかけて流行していた立場であり、クワイン、ヘンペル、ライルなどに見られる[5]。日常言語の心的表現を論理的に分析する、というアプローチであることから、ときに論理的行動主義、あるいは分析的行動主義と呼ばれる。この立場の起源は20世紀始めの論理実証主義にあり、それは論理実証主義者の「検証主義テーゼ」

[2] Papineau, 1993.

[3] この概念は、20世紀の前半から倫理学者や創発主義者（⇒【反物理主義】）によって使われていたものをデーヴィッドソンが「心的出来事」(Davidson, 1970. 野本和幸他訳 1991『真理と解釈』勁草書房、に所収）において心身問題に初めて導入したものであるが、今日では物理主義を定義するために重要な役割を演じており、「強い付随性」「グローバルな付随性」など、多くのバリエーションがある。

[4]「哲学的行動主義」は、ワトソンやスキナーの心理学的行動主義と区別するためしばしばこう呼ばれる。後者は本来、「観察可能なデータ」という観点から心理学を「行動の科学」とするための、

（言明の意味とはその検証条件である）を心的な語彙を含む言明に適用した場合の自然な帰結であった。哲学的行動主義の詳細にはさまざまな違いがあるが、最も一般的には、心的な表現を含む言明は行動と行動の傾性（傾向性）についての、したがって心的な語彙を含まない言明に翻訳可能である、という主張で代表されよう。この立場によれば、われわれの日常の心についての語り方があたかも「内的」な対象に言及しているように見えても、それは言語によってわれわれが惑わされているだけなのである。

哲学的行動主義の動機は、心的語彙を心的実体とその活動を記述するものとする伝統的な二元論と、そのようなものは一切存在しないと考える唯物論の対立の中で、心的な言明の意味を科学的に理解する理論が必要であると考えられたことにあろう。すなわち、露骨な唯物論が心的語彙を無意味な音声として片付けるのに対し、それはそれなりの「意味」をもっているという直観を、唯物論に立脚しながら救ったのである[6]。

この考えは、心理学の行動主義と同様「傾性」に言及し、内的なエピソードを必ずしも否定しないが、基本的に心的なものは「語り方」の問題とされる。しかし、心が存在者として認められていないから、哲学的行動主義者にとって「心」は存在しない、と言うことには必ずしもならない[7]。哲学的行動主義は概ね物理主義を前提していたと言えるが、その内実は形而上学的主張にコミットしない言語哲学の色彩が強かったからである。

□タイプ同一説

これに対し、１９６０年代から、心的なもの、内的なものをあからさまに認める実在論的な物理主義が台頭してきた。スマートやアームストロングによるタイプ同一説である[8]。たとえばよく生理学者によって、「痛み」はそのときに脳内で生じている生理学的

方法論的なものであった。

［5］ただしライル（G. Ryle）は唯物論にコミットしていないし、自分が行動主義者であることを否定していた。ヘンペル（C. G. Hempel）も後には行動主義を放棄している。またなかにはウィトゲンシュタインを行動主義者に加える論者もいるが、アームストロングが言うには、そんなことをすれば、ウィトゲンシュタイン主義者に「八つ裂きにされる」だろう。

［6］これを図式化すれば、次のように表せよう（図３－３）。

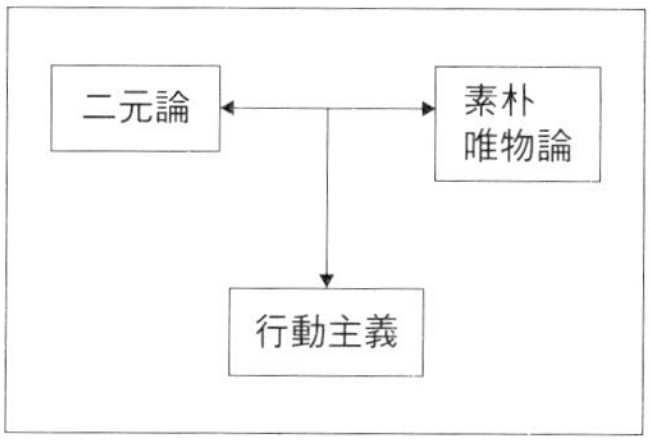

図３－３　哲学的行動主義

出来事である「C神経線維の興奮」と関係づけられるとか、それによって引き起こされる、という言い方がなされるが、これに代えて、端的に両者は同一である、とするのがこの立場である。

行動主義の最大の困難は、心的なものを行動への傾性で定義しようとしても、その行動はただ一つの心的状態だけでなく、他の多くの心的状態にも因果的に依存している、ということにある。さらに心的状態間の因果関係（心的過程）も行動主義の方法論では捉えられない。それに対し同一説では、心的状態間の因果的関係も、（それらと同一の）物理的状態間の因果関係と捉えることができ、また心的なものが行動を引き起こす、という心的因果についても唯物論的な立場と矛盾せずに認めることができる。したがって、この立場は、世界に物理的なもの以上の存在者を認めないという意味でデカルト的二元論におちいることなく、それでいてわれわれが素朴に感じる心的なものの実在性を認めることができる。同一説はその意味で、行動主義の欠点を克服したひとつの魅力的な総合であった[9]。

しかしこの同一説は、ある心的タイプに属するものはすべてある物理的タイプに属するものと同一であるという、強い同一説（「タイプ同一説」）であったため、次に登場する機能主義によって手ひどく批判されることとなった。

□機能主義

デネットによれば、心の哲学における機能主義の起源はセラーズ[10]の1950年代の論文にまで遡ることができる[11]が、機能主義は主にパトナムの1960年代の一連の論文によって広く注目されるようになった考えである。それによれば、心的状態は哲学的行動主義のように、行動や発話に帰属されるようなものでなく、独立の状態であるとみなさ

[7] ただしクワインの行動主義には心を消去してしまう傾向がたしかに強い。

[8] この考えを最初に提唱したのはスマート（J. J. C. Smart）と言われるが、正確には1950年代のプレイス（U. Place）やファイグル（H. Feigl）の論文に起源を見ることができる。またアームストロングはこれを「中枢状態同一説」と呼んでいた。

[9] 図3－4

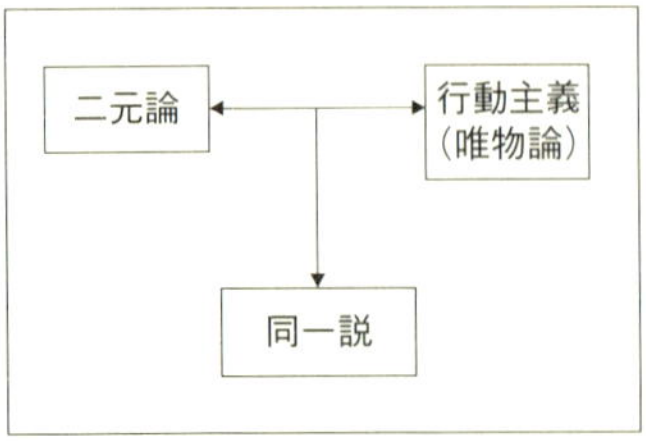

図3－4　タイプ同一説

[10] Wilfrid Sellars（1912–1989）

[11] Dennett, 1987（若島正・河

れる。しかしその過程は、必ずしも物理的過程と同一視されない。心的状態にとって本質的なのはそれが他の状態や行動の体系の中で果たすその（因果的）役割としての「機能」のみである[12]。この機能は、行動主義のように、インプットとしての刺激と、アウトプットとしての行動から成るのでなく、ある特定の心的状態が他の多くの心的状態との連関の中で構成されたシステムの中で果たす（因果的）役割である。そこでは「心的状態」とは機能的状態であり、それを実現している特定の物理的状態とは同一視できない。なぜなら、機能的状態は脳によってだけでなく、さまざまな異なる物質によって実現されうるからである。これは「多重実現」のテーゼと呼ばれるが、ここには明らかにコンピュータの装置（ハード）とプログラム（ソフト）の関係とのアナロジーが前提されている。それゆえ機能主義は、機械によって「心」が実現できるとする（強い）人工知能研究の、哲学的支えにもなった。

行動主義は、内的な過程にコミットしないため、外からの乏しい証拠によって恣意的に心的な状態を帰属させることになってしまう。つまり、哲学的行動主義は心的なものを単なる言語の問題とすることで、逆に翻訳さえ成立するならば恣意的な心的記述を帰属させることができるようになる、という問題（「リベラリズム」の問題）を抱える。だが他方、同一説は、内的なものに正面からコミットするものの、心的なものを特定の、おそらくたまたまそうであったような（生物の脳を構成する）物理的状態や物質と同一視してしまう。そのとき、脳を構成する以外の物質によって心が実現されることは、原理的に、アプリオリに排除されてしまうだろう（「排外主義」の問題）。それに対し、機能主義は「機能的状態」という概念によって両者を調停するのだと言える[13]。

多重実現のテーゼによって、ある心的過程のタイプが物理的過程のタイプと同一視され

田学訳 1996『志向姿勢の哲学』白揚社）参照。

[12] だが、機能主義は本来形而上学的に中立であることに注意。したがってこれが物理主義のテーゼであるためには機能的状態が物理的に実現されている、というさらなる条件が必要である。また、機能主義には心理学の特定する機能に基づく「心理機能主義」、日常の心的語彙の分析に基づく「分析的機能主義」、さらには心的内容の外在主義（⇒【心の外在性】）に対応する「ロング・アーム機能主義」など、様々なバリエーションがある。

る必要はないため、同一説は論駁されたとみなされ[14]、しばらくの間表舞台から消えることとなった[15]。

しかしながら、ブロック[16]によれば、機能主義自身、上と同様のジレンマを抱え込んでいる。たとえば、機能というものは見方しだいでどのようなものにでも実現しているとみなせる。ならば中国人民を使って脳と同じような複雑な機能を実現させたとしたら、その中国人民のネットワークも心をもつ、ということになるのだろうか（リベラリズム）。もしそのようなものには心は認められない、と言うならば、単なる機能だけでなく、それがどのような素材からできているかが関わってくることになる。だが、それではシリコンの脳は不可能なのだろうか。火星人が思いもよらぬ物質からなるとわかったとき、それだけでわれわれは彼らには心がない、と結論せねばならないのだろうか（排外主義）。

このジレンマを解決する、一つの考えが提出されている。すなわち、目的論的機能主義である。それによれば、機能とは、その機能が果たす仕事を目的として生まれたものでなければならない。生物にとってそのような機能（proper function と呼ばれる）とは、自然選択において一定の役割を果たし、それによって（その機能を持つ）個体が生き残ってきたと言えるような機能のことである[17]。この考えによれば、たまたまある機能が実現されていたとしても、それが適切な進化史をもたないものであれば、それは本当の生物学的機能とはみなされない。したがって中国人民による機能は正当な機能とならず、リベラリズムは回避される。だが他方、この考えは排外主義のように機能が特定の物質構成から成らねばならないとは要求しない。こうして目的論的機能主義はうまくジレンマを避けられるように思われる[18]。

[13] 図3－5

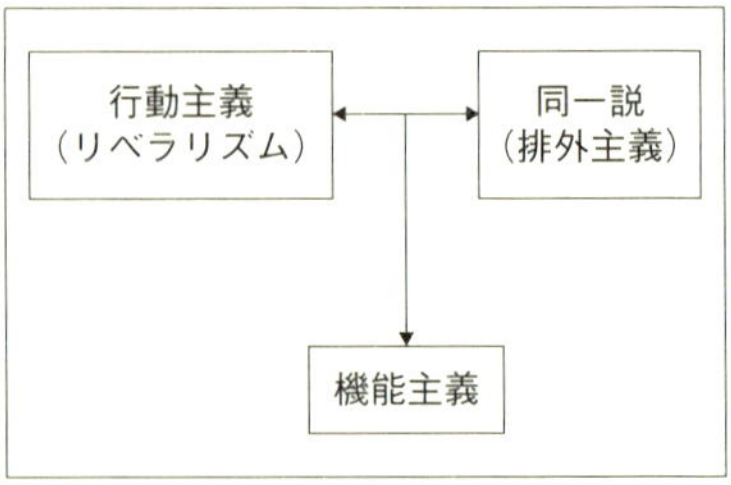

図3－5　機能主義

[14] 特に Putnam, 1968.

[15] だが同一説の支持者の中には、むしろ機能主義は同一説を擁護するものであると考える者（たとえばアームストロングやD・ルイス）もいることに注意。

[16] Block, 1980.

[17] このような目的論的機能主義については、Wright, 1973 が最初の明確な定式化である。

□表象主義

だが、機能主義の問題は上のジレンマに留まらない。「コネクショニズム」で触れたように、機能主義では痛みのまさに「痛さ」といった経験の現象的質（クオリア）は捉えられないように思われる。たとえば物理的に分子レベルまであなたとまったく同じレプリカがあるとしたら、そのレプリカもあなたと同じ生物学的機能をもつはずであり、したがってあなたとまったく同じように振る舞い、思考し、同じ信念や欲求をもつはずである。だが、そのレプリカは本当にあなたと同じ色経験をもつだろうか。あなたが赤いものを見るときの経験と同じものを「彼」は緑のものを見るときに経験する、というように色経験が体系的に逆転していること（逆転クオリアの問題）も、それどころかそもそも「彼」はクオリアをまったく欠いているということ（ゾンビ問題）も、考えられないだろうか。

これに対し、クオリアまでも（表象）機能によって説明する表象主義（representation-alism）の立場[19]では、そのような可能性を排除できる。それによれば、クオリアとは、経験それ自体の質というよりは、外界にある対象の性質を経験するとき経験によって表象された内容、あるいはその表象のされ方、であるということになる。ここでは経験が外界を表象する、ということ、すなわち経験は表象である、ということが前提されているが、たとえば赤のクオリアというのは、赤いものをわれわれの経験が表象するときの表象内容の質なのであり、経験自体が赤さという性質をもつと考えるのは表象と表象内容との混同である、とされる。そしてここで、経験がある内容を表象するということ、たとえば赤いものを見たときにその特定の表象内容（赤さ）をもつということが、まさにその表象（としての経験）の機能なのである。こうしてこの章の冒頭で述べた、志向性と現象的意識という心の哲学の二大問題は、両方とも表象の機能によって統一的に説明される。

[18] 図3−6

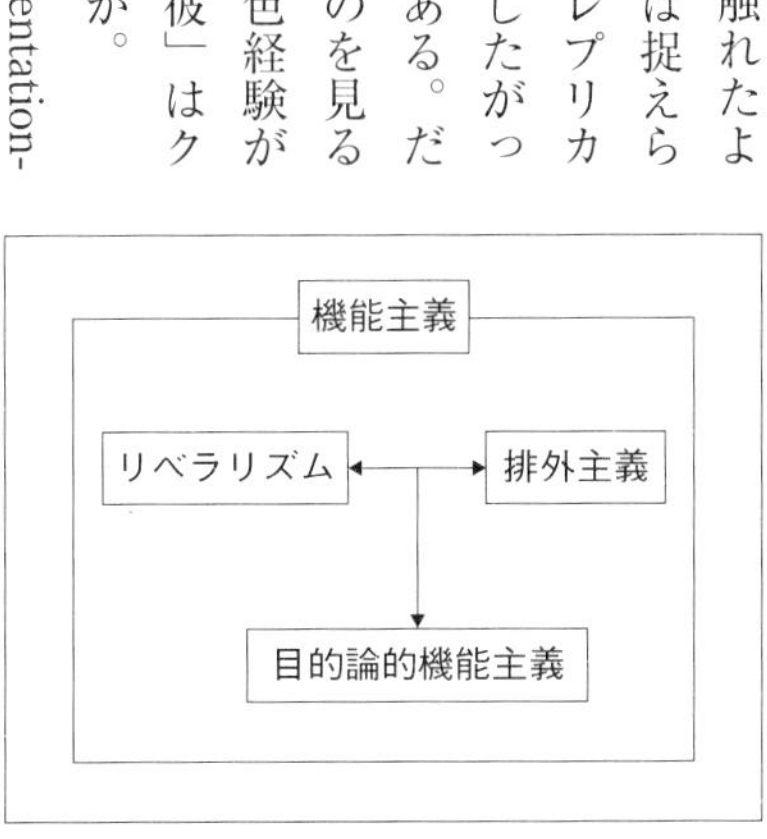

図3−6　目的論的機能主義

[19] ドレツキ（F. Dretske）、ライカン（W. Lycan）、タイ（M. Tye）、クレーン（T. Crane）など。ただしクレーンは、表象主義者であっても反物理主義者であることに注意。

だが、ここにも困難がないわけではない。たとえば、宇宙的偶然から、たまたまあなたと物理的にまったく同じレプリカが突然生じてきたとしたらどうだろうか（スワンプマン問題）。そのとき、「彼」は正しい生物学的機能を付与されるための進化史的背景をまったく欠くわけであるから、目的論的機能主義の観点から見れば、心的内容やクオリアを実現するための機能をもまったく欠いている、ということになろう。だが、物理的に区別不可能な二つの身体の一方にはクオリアがあり、他方にはない、ということは、あまりに直観に反するのではなかろうか[20]。

これは表象主義に限らず、目的論的機能主義一般についての困難であると言えるが、現在の心の哲学で盛んに議論されている問題のひとつである。

□非法則的一元論

タイプ同一説に代わる立場として、機能主義の他にも言及しておくべき立場がある。ドナルド・デーヴィッドソンによって主張された非法則的一元論という立場[21]は、心的な出来事と物理的な出来事の間に法則的な関係は成立しない、と主張することでタイプ同一説を否定するものの、それでも心的出来事は何らかの物理的出来事である、とすることで一元論に留まる[22]。これはタイプ同一説でなくトークン同一説と呼ばれる[23]。この立場は、行動主義のように心的なものを行動に還元せず、それ自身の実在性を認める一方、タイプ間の還元のような強い主張をしない点でタイプ同一説の欠点（排外主義）を免れている。この意味で、この立場は機能主義に並ぶもう一つの選択肢であると見ることができよう[24]。ただ、この立場は、機能主義がしばしば心脳の法則性を認めるのに対し、それを一切否定するため、「科学的心理学」の信奉者には不評である。機能主義を含め、このよ

[20] この問題については【スワンプマン問題】で再び検討する。

[21] Davidson, 1970（「心的出来事」、『行為と出来事』所収）

[22] ただしデーヴィッドソン自身はこれを物理主義に分類することには反対するだろう。【反物理主義】の「ダブル・アスペクト理論」の項参照。

[23] トークンとは、あるタイプに属する個物のことであり、たとえばNIPPONという語は、6つの文字トークンから成るが、タイプとしては四つの文字しか含まない。デーヴィッドソンがトークンとして「同一」であるとするのは、主に（心的／物理的）出来事である。また機能主義も、心的状態を抽象的な機能的状態とするとき、通常このトークン同一説を認めている。逆にそうでなければ、それは物理主義の立場とは呼べない。

うなタイプ間の還元を要請せずに心的なものの実在性を主張する立場は一般的に「非還元主義的物理主義」と呼ばれる。

またこのデーヴィッドソンの考えは、物理的なものと心的なものとの関係を「付随性」という観点から考察するきっかけとなった（⇒コラム【物理主義の定義】）。心的なものが物理的なものに付随するというデーヴィッドソンのこのテーゼは現在も多くの哲学者に共有されている。ただ、この付随性という概念も、上位の過程や性質とそれが付随する下位の過程や性質が同一である、ということは必ずしも保証しないゆえ、その存在論的含意には十分注意する必要がある[25]。

□消去主義

一方、行動主義とは別の理由で心的なものを消去してしまおうという立場も現れた。これを消去主義的唯物論、あるいは単に消去主義、と言う。この立場によると、われわれの信念や欲求をはじめとする心的なものは、そもそも存在しないのだ、とされる。ファイヤーアーベント、ローティ、近年ではチャーチランド夫妻などが代表的な提唱者である。（チャーチランド夫妻は、夫のポールが命題的態度の消去主義、妻のパトリシアが意識の消去主義、というように役割分担も徹底している。だが最近彼らは、自分たちは説明されるべき現象（意識やクオリア）の存在を否定しているのではないと主張し、彼らの立場を（その批判者が名付けた）「消去主義的唯物論」に代えて、“good-guy materialism”という語で呼ぶよう提案している[26]。）

特に、すでに触れたように、コネクショニズムに基づいて消去主義を主張する立場が近年流行している。

（水本）

［24］図３－７

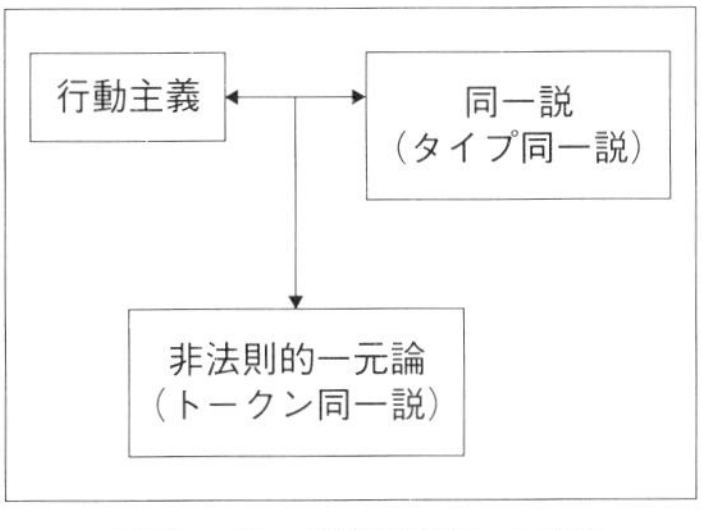

図３－７　非法則的一元論

［25］デーヴィッドソン自身は、この立場を物理主義というよりは、ダブル・アスペクト理論、すなわち出来事自体は物理的でも心的でもなく、その出来事の「記述」がそれを心的なものとしたり物的なものとするのだと主張していた（ダブル・アスペクト理論については【反物理主義】参照）。

［26］Churchlands, 1996 参照。

■反物理主義——形而上学的観点から（3）

実は、【物理主義】で見てきた立場がすべて物理主義を支持するものであるかは自明ではない。物理主義の定義自体があいまいなこともあるが、機能主義のように本来形而上学的に中立であっても物理主義者が多くの場合主張している、ということで物理主義に分類されている立場もあるからである。しかしそれを論じる前に、まずは意識的に「反」物理主義の立場に立つ理論はどのようになるか、それらの代表的なものを見てみよう。このことが重要なのは、反物理主義はしばしば批判的論点だけが取り上げられ、その背景となる理論が省みられない、あるいはそもそも提示されない場合があるからである。

□反物理主義ア・ラ・カルト

心身二元論——物的実体と心的実体という異なる二つの実体が存在するという考え。デカルト以来のこの最も伝統的かつ直接的な反物理主義をとる者は、現在の分析哲学者の中ではほぼなきに等しい。むしろ唯物論や物理主義は、この二元論に対する反動であったのであり、以下に見るように、反物理主義者もこのような二元論に終わらないような、さまざまな見解を提示してきている。

唯心論（Mentalism，Spiritualism）——精神的なものによって世界は構成されている、という唯物論とは正反対の立場。形而上学的テーゼとしては、観念論（idealism）と同じものであるが、後者はしばしば観念を介してしか実在に接近することはできない、という認識論的テーゼとしても用いられる。この、一元論のもう一つの極は、伝統的にデカルトの二元論に対する最も正統なライバルであったが、その神秘主義的な傾向からか、現在では哲学史においてはほとんど忘れられているのが実情である。だが興味深いことに、最近物理学者によって唯心論を標榜する物理理論が提示されている（⇒コラム【唯心論物理学】）[1]。

創発主義（Emergentism）——創発（emergence）という語は18世紀後半のジョージ・ヘンリー・ルイスに由来するが、彼はこの考えを、ジョン・スチュアート・ミルから得ている。だが創発主義と言えば、なんといっても1920年代のイギリスにおけるそれであり、S・アレクサンダー、C・D・ブロード、ロイド・モーガンらによって提唱され、注目を集めたものとしてよく知られている。創発的性質とは、下位のミクロな対象とその性質から説明できない新しい上位のマクロな性質のことであり、ここでは諸科学が階層を成す「層化された世界観」が前提されているが、上位の性質は下位の性質とまったく同様に実在的なものと考えられている。特にモーガンによって進化論と結びつけられた創発主義は、生命や心を、進化の過程で創発してきたものと捉えることを可能にした。

だが当時の創発主義は、創発する性質を下位の科学の法則からは「予測不可能」な性質と定義し、しかもその例として水素と酸素の性質に対する水の性質（透明性など）などをあげたため、（それはたしかに当時説明できなかったものの）量子力学による新たな物理化学的説明が与えられるに及び、創発主義は論駁された、とみなされるようになっていった。

ちなみに彼らが「付随性（supervenience）」という概念をすでに使っていたことは重要である。現在では、この立場を単なる「非還元主義的物理主義」とする見方もあるが、創

[1] またこれとよく似た、しかし微妙に違う立場に、「私」のみが存在するという「独我論」がある。その代表はウィトゲンシュタインの『論理哲学論考』の考えである。ただしその考えがどのようなものか、さらにはウィトゲンシュタイン自身がこの著作の中で独我論を支持しているのかどうかさえ、議論が分かれるところである。

発主義は下位の物理的法則に還元できない創発的因果法則の存在にもコミットする（このような下位の法則で説明できない因果の事例を下方因果（downward causation）と呼ぶ）ので、「因果的閉包性」（⇒コラム【物理主義の定義】）が破られることになることに注意。

汎心論（Panpsychism）――「万物に心が宿っている」あるいは「心は世界に浸透している」という思想。これは物理的なものから心的なものが「創発する」という考えを徹底的に拒否するときに説得的となる。すなわち、（1）進化論を前提し、（2）まったく新たな性質が別の性質から創発することはない、と認め、それでも（3）心的な性質は物理的な性質と本質的に異なる、とすれば、消去主義をとらない限り、唯一の残された可能性は、心的なものは物理的な性質とともに何らかの形で自然の中に始めから存在していた、ということになろう。古典的な汎心論者とみなされるのはスピノザやライプニッツだが、20世紀ではウィリアム・ジェームズやホワイトヘッドが代表的である。だが、その一見奇妙な主張にもかかわらず、汎心論の擁護者、あるいは汎心論ときわめてよく似た主張は現代でも驚くほど多い（たとえばライカンやチャルマーズなど）。

中立的一元論（Neutral Monism）――ウィリアム・ジェームズが主張し、その後バートランド・ラッセルが引き継いだ立場。それによると、われわれが経験において出会うもの（ジェームズが純粋経験と呼び、ラッセルが中立的なものと呼ぶもの）は、それ自体では心的でも物理的でもなく、他方と異なる配列（ジェームズ）や異なる因果的法則（ラッセル）に入ることによって、それが心的となったり物理的となったりするという。ジェームズ自身は、心的な要素が世界の構成要素として存在するという汎心論にまで行ってしまったが、ラッセルは、経験において直接与えられる（非物理的かつ非心的な対象としての）「センス・データ」（この概念は彼がムーアから引き継いだもの）というものから世界が構成されるとした。

ダブル・アスペクト理論――心と身体は独立の実体ではなく、単一の実体の異なるアスペクト（ある種の「見え」）であるとする考え。これは、17世紀の哲学者スピノザの立場とされるが、本当のスピノザの理論はもっと複雑である。現代ではデーヴィッドソン、ネーゲル、B・オショーネシーなどが自覚的にこの立場をとっている。だが、デーヴィッドソンの立場が物理主義とどう違うのかはそれほど明らかでないし、スピノザ自身、唯物論者（そしてそれゆえ無心論者）として非難されていた[2]。

性質二元論――対象（特殊者）と性質という区別をまず設け、そのうえで、性質には物理的なものと心的なものとがある、とする立場。これは、ネーゲルやD・チャルマーズの主張に現れている。性質二元論は基本的に実体一元論を前提しており、そのときダブル・アスペクト理論をも包含する。実際ダブル・アスペクト理論と主張も主張者も重なるが、性質に対し実在論的な態度をとり、意識的に物理主義と対決する点が特徴である。たとえばデーヴィッドソンは性質については単なる「記述」の問題であるとする唯名論的な立場であり、この性質二元論とは少々食い違う。

［2］彼はまた世界（自然）と神とを同一視する汎神論者かつ汎心論者でもあった。

【コラム】唯心論物理学

理論物理学者の中込照明は、物質科学が前提としている機械論的世界モデルには二つの大きな問題があると指摘する。第一に、機械論的世界モデルを量子力学の物理法則にあてはめると、観測問題（⇒第1章コラム【量子力学の観測問題】）を引き起こしてしまい、整合的な説明が成り立たない。第二に、機械論的世界モデルでは、われわれが自由意志や意識、「いま」という観念をもっていることが説明できない（むしろ、もっていないことになってしまう）。中込は、機械論に代わり、ライプニッツのモナド論をもとにした唯心論世界モデルを提唱する。それには量子力学と相対性理論がきわめて自然に組み込まれており、観測問題が解決されるだけでなく、われわれの主観的経験の意味が解明されるという。

機械論モデル（唯物論）では、まず客観的な外部世界が存在し、それに応じて経験が生まれる。各々の経験される世界は、同一の外部世界に対応しているので、相互に同様の形状となる（図3－8）。けれども、唯心論モデルでは、世界は複数の「モナド」のみから成っており、各モナドはそれぞれ経験世界を内包している。それらは相互に同様の形状となる照合の仕組みがあり、その結果として、あたかも共通の外部世界があるかのように見える。その照合の仕組みが、ライプニッツの言う「予定調和」にあたる。

中込のモデル化では、モナドの単位をまだはっきりと定めてはいないが、人間の心が個々にひとつのモナドであると想定すると、次のような描像が成立する。すなわち、自己の経験世界全体は、ひとつのモナドの内部にあり、その一部は当の自己の意志作用によって変化するが、その変化の結果は、他のモナドの内部世界に照合によって反映し、その内部世界における他者（モナドの像）として現れる。

そして、唯心論世界モデルは次のように物理法則と対応づけられる。モナドの意志作用がモナド内部の、自己とかかわる部分の量子的状態を決定する。こうした各モナドの意志作用とその照合の継続が、全モナドにわたったときの流れを刻むことから、自己にとっての「いま」が成立する。また、内部世界の巨視系では、モナドの像が複数かかわることとなるので、観測問題解決への道が拓かれる。物質世界から出発した物理法則が心の世界にもあてはまるという構図には、興味深いものがある。（石川）

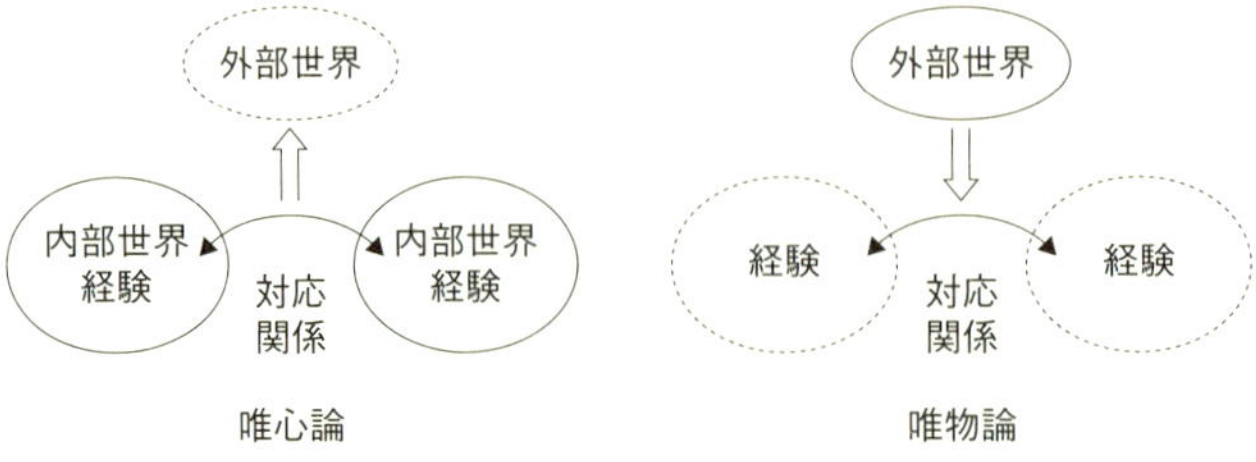

図3－8　唯心論と唯物論

□クオリアと反物理主義

【物理主義】において、同一説と機能主義とを物理主義の理論として紹介した。しかし実は、両者は必ずしも物理主義として見ることはできない側面がある。まず同一説であるが、これは見方によっては上に見たダブル・アスペクト理論と同じようなテーゼであり、心的なものの実在性を認める点で反物理主義に属すと見ることもできる。（すなわち「世界はすべて物理的である」、とそれでも言うことはできるが、「物理的なものだけである」、と言うことはもはやできない。）また機能主義も、機能的状態というものは非物理的実体（たとえばエクトプラズムなど）によって実現されていてさえよいのであるから、機能主義それ自体は本来形而上学的に中立である。それどころか、当初は機能主義が真ならば、唯物論は偽であるとも論じられていた[3]。だが今日、機能主義は、むしろ物理主義者の主要な説明手段として用いられることが多い[4]。これを物理主義的機能主義と呼べば、次に問うべきは、これがいかにして先に取り上げた意識と志向性を説明するのか、というものになろう。実際この考えを推し進める過程で問題として上ってきたのが、クオリアのような意識の現象的側面であった。志向性については、さまざまな議論があるものの、最終的にはそれが何らかの形で機能主義的に説明できるであろうということは、今日多くの哲学者が合意する。だが、意識、少なくともその現象的側面は、機能主義的分析を原理的に受け付けないように思われる。意識が形而上学的に問題となってくるのはそのためである。以下では、意識のこのような特殊な側面に訴えて物理主義を論駁しようとする代表的な議論を見てみよう。

［3］Fodor, 1965; Putnam, 1966; Block & Fodor, 1972 など参照。ただ、このとき「唯物論」で言われていたのは概ねタイプ同一説である。

［4］それは後に、機能主義的に説明された心的な性質が「第二階の物理的性質」とみなされた（Putnam, 1970: Field, 1975 など）のと、「付随性」概念の普及により、心的性質を何らかの物理的性質と（タイプ）同一視する必要がそもそもなくなったのが理由であろう。

□クリプキの様相論法[5]

同一説（タイプ同一説であろうとトークン同一説であろうと）に基づく物理主義は、たとえば「痛み」のようなクオリアを脳内の出来事、たとえばC－線維の発火、と同一視しなければならない。だが、痛みを感じたが（経験的探究の結果）、それは「本当は」痛みでないとわかった、と言うことが意味をなさないように、もし何かが痛みであるならば、それは本質的に痛みなのであり、それが何か別のものであり得た、と考えるのは馬鹿げている。とすれば、「痛み」という語は、（「金」や「水」のような）自然種語や（人名のような）固有名と同様に、それが指示するものを必然的に指示する語（彼の言う「固定指示子」）でなければならない。だがその時、同一説を主張する者は、痛みとC－線維の発火とは、単に偶然的に同一なのではなく、必然的に同一なのだ、と主張せねばならないだろう。しかし、それは無理のある主張のように思われる。C－線維の発火という出来事は、心的な出来事なくしても可能であるし（死んだ人の脳に電気刺激を与えればよい）、なにより痛みがそれに対応する脳状態なしに生じている、という事態を想像することは、デカルト主義者でなくとも容易である。すると、「痛み」という語が指示するものはC－線維の発火などではなく、まさに痛みのクオリアそのものでなければならない、と結論せねばならないだろう。したがってそのような物理主義は偽である。

□ジャクソンの知識論法[6]

天才的な神経生理学者であるマリーは、生まれたときから白黒の、色のない部屋で育てられた。しかしマリーはいまや、色について光学的、かつ脳神経生理学的に完全な知識をすでに学んでいる。そんなマリーでも、初めてその自宅部屋から出て赤い色を目にしたと

[5] クリプキが、*Naming and necessity* (Kripke, 1980. 八木沢・野家訳 1985『名指しと必然性――様相の形而上学と心身問題』産業図書）の中で展開した議論。

[6] Jackson, 1982.

[7] ただし、ジャクソンのこの論文においては、物理的「情報」という言葉が使われており、認識論的な問題を提示しているのと誤解されかねない。ジャクソンの意図としてはこれは当然存在論的な議論であったので、ここでは「事実」という語を使っている。

き、「赤とはこんな色だったのか」と感嘆し、何か新しいものを学ぶはずである。だがもしそうであるならば、自然科学的には全知であり、すべての物理的事実を知っているはずの彼女が、それまで知らなかった（非物理的）事実がある、ということになる。すなわち、クオリアについての事実は、世界にあるすべての物理的事実以上の何かなのである[7]。

それまでも、科学的知識（あるいは記述的知識一般）の限界を指摘する議論はあったが、ジャクソンの知識論法は、それを反物理主義という形而上学的な議論として提出したのが新しかったのだと言える。ただ、ジャクソン自身は最近、知識論法を撤回し、物理主義に転向している[8]。

□チャルマーズのゾンビ論法[9]

ゾンビとは、人間と外見は変わらないのに、「内的な」生活をもたない化け物である。哲学におけるゾンビは特に、普通の人間とまったく同様に痛がってみせたり、痛みを避けるような素振りを見せるため、外からは区別できないし、それどころか脳を含めて物理的に完全に人間と同じであるとされる。物理的にまったく同じなのに、クオリアをもたない、そのようなことは少なくともこの世界では（あるいはこの世界の物理法則が成立している他のどのような可能世界でも）不可能であろう。だが、そのようなゾンビを想像することは可能であるように思われる。そしてここから物理主義の偽を導き出すのがゾンビ論法である[10]。チャルマーズの単純な定式化によれば、

1　われわれの世界には、意識体験がある。

2　物理的にわれわれの世界と同一であるが、われわれの世界の意識に関する肯定的事

[8] たとえばJackson, 1998, pp. 76-9参照。また、非常に似た議論を、創発主義者のブロードが、すでに１９２５年に行っている。Broad, 1925 p.71参照。さらに、ラッセルも１９２７年の著作で同様の点を論じている。Russell, 1927, p.389参照。

[9] Chalmers, 1996.（林一訳 2001『意識する心――脳と精神の根本理論を求めて』白揚社）

[10] ゾンビ問題は、「クオリア不在の問題」として、以前から知られたものであったが、それは主に機能主義に対する批判として用いられていたのであり、必ずしも反物理主義を支持するためのものではなかった。

実が成立していないような論理的に可能な世界がある（⇒コラム【可能世界】）。

3　したがって、意識に関する事実はわれわれの世界についての、物理的諸事実以上の、さらなる事実である。

4　ゆえに物理主義は偽である。

ということになる。

□ネーゲルのコウモリ論法

これと関連して、明確に反物理主義を主張するものではないが、物理主義に大きな困難をつきつけるものとして、トマス・ネーゲルが「コウモリであるとはどういうことか」[11]で展開した議論が有名である。それによれば、コウモリは、超音波の反響を耳の特殊な器官で知覚することで、自分の位置と障害物との空間的な配置を知る。いわば、耳で「見て」いるのである。その耳による外界の把握がいったいどのような感じであるのかは、いくらそのメカニズムが科学的に解明されたとしても、他の動物には計り知ることはできない。同様に、人間自身の認知のメカニズムが自然科学的にいくら詳細に明らかにされたとしても、そのような三人称的な記述的知識は、人間の主観的経験がどのようなものであるか（what it is like）を明らかにはしないだろう。すなわち、世界の科学的に完全な記述によっては、「人間であるとはどういうことか」ということを捉えることはできないのである。

［11］Nagel, 1974. 永井均訳 1983『コウモリであるとはどのようなことか』勁草書房、に所収。

□ハード・プロブレム

これらの議論はみな暗に、あるいは明示的に、自然科学的説明がわれわれの一人称的経験や意識体験のあり方を説明しない、という主張を含んでいる。そのようなテーゼを「説明上のギャップ（explanatory gap）」と言う[12]。この説明の難しさをチャルマーズは、意識の「ハード・プロブレム」と呼び、これを意識機能の脳生理学的状態との対応づけの問題（彼が「イージー・プロブレム」と呼ぶもの）と区別した。このようなギャップは、第一義的には（説明の可能性という）認識論的なものであり、それだけでは「説明できない非物理的な何かが存在する」という存在論的な結論は必ずしも帰結しない。ギャップの存在を認めても、物理主義者には「それゆえ、意識は幻のようなものである」とする消去主義的選択肢や（たとえばデネットはこの立場）、むしろわれわれの説明能力のほうに限界があるのだ、として人間の認知的限界を認める選択肢[13]があろう。これに対したとえばジャクソンの議論は、経験についての事実をわれわれが「知っている」、という否定しがたい直観から意識的に形而上学的主張を引き出してきているのだと言えよう。（水本）

［12］この語はレヴァイン（Levine, 1983）による。

［13］「コグニティヴ・クロージャー」という名前で有名になったマッギンの考え。McGinn, 1989. ただし、たとえば Jackson, 1982 の pp.135-6 や Fodor, 1983（伊藤笏康・信原幸弘訳 1985『精神のモジュール形式』産業図書）の Part V にもすでに同様の主張が見られる。マッギンの思想一般については、『意識の〈神秘〉は解明できるか』（McGinn, 1999）参照。

■心の理論——民間心理学的観点から

日常の心理学的説明（「私は……したいと思ったから……した」、「彼は……と信じていたので……であることを欲した」など）において、われわれは信念や欲求などの存在に一見コミットしているよう見える。そのような存在論的なコミットに懐疑的な人でも、少なくとももし信念や欲求は存在しない、と言われたら抵抗を感じるはずである。では信念や欲求のような命題的態度はどこまで存在論的に擁護可能なのだろうか。これが近年の心の哲学において大きな論争の的となっている。この、科学的な知見に基づかないわれわれの素朴な日常の心についての理解と説明の枠組みは、「民間心理学（folk psychology）」と呼ばれる[1]。それを「心理学」と呼ぶ背景には、そのような理解と説明の枠組みを科学理論と類比的に、心についての「理論」と捉えるセラーズ以来の伝統がある[2]。だが、そのような日常の説明を「理論」と捉えること、ましてやそれがわれわれの頭の中にある、という考えには（以下で見るように）問題がないわけではない。したがって以下では論点を先取りしないために、「民間心理学」を「理論」とは限らない、われわれに広く受け入れられている心についての素朴な概念枠組みと理解しておこう。

【物理主義】で見たように、コネクショニズムに基づく消去主義を主張するP・チャーチランドによれば、民間心理学は理論を構成し、しかもそれは、将来の科学的心理学（それは脳神経生理学とほとんど同じものと考えられている）によればおそらく「誤った」理論なのである。

［1］この語はデネット（Dennett, 1981）によって心の哲学に導入された。なお、D・ルイス（Lewis, 1972）は常識的心理学を“folk science”と呼んでおり、またチャーチランド（Churchland, 1979）は同じものを“P-theory”と呼んでいる。なおこの表現自体の起源は、19世紀ドイツで起こったVolkerpsychologie（民族心理学）に遡ることができるだろうし、

彼らの消去主義の議論は民間心理学を「理論」として捉えることに本質的に依存している。そしてたしかに民間心理学をいったん「理論」と認めれば、それはただちに「よりよい理論」によって取って代わられる可能性をも認めることにつながる。そしてそのときは、現在の民間心理学が前提している存在論も捨て去られる可能性も出てこよう。したがって民間心理学が「理論」であると認めながら、この可能性に抗うためには、人は民間心理学は未来の科学によって正当化（vindicate）されるのだ、と主張せねばならないだろう。だがそもそもわれわれの素朴な「心」理解を、このように、自然科学の発展により「誤っていた」と後に判明しうるような理論（たとえば燃焼についてのフロギストン説）と類比的に捉えようとすることには少々無理があるように思われる。

実はここで「理論」と呼ばれている素朴な概念枠組みとしての民間心理学は、詳しく見れば次の二つを含んでいる[3]。

A　説明の枠組みとしての民間心理学

B　認識能力として民間心理学

すぐにわかるように、Aは社会的、文化的に獲得されるが、Bは生得的要素に多く依存する。だが、AとBは独立ではない。Aは疑いなくBに依存するし、Aの「発展」もたしかにBの発達の要因ともなる。チャーチランドや彼に先立つ人々がAを理論と考えた背景には、すべての認識が理論負荷的であるというハンソン、クーン以来の科学哲学の伝統（第2章参照）があった。そのような考えに立てば、どのような認識も理論から独立ではあり得ず、理論的信念と（前理論的）知覚的信念、といった対比は意味をなさない。した

両者は無関係とは言い切れないが、誤解を避けるためには別物と考えたほうが賢明であろう。

［2］Sellars, 1956. ただし、心についての知識を理論と捉える考えは、セラーズと同じ１９５０年代、社会心理学においてもハイダーらによって展開されていた。

［3］これはレーヴェンスクロフト（Ravenscroft, 1997）による内在的／外在的民間心理学の区別にほぼ対応する。

がって、たとえばわれわれは他者の心的状態を（暗黙の理論によって）直接的に知覚できるのだと考えることができるとしても、Aの変化による概念枠組みの変化はBにも影響を及ぼすはずなのである[4]。

セラーズが語っていた「理論」は主に言語的な構築物であり、ほぼAのことである。そして将来の科学的理論によって取って代わられる（チャーチランド）とされるのも、このAであろう。だがまた、以下に見るように、発達心理学で問題となっている「心の理論」は、幼児や言葉を話さないチンパンジーについても論じうるような概念であり、明らかにBの意味である。したがってAが理論であるかという問いと、Bが理論であるかという問いは独立の問いである。したがってとりあえずここではまずAが理論であるかどうかから見ていくことにしよう。

Aが理論であるとすれば、それが前提する存在論が妥当なのかどうか、ということももちろん問題となる。チャーチランドは当初、Aを将来科学的心理学に取って代わられるべき理論とすることで、その結果としてそれが前提する存在論、すなわち命題的態度へのコミットも捨て去られるだろうと考えていた[5]。しかしコネクショニズムの１９８０年代における復活を受けて、最近では彼は、よりダイレクトに、「認知の基本単位は文的なものでなく、活性化ベクトルである」（したがって命題的なものを単位とする命題的態度の実在性は疑わしい）と主張することで、むしろ存在論的理由からAが捨て去られるべきものであると論じているようである。

だが問題は、Aが本当にわれわれの内部状態にコミットしているか、ということである。もし内部へのコミットが本当ならば、それはたしかに脳神経生理学によって「誤った理論」とされる可能性が出てくるが、もしそうでないならば、それは科学とは独立の役割を

［4］この心の理論の個人における発展過程は、発達心理学の観点からは文字どおり「科学革命」と類比的に捉えられる。

［5］チャーチランド（Churchland, 1981）によれば、民間心理学が誤りと考えられる理由は、それが、（1）精神病、創造性、記憶など、さまざまな心的現象を説明できない、（2）そもそも進歩がない、（3）他の諸科学の中にうまく組み込めない、などであった。もちろんそのような一見見当

担うものであり、科学的理論によって取って代わられることはないだろう。たしかにわれわれは、他人の心の内側を「見て」みたいと思う。しかしそれは、（ウィトゲンシュタインが言うように）文字どおり脳のあり方を見たいのではなく、心の「内容」を知りたい、ということであろう。脳の構造や脳波を知ったとしても、そこから彼が「何を」考えているかを知ることができなければ、われわれの欲求は満たされないだろう。したがって、われわれが普段からタイプ同一説のような心脳同一説を前提していると考えない限り、われわれがAで内部状態へコミットしているという考えは疑わしい。

だが、そもそものセラーズの論文が、われわれのナイーブな「内／外」の区別の起源を単純な行動主義者から洗練された「内的」過程の理論家への進化、という仮想的物語によって説明しようとするものであったように、民間心理学（A）を理論と見る発想の裏には、行動として「外」には現れず、直接観察できない「内的」な（脳内の）過程に対する仮説、としてわれわれの信念や欲求についての語りを理解する見方がある。「外的」な発話や行動は、そのような「内的」な過程の間接的な証拠であり、われわれは理論的にしかその観察不可能な過程に接近できないのである。そしてこのような「内／外」の捉え方自体が、民間心理学を「理論」とみなすことに決定的な役割を担っていたのではないだろうか。

ただしここで注意しておくべきは、セラーズの「理論」が、他者の心についてのみの理論ではなく、自分自身の心についての理解をも含むことである。したがってここでは自分の心だけは前理論的に知りうる、という自己の心についての認識論的特権は否定されており、自分の心の内容についてさえ、理論が浸透しているということになる。だがこのときその「理論」はすでにBの意味へと変質していると言えよう。

違いの要求自体、民間心理学が他の科学理論と同様の「理論」であるという想定から来ている。

□「理論」か「シミュレーション」か？

Bの意味での民間心理学においては、それを理論と捉える考えに対し、明確な対案が提出されている。民間心理学（B）が理論であるという考えは、心理学においては1978年D・プレマックらによって「心の理論」という名で導入され、それは特に「誤信念課題」（コラム参照）の実験と結びついて1980年代半ばから一つのリサーチプログラムを構成してきた。それはわれわれの「他者の心」についての理解能力が、「理論」のようなものによって構成されているとする（ときにはそれに対応するモジュールが脳にあるとされる）経験的な仮説である。それに対し哲学者のR・ゴードンとJ・ヒールが独立に1986年に提案し、A・ゴールドマンらによって引き継がれた「シミュレーション説」は、われわれによる「他者の心」の理解能力の底には、他者の心的状態のシミュレーションがあると主張する。理論説（Theory-theory）が一人称の知識を三人称の知識と同等に扱うのに対し、シミュレーション説ではむしろ一人称的な心の理解が基本になっているのが特徴である。この考えによれば、われわれは、「ふり」をするのと同じように、他者の心的状態を仮想的にもつことによって、その行動を予測しているのである。

だが、ここでシミュレーションとは、要するに「自分を他人の位置に置いてみる」ということである。したがって実際にそこでシミュレーションされているのはむしろ「文脈」であり「状況」ではないだろうか。その意味で理論説が知覚の理論負荷性によって前提していた文脈依存的認識能力と考え合わせれば、むしろ両者は対立し合うというよりは、補完し合うようなものであると考えることもできよう。たとえば、シミュレーションによる他者の心の認識が発達段階の初期において先立ち、それがしだいに一般化され、いちいち負荷の大きいシミュレーションを必要としない理論的認識に取って代わる、という具合に。

この考えによれば、新しいタイプの状況では、大人であってもシミュレーションが必要である、ということになる。

いずれにしても、このようにBをめぐる問題は、経験的問題でもあり、Aが理論であるかどうかという問いと独立に議論が続いている。したがって逆にそれが理論であるかシミュレーションであるか、どちらが正しいとしても、そのことがAの枠組みを脅かすことはないだろう。また、Bをめぐる問題も、すでに見たコネクショニズムか思考の言語仮説か、という論争と独立であるとスティッチとニコルズ[6]は考えているようである。

[6] Stich & Nichols, 1992.

【コラム】誤信念課題

これはもともと哲学者のデネットが、プレマックらによる、チンパンジーが「心の理論」をもつかどうかをテストする心理学実験に対するコメントにおいて提案したものであり、そこで「誤信念」を理解できるかどうかが決定的な指標とされたため、この名がついている。

この実験において被験者は、まず次のようなビデオ（あるいは紙芝居など）を見せられる。サリーがチョコレートを箱に隠して部屋を出ると、アンが入ってきて、たまたま箱の中のチョコレートを見つけ、別の場所に隠して出ていく。そして再びサリーが入ってくる。さてここで被験者は、チョコレートの欲しいサリーはどこを探すか、と尋ねられる。これに「箱の中を探す」と答えると、「他者の心」の理論を有するとみなされる（これに対し、4歳以下の幼児はほとんどの場合「別の（アンが隠した）場所を探す」と答える）。

この誤信念課題は、その後バロン＝コーエンらが１９８５年、このテストによって健常児やダウン症の子どもに比べて自閉症児の正答率が著しく低いということを示して後、心理学においてひとつの流行となり、「心の理論」という概念を心理学において有力な理論とすることに大きな影響力をもった[7]。

（水本）

□「理由」は原因か

だが民間心理学（A）が脳の内部へコミットしているように思われる最も大きな理由は、実は因果の考察から来る。人間の行為を物理主義の立場から捉えれば、当然それは物理的因果関係によって説明されねばならないだろう。だが、Aにおける説明は、「なぜ」そのように行為したか、といった「理由」を与えることも主要な課題であるように見える。そのとき三人称的には、物理主義的、生理学的原因を与える説明も「理由」を与えよう。しかしそのような単なる原因は、一人称的な、自分の行為の理由とはならないように思える。ここに原因と理由のギャップが開かれている。

　われわれの民間心理学（A）は、たしかに信念や欲求などの存在にコミットしているように思われる。だがそれだけでは、Aに（脳の）内部状態へのコミットがあるということにはならない。しかしさらにそこで、Aが因果的説明でもあるとすれば、信念や欲求などが、行為や他の心的状態の理由であるだけでなく、原因として因果的効力をもつと考えねばならないだろう。そうなれば、構文論的性質をもつ表象がわれわれの脳内にあり、それらが因果的な役割を果たしている、と考えるのが自然に思えてくる[8]。

　だがもし逆に、そのような心的内容に対応する構文論的構造が脳内に見出せないとするなら、少なくとも心を理論として捉える視点からは、Aは「誤った」説明とならざるを得ないように思われる。そのような「理論」は正しい因果関係を捉えておらず、物理的な基

［7］Baron-Cohen, 1995（サイモン・バロン＝コーエン『自閉症とマインド・ブラインドネス』青土社）を見よ。

［8］そしてまさにこれがフォーダーの思考の言語を支持する最も強力な議論であったわけである。

盤のない単なるフィクションにすぎないように思われるからである。そして事実、（コネクショニズムの信奉者たちによれば）コネクショニズムが正しければ、ある人の行為の理由がPであったのか、Qであったのかどうかを、確定的に決定できる事実性は脳内を探してもみつからないという[9]。したがってもしAが、人の行為に常に確定的な理由を帰属させているならば（それはかなり疑わしいが）、理論としてのAは偽となろう。

しかしだからといって、Aを「理論」と捉えなければ問題が解消されるわけでもない。ここで、Aは単なる説明の枠組みであるとしても、それが何らかの因果的説明を与えているように見える以上、この因果関係は、物理的因果と同じものか、違うとすればどのような因果であるのかは、やはり問題となるのである。実際命題的態度の実在論をとる者は、（デカルト的二元論者でない限り）信念や欲求は物理的に実現されており、しかも理由はまた原因でもある、と主張せねばならないだろう[10]。そうでなければ信念や欲求は因果的役割を全く果たさないエピフェノメナ（随伴現象）である、ということになるだろうからである。だが理由が原因でもあるならば、それはやはり「内的」なものでなければならないように思われてくる。そして、Bをめぐる議論においてはなおさら、理論説を支持する側もシミュレーション説を支持する側も、ほとんどが心脳同一説を前提しているように見える。しかしまさにこの前提が現代の哲学において問題視されているのである。これについては次の項で詳しく見てみよう。

（水本）

［9］Ramsey, Stich, and Garon, 1991.

［10］理由はまた原因でもある、とする古典的な主張はDavidson, 1963, "Actions, Reasons, and Causes."（「行為・理由・原因」、服部裕幸・柴田正良訳 1990『行為と出来事』勁草書房、所収）参照。

■心の外在性——社会的観点から（1）

【心の理論】では、それが「誤った」理論として棄却されるべしと考えられた背景に、心が何か「内的」なものであるという前提があることを見た。だが、現代の分析哲学においては、そのような前提は、もはや必ずしも自明の話ではない。この節では、こうした心的なものが脳内に局在しているわけではない、という考えに導く諸議論を概観し、心的なものの社会的性格を浮き彫りにしたい。

□「意味は頭の中にない」——パトナム

パトナムは、その有名な論文「「意味」の意味」[1]において、「意味は頭の中にない」と主張した。そこでは、「双子地球」といういまや哲学ではすっかり有名となった思考実験が描かれている。双子地球とは、H2Oの代わりにXYZという物質が川や海を満たしており、それ以外はそこに生きる人々とその歴史は物理的に地球とまったく同一であるという仮想の惑星である。そこにおける人々は、XYZを「水」と呼ぶ以外は、われわれとまったく同じ言語をもっている。さて、パトナムの双子地球における双生児、パトナム2が、今XYZを飲んで「この水は冷たい」と言ったとしよう。パトナムがそう言ったとき、彼が意味しているのはH2Oが冷たいということであるが、パトナム2がそう言ったなら、彼が意味しているのはXYZが冷たいということである。すなわち、パトナムとパトナム2は、物理的にまったく同一であるにもかかわらず、彼らの意味していることは、異なっ

[1] Putnam, 1975a.

ている。異なる環境に置かれることで、物理的レプリカの同じ音声による発話でも、異なる内容を意味しうるのである。

同じことはまた、発話の意味だけでなく信念などの心的内容一般の同一性にもあてはまるので、この意味論からは、心的内容は脳内の状態だけに依存して決まるのではない、という帰結が導かれる。これが心的内容の外在主義である。この考えは物理主義者の前提を根本から揺さぶるものであった。というのも、物理主義は概ね心的なものは脳の物理的状態に付随する[2]と考えてきたからである。もし脳状態が決定されているのに心的内容が決定されないとしたら、心的内容は物理的なものに付随しない、ということになろう。現在、物理主義者の多くは、心的内容を、脳だけでなく脳と（歴史をも含む）それを取り囲む環境に付随するものと考える。これを脳へのローカルな付随性と対比して、「グローバルな付随性」と呼ぶ[3]。

この議論はまた、思考の言語が頭の中にある、と前提する記号操作主義にとっても問題となる。記号が頭の中にあるとしても、それが何を意味するかは頭の中にあるものだけでは決まらない、ということになるからである。フォーダーは、パトナムの議論を受けて、科学としての心理学は心的表象と外界との間の意味論的関係を扱うことはできず、逆にそのようなものを身体と環境との間の関係から説明しようとする自然主義的心理学は絶望的であるとし、科学的心理学の方法論的指針として「方法論的独我論」を主張した[4]。だがこれは、志向性の問題を解決不可能なものとして無視することに等しく、すでに見たように（⇒【内容と表象】）フォーダー自身、後に志向性の自然主義的説明を試みている。

［2］付随性についてはコラム【物理主義の定義】参照。

［3］ただし、この付随性の厳密な定義は、通常「可能世界」という道具立てを使って与えられる。⇒コラム【可能世界】

［4］Fodor, 1981.「方法論的独我論」という語は直接的にはパトナムから取られたものであるが、この語の使用自体はR・カルナップにまで遡ることができる。

【コラム】可能世界

可能世界とは、現実とは違う状況の成立している可能な世界[5]のことであり、主に様相的言明を解釈するために使われる。たとえば「Ｐであることが可能だ」という言明は「Ｐであるような可能世界が存在する」と解釈される。可能世界の概念自体は古くからあり、ライプニッツのそれが有名であるが、古くは中世のドゥンス・スコトゥスやウィリアム・オッカムにまで遡ることができるという。しかしなんと言ってもこの概念を有名にしたのはソウル・クリプキの様相論理の意味論であろう。１９５９年、彼が19歳のときに出版された論文の中で、彼は様相述語論理（のＳ５と呼ばれる体系）の完全性を証明し、また１９６３年の論文においては、可能世界間の「到達関係」（ある可能世界から別の可能世界に到達できるかどうか、という関係）という概念を使って、様相論理のさまざまな体系を統一的な観点の下で整理、理解する道を開いた。

実際は、そのような二項関係を使って形式体系の分析を与える試みは、１９５１年に代数的意味論の文脈ですでに行われており、また１９５４年にはアーサー・プライアーが様相論理の一種である時制論理を展開するのに使い、それ以後も同様の試みは１９５０年代にいくつか見られる。だが、クリプキの印象が強烈であったせいか、様相論理の最も基本的な体系のひとつは、今日クリプキにちなんで〝Ｋ〟と呼ばれる。それ以前では、二項関係を使ってはないが、可能世界（可能な事態）によって論理的必然性や可能性を解釈する試みとして、ウィトゲンシュタインの『論理哲学論考』、それにヒントを得たカルナップの様相論理があった。

この可能世界とはいかなるものかについては、現代の論者のほとんどが、単なる抽象的な概念的構築物であるとみなしているが、先ごろ亡くなったデーヴィッド・ルイスは、可能世界は文字どおり実在しており、現実世界はその中のひとつにすぎない、という様相実在論をとっていた。

（水本）

［5］ただし通常現実世界も可能世界のひとつに数えられる。

□「理解は心的過程ではない」——ウィトゲンシュタイン

ウィトゲンシュタインは、すでに『哲学探求』[6]において、「理解は心的過程ではない」[7]、「意味することを心的活動とすることほどの誤りはない！」[8]などと主張していた。この意味で彼はパトナムを先取りしていたと言える。彼のこのような考えには、すでに見たフレーゲの反心理主義の強い影響があるのだが、彼自身はフレーゲのようなプラトニズムをもまた批判した。代わりにそこで彼が頭に置いていたのは「規範性」である。言語に関する規範性は、私が私の頭の中で勝手に変えることができるようなものではなく、語のある使用は「正し」く、別の使用は「誤り」とされる。したがって、規範性は頭の外にある。つまり、ある語を正しく使用しているか、ひいては何が理解であり、何が誤解であるか、も頭の外の規範性によって決まる問題なのである[9]。

このことはまた、脳内の神経生理学的過程だけを調べても、「理解」と「誤解」とを区別できない、ということを導く。何を意味しているかも、同様に、脳内だけを調べてもわからない。ウィトゲンシュタインはこれを、「もし神様がわれわれの心を覗いても、彼はわれわれが誰について話しているかをそこに見ることはできないだろう」[10]と表現している。心が脳内で完結できないのは、この規範性ゆえなのである。

このような規範性に対する意識が、ウィトゲンシュタインが終生心理学に対する不信を持ち続けたことを説明するように思われる（第2章の「言語ゲーム」の項も参照）。彼はそこに、典型的には、規範性の問題を因果的問題として扱うといった概念的混同を見出していたのであろう。そしてこれは、人間の心をコンピュータに喩え、プログラムに従う単なる因果的プロセスを「規則に従うこと」と考えることに対する彼の批判に通じると同時に、今日志向性を因果関係に訴えて説明しようとする立場が、「誤表象」、つまり規範性の

[6] Wittgenstein, 1953.（藤本訳 1976『哲学探究』大修館書店）

[7] ibid. p. 154.

[8] ibid. p. 693.

[9] だからこそ、「規則に従っていると思うことは規則に従うことではない」(ibid. p. 202) のである。

[10] ibid. p.217.

問題に突き当たったことを見通していたのだとも言えよう[11]。

□「理由」は外にあるのか、内にあるのか

行為の理由による説明は、しばしば行為者の頭の外にある事実に言及することによって行われる。われわれがそれを正当な理由として認めることができるのは、われわれが生活形式（J・マクドウェルがセラーズから引き継いだ言葉で言えば「理由の空間」）を共有している（あるいは少なくとも相手のそれを理解している）からであろう。ウィトゲンシュタインが言うように、もし誰かが「彼がリンゴを食べたので、私は彼を殺した」、などと言って「私はそのリンゴが欲しかったのだ」とか「私はリンゴを食べる人を憎む」と言わないとすれば、われわれはそれを動機（理由）とは受け入れないであろう。仮に、その事実（彼がリンゴを食べたこと）が本当に彼の人殺しの「原因」となっていたとしても、それはわれわれにとっては「理由」とはならない。その意味で、理由は客観的かつ合理的連関をもたねばならないのである。この合理的な連関は、そこからはずれれば理解されなかったり、「非合理的」とみなされたり、非難の対象とされたりするという意味で、規範的パターンを構成していると言える。そしてそれゆえに、理由を述べることは正当化することでもあるのであり、この規範的パターンの中に埋め込まれているという意味で、マクドウェルが言うように、われわれは「世界に開かれている」、とも言うことができるのである。

上で見たように、意味や心的内容が頭の外にあると言えるのなら、「理由」が頭の外にあることももはや不思議ではないだろう。特に、心的内容の外在主義は、単なる心的内容の個別化、すなわち発話や信念の構成要素が何を意味しているかについての単なる意味論

［11］コンピュータに関しては、人は言うかもしれない。「しかし、それでもわれわれはコンピュータが規則に従っていると「みなす」ことができるし、事実プログラムの「誤り」などをしばしば発見する」と。だがそれは、コンピュータが規範性の主体であることを意味しない。誤りがあったとき、その責任をとるのはプログラマーであり、コンピュータ自身ではないだろう。その限りでコンピュータも「便利な道具」以上のものではありえないのである。

的テーゼとみなされがちだが、理由の空間というものが、抽象的なものでなく、その中に我々が生きている生活形式のことであるならば、それを我々が共有する限り、文字どおり心的なものが頭の外にまで達していると考えることができるはずである。というのもそのとき理由の空間とは頭の中の抽象的な場所でなく、（理由の関係で結ばれた）世界の中の諸事実によって構成されている、と考えられるからである。たとえば「雨が降っているから窓を閉めた」とき、「雨が降っている」という（頭の外の）事実は、その行為（窓を閉めた）の理由（かつ原因）である、と言える。そして、ここまで来れば、民間心理学が頭の外にある、という主張も容易に理解できよう[12]。

この考えにしたがえば、われわれの民間心理学は、頭の中にある「理論」というよりは、「理由」を説明する言語ゲームを内包する規範の体系、生活形式の一部なのである。したがって、信念や意図や欲求の内容も生活形式の中に埋め込まれており、またそうであれば、脳の事実だけを調べても、そこに対応する構造を見出すことができないのも当然であろう。だが他方、チャーチランドのように、ここから消去主義が導かれると考えることができるのは、心が脳内になければならない、と前提する限りであろう。一度そういった前提から自由になれば、心は少なくとも生活形式と同様の実在性をもつと言えるようになるはずである。

□スワンプマン問題

【表象主義】で見たように、表象主義者はクオリアさえも、機能主義的に説明しようとする。すなわち、クオリアは経験の表象内容（の質）であり、ある経験がその表象内容をもつことは、進化史によって育まれた生物学的機能なのである。だがこれは、クオリアが、

［12］たとえば「PゆえにQ」という理由の関係は一般に、チャンス概念や反事実条件の分析に基づく事実因果によって、そのまま因果関係として捉えることができるので、心的因果についても、「……と思ったから（……と欲したから）……した」という言明を、同様に単称因果言明としてとることができる。チャンス概念に基づく事実因果についてはメラー（Mellor, 1995）参照。

それをもつ個体の種の進化史に付随する、ということであり、その前提がスワンプマン問題に直面したのであった。スワンプマンとは、デーヴィッドソンが名づけた[13]、沼の淮木が雷に打たれて全く偶然的に突然出現した人間の物理的レプリカであり[14]、まったく進化史を経ず偶然に人間と物理的に同じとなったにすぎない対象であるため、正当な進化史をもたず、それゆえ（目的論的機能主義に従えば）それはいかなる生物学的機能ももたない。したがってそのようなものは人間、それどころか生物でさえない。それはまさしくこの世界に実現されたゾンビである。だがこのことはまた、著しくわれわれの直観に反することも認めねばならないだろう。それはスワンプマンが生じうるということがありそうもない、ということではなく、仮にスワンプマンが存在したとしたら、それが物理的にはまったく普通の人と変わらないのに、心的内容どころかクオリアさえまったくもたない、ということが直観に反する、ということである。目の前に、ある人と物理的にはまったく区別不可能なコピーがあり、その人とまったく同様に話し、振る舞い、実際その能力があるように見えるのに、それが内的生活を一切欠くゾンビであるといかにして受け入れることができようか。この直観は、クオリアや思考とは何か「内在的な」ものであるのに、それが進化史という過去の事実に付随する、ということに対する違和感であると言えよう。

ところが、よく考えればこれと似たような状況は実際にある。たとえば非常に精巧なニセ札は、本物の紙幣と区別するのが難しい。それどころかそれは、本物の紙幣製造機を盗んで刷られたものかもしれない。そのときそのニセ札は、物理的にはもはや本物と区別不可能である。それがニセ札であるのはただ、それが不正に作られた、というその製造過程にあるにすぎない。ここでも物理的には（タイプとして）同一である二つのものが、その過去の事実の差異によってまったく異なるものとなっている。だがもちろん、この差異は

[13] Davidson, 1987.

[14] 目的論的機能主義批判としての偶然的レプリカという考え自体は、ブーアス（Boorse, 1976）にすでに議論として使われており、目的論的機能主義による心的内容の理論を展開したミリカン（Millikan, 1984）とパピノー（Papineau, 1984）においても意識的に取り上げられている。

われわれが単にそう「みなす」という差異であってはならない。正気な人ならば、ある紙きれが本物の紙幣であるかニセ札であるかは単にそう「みなす」というわれわれの態度に依存する、などと言うことはできない。そうでなければわれわれは恣意的に自分の好きな紙を本物と「みなす」ことによってそれを本物の紙幣にすることができ、社会は大混乱におちいってしまうだろう。これを「単なる」社会的事実とし、心的表象の機能といった生物学的事実と対比して、実在性に劣る事実とみなしてはならない。むしろ、スワンプマンの議論が明らかにするのは、われわれの心的事実一般が、紙幣の事実と同様、空間的にも時間的にもローカルな事実（この場合脳内の事実）のみによっては決定されない、そしてその意味で、心的事実はまた社会的事実である、ということであろう。

（水本）

■認知科学の「科学性」——社会的観点から（2）

【内容と表象】で見た「反表象主義」は、認知を脳内のローカルな出来事とする考えに対する反抗であったと言えよう。そして今【心の外在性】で見てきたさまざまな議論も、心的なものは時間的にも空間的にも脳内の事実を越えて広がっていることを示している。そこではまだ（グローバルな）付随性が成立しているかもしれないが、それはもはや物理主義者の当初主張していたものとはかけ離れているように思われる[1]。だが、いったんこの点が理解されれば、クオリアを始めとする意識の現象的側面、そして心的事実一般というものがいかなる意味で「存在している」と言えるのか、ということが見えてくる。つまり、それら心的事実は、（生物学的事実であると同時に）法律や国家などと同様の、社会的事実のひとつなのである。社会的事実は何か規約や慣習などのように、人工的に築かれたものであり、（なぜか）それゆえ本当は存在すると言えない、と考えられがちである。これは「層化された世界」観と「より下位のものがよりリアルである」という素朴な信念が暗黙のうちに前提されているからであろう。だが、社会的な機能に基づく事実が社会的な事実であるとするならば、何かがイスである、あるいは机である、といった事実も同様に社会的な事実である。人間のいない火星にたまたまできたイスの形の岩は、イスに「見える」としてもイス「である」と言うことはできない。その意味でそれはイスのゾンビである。そうであれば、逆にわれわれは、心はイスや机が存在しているというのと同じ意味で存在している、と言う権利があるはずである[2]。

[1] 特にクオリアさえもが脳の外の事実に依存する、ということは、物理主義の観点からは信じがたいものであろう。

[2] もちろん心の社会的性格を認めることは、心的事象が物理的、

J・サールは、事実概念と機能概念の分析により、社会的事実を似たような仕方で説明した[3]が、彼にとって「機能」はあくまで観察者相対的な存在であったため、彼は心的事実を社会的事実とするのでなく、むしろ社会的事実のほうを心的事実のほうに還元してしまい、結果としてそれは救いようもなく二元論的な捉え方となってしまった。そこでは世界は心的な事実と物理的な事実とにまず分けられ、そして心的とされたものがいかにして物理的なものに還元できるのか、あるいはできないのか、が心の哲学の問題であるということになる。だがいまやそのようなデカルト以来の枠組み自体が見直されるべきであろう。むしろ、ここでの社会的事実とは、心的事実の他にも道徳的事実、美的事実など、さまざまな性質についての事実を含む、多元論的なものであり、心的事実はその中のひとつにすぎないと考えるべきではないだろうか。

世界を簡単に心的なものと物理的なものに分けられると考える背景には、他の社会的な事実は何か「規約」に基づくフィクショナルなものである、あるいは心的なものに依存するのだ、という思い込みがある。だが、見てきたように、規範性は心的なものに還元できないし、目的論的機能主義が正しければ、機能も観察者から独立に存在すると言える。実際、社会的事実は強い独立性をもつのみならず、暴動を起こしたり、ビルを建てたりといった因果的効力をもつ。そのような社会的な因果関係は、自然科学の法則に基づく因果では必ずしも捉えきれないものであるが、もし社会的な因果関係そのものを社会的事実と捉えることができるなら、社会的事実が存在すると言える限り、そのような（自然科学的因果を超える）因果もまた独立に存在すると言える。だがそのような因果を「非科学的」な因果と考えてはならない。もし心的因果がこのような因果であるならば、認知科学が科学である限りにおいて、それも科学が探究すべき因果であるだろう。むしろこうした

生物学的基盤をもつということを否定するわけではない。論点は、単にそれのみが心的なものを構成することはできない、ということである。

［3］Searle, 1995.

考えに抵抗を覚えるとき、われわれは、認知科学がいかなる意味で「科学」であるのかについて大きな誤解をしていると考えるべきではないだろうか。心的事実が社会的事実であるならば、心の科学としての認知科学は社会科学もまた科学である、という意味でのみ科学であると言えよう。そこではいかなる文脈からも独立で厳密な因果の「法則」など要求されていないのである。

ここでもう一度スワンプマンの議論を振り返ってみよう。スワンプマンが直感に反するように見えたのは、それが物理的には区別できないにもかかわらず、クオリアをもたず、それどころか生物でさえない、とされたからである。たしかにもしわれわれがスワンプマンを目の前にしたら、それを人として扱わないでいるのは困難であろう。だがそのときわれわれは、スワンプマンを、人間「として」扱うのであり、それだけでは彼が人間「である」ということは帰結しない。だがもし人間であることが社会的事実であれば、われわれは積極的に彼を人間と「する」こともできる。なぜならわれわれは新しい社会的事実を生み出すことができるし、実際日々生み出しているからである。すなわち、スワンプマンを目の前にして、われわれは、それが人かどうかを「決断」せねばならない。現実的には、われわれは今、人間から生まれたものでないものを人間とする法体系をもっていない。ゆえに、いかに人間にそっくりであっても、法律上は彼が人間でないのは、いかにそっくりであってもニセ札が本物でないのと同様である。それゆえ、スワンプマンが人間となるためには、われわれは「スワンプマン法案」を提出し、その可決をめぐって議論せねばならないのである。実際われわれは、すでにクローン人間をめぐって似たような状況に立っていると言える（クローン人間は本当に人間なのか？）。

以上の考察は、素朴な心脳同一説がいかに誤っているか、ということを示しているだろう。心が社会的存在者であるということは、それがそれを取り囲む、単なる自然環境のみならず、歴史的、文化的、政治的等々の状況にも依存しているということである。そのことは、心の科学が自然科学だけでなく社会学や歴史学、人類学なども有機的に結びついていなければならないことを示しているであろう。だがそれはまた、心の存在が、将来のわれわれの生活形式のラディカルな変化と共に、消滅する可能性をむしろ認めることになるかもしれない。しかしもしそうであるとしても、それは少なくとも消去主義がしばしば示唆するような現在のわれわれの心についての反実在論をも含意することはない。社会的存在者であっても、まさにそれゆえに、心は現在のわれわれの社会の中に埋め込まれており、その実在性は否定できない。

　そしてこのことはむしろ、消去主義の抱く「心」概念の自然科学的偏向を暴露するものであると言えよう。そこにあるのは、自然科学によって説明できないようなものは、政治的、法的、道徳的事実も含め、すべて非実在的であるという、明らかに無理のある前提である。「国家」が非実在的であると信じていようといまいと、自然科学者であろうとあるまいと、われわれは税金を払わねばならないし、法律を守らねば罰せられる。それどころか脳死や中絶をめぐる議論が示すように、われわれの「生命」概念も実際に社会的状況と無関係ではありえないのである。

　社会的次元の自律性を認めることは、あたかも非科学的なロマンティシズムのようにしばしば受け取られてきた。だが、そのような見方こそが誤っていたということが、今まさに（単に哲学的にでなく）「科学的に」理解されねばならないのではないだろうか。

（水本）

■心の科学における哲学の地位——章の結びにかえて

われわれはこの第3章において、まず工学的観点から、人工知能の研究が心の「志向性」の問題を浮かび上がらせ、遂に今度は心的表象を一切拒否するアプローチまで登場して来るのを見た。次に形而上学的観点から、「クオリア」の問題が物理主義の限界として注目されるようになるのを見た。民間心理学の観点からは、現代の哲学や心理学が、われわれの素朴な心についての説明を、頭の中のものについての理論として見ていることを確認し、最後に社会的観点から、心が社会的事実として頭の外に広がっていることを哲学的議論が示していることを見た。この過程で、心の科学における哲学と工学、心理学、さらには社会科学との有機的な関係が見えてきたはずである。

最後に、こうして見えてきた大きな枠組みから、改めて心の科学における哲学の可能な貢献と役割とを考察してみたい。

□概念分析の意義

哲学の独自の役割として、しばしば「概念分析」があげられる。概念分析とは、第一義的には概念間の関係を分析することであるが、典型的にはさまざまな（多くは奇妙な）可能な状況において、われわれが特定の概念、たとえばP、を適用するか、してよいと言えるか、などを考察することを通じて、その概念Pを分析する、といった手法が使われる。そしてそのとき考察される可能的な状況は、可能世界と考えてもよい。したがってたとえば「ゾンビ」の可能性が問題となるときは、想像可能な世界の集合の中にゾンビがいるような世界はある（ゾンビは想像可能である）が、形而上学的に可能な世界（の集合）の中にはゾンビ世界はない（ゾンビは形而上学的に不可能である）、などと言われる（⇒コラム【可能世界】）[1]。

だがしかし、そのような分析がいったい何をなしうるのかについては、哲学者の間でも意見が分かれている。特に可能世界というものがわれわれのフィクションにすぎないとすれば、そのような現実でないものの考察からなぜわれわれは現実についての有意味な結論を引き出してくることができるというのだろうか。このような考えから、自然主義的傾向のある哲学者の中には、実際思考実験一般に否定的な態度をとる者もいる[2]。しかしそれは、概念分析という方法自体についての否定にもつながる。そのとき、哲学にはいったい何が残されているのだろうか。

思考実験、そして可能世界を使った概念分析一般について少々擁護すれば、ある可能世界があるのかどうか、という判断はもちろんわれわれの前理論的な直観に依存している。したがって、このような直観を疑う者は、概念分析一般に懐疑的になるのも無理はない。だが、分析の出発点となる直観は、分析の結果細部が訂正されるとしても、全面的に誤っている、ということはあり得ない。もしそのような可能性を認めれば、そもそもわれわれが「何」についての探究をしているのか、についての主題を変えてしまうことになりかねず、そのときは経験的探究さえも意味をなさなくなるだろうからである[3]。

また概念分析は、問題を分節化し、その中に含まれる前提を明らかにする、という側面がある。したがって思考実験においては、そこにある前提がもし認められるなら、これこれの結論が帰結する、ということを明らかにしようとしているのであり、その帰結がもし

[1] また知識とは「正当化された真なる信念」である、と伝統的に言われてきたが、もし正当化された真なる信念をもっている人が、それでも「知っている」と言えないような可能世界があるのだとしたら、そのような定義は不完全であったということになろう。実際今日ではそのような状況（可能世界）がある、ということが広く認められている。

[2] 特にデネットは、思考実験を「直観ポンプ」と呼びバカにしている。

[3] たとえば水はH_2Oであるかどうか、を経験的に確かめるのにも、水とは何か、「水」で何を理解しているのか、ということについての前理論的な把握が前提される。恣意的な液体を「水」と呼

経験的に反証されたとしても、そこからどの前提が誤っていたか、ということを知ることの助けとなるのであれば、それだけで思考実験は十分役目を果たしていると言えるであろう。

また、何が存在するかは経験科学の問題であるので哲学が概念分析によって存在論を語ることができない、というのも間違いである。たとえば「大宮市民がある日消滅した」と言っても、市民大虐殺か大移動が起こったのではなく、大宮市民全員が名誉ある（？）さいたま市民に昇格したというにすぎない。だが、それを「なんだ、単なる言葉の問題か」と片づけることはできない。クワインの示したことは、まさに意味の問題と事実の問題とを明確に峻別することができない、ということであり、大宮市民（や浦和市民）の消滅とさいたま市民の誕生は、世界のあり方と存在者の配置とを実際変えたのである[4]。もちろんこれは概念分析の例ではないが、概念分析の結果われわれがある概念の適用の仕方を変えるとき、世界のあり方についてのわれわれの考えも変わるのだという点では同様である。そしてそのときは、「何があるのか」についてのわれわれの見解も一部変化したのである。ましてや「クオリア」などの、ある人がその存在こそは誰もが否定できないものであると考え、別の人は意味をなさない余計な存在者だと考えるようなものは、その概念分析の帰結が直接的に存在論的なものとならざるを得ないのである。

□批判的活動としての哲学――概念警察官？

デネットが、「概念警察官」という言葉で、諸科学で使われている諸概念について分析をするだけの哲学を揶揄しているのをこの章の最初に見た。もちろん「概念分析」という語が、それによっては自然科学について積極的な貢献を成しえない、ということを含意す

べるなら、それがH_2Oでなかったからといって、そのことは水＝H_2Oの反例とはならない。したがって前理論的な直観は科学的探究においても前提される必要があるのである。

［4］だがクワイン自身は、自らの議論がこのようなラディカルな存在論的含意を持つとは認めないかもしれない。

るならば、それは否定的なものにしかなりえないし、積極的な貢献は、経験的探究によってのみ成しうるのであり、アームチェアに座っている哲学者が成しうるようなものではない、ということにもなろう。

純粋に概念分析のみの哲学では、分析される概念というものは、現在あるとおりの概念とはどのようなものかということが明らかにされるのみであり、それがどうあるべきか、ということを論じることはできないように見える。現在われわれのもつ概念（たとえば「意識」）がいかにあるか、という事実はわれわれの今ある通りの言語活動とそれが埋め込まれた生活形式によって決まるのであり、その概念が本来どうあるべきか、ということを主張することは、概念分析を超えて、新たな言語ゲーム、延いては新たなある特定の生活形式に対しコミットすることであり、それは時に道徳的、政治的な主張となろう。（たとえば「生命」とは何か、についての積極的な提案について考えてみよ。）そのような問題にコミットすることを意識的に避ける哲学者も多い。たとえばウィトゲンシュタインは、おそらく倫理的理由から、そのような問題に哲学が立ち入るべきでないと考えていたようである。（ウィトゲンシュタインの「沈黙主義」と呼ばれる態度である。）ではそのようなコミットを避ける限り、哲学は本当に何か新しいものを提案することはできないのであろうか。

だが実は、これまで見てきただけでも、実際に哲学者は、たとえば実験の枠組みを提案したり（たとえばデネット自身による「誤信念課題」がそれである）、大胆な仮説を提案する（思考の言語仮説やシミュレーション説）などして貢献をしてきたし、哲学の主要な一分野である論理学が、いかにコンピュータの発達に貢献してきたかは言うまでもないだろう。これらは単に「たまたま」そうなったにすぎないのだろうか。それらの貢献を、哲学の役目の中に位置づけて理解できるような哲学の新しい捉え方はないのだろうか。

□創造的活動としての哲学——概念エンジニア

最後にこの章の結びとして、別な哲学についての捉え方を提案してみたい。概念分析を通して諸科学を監視する哲学者を、「概念警察官」のようなものと捉えるなら、科学に対し、概念の新たな総合によって積極的な提案をもする哲学者を、「概念エンジニア」として捉えることもできるのではないだろうか。工学は言うまでもなく創造的な側面をもっている。哲学は、まずは概念分析により問題そのものを批判的に検討し、新たな観点を提示することで問題をより解決の与えやすいものへと捉えなおすことを可能にする。それはわれわれがここまで、「心」についてさまざまな観点から見てきた通りである。だが哲学は、それによって新たな実験枠組み、仮説、あるいは問題解決のための具体的な道筋、等々を提案したり、新たな概念的道具を創造したりすることで、諸科学に対し経験的探求とは独立の貢献を成しえるのではないだろうか。たとえば論理学も、この観点からは、概念工学の道具箱のひとつであると言えよう。

このような哲学の捉え方は、特に心の哲学において重要な意味をもつ。なぜなら認知科学や人工知能といった心の科学においては、科学の「理論」を構築する通常の側面よりも、むしろ工学的側面が重要視され、まさにそれゆえに分野を超えた学際的な協力が可能となっているからである[5]。このような、いわば「心の工学」として捉えられる大きな運動の中で、哲学は、伝統的な概念分析による、警察官的な役割の他にも、概念エンジニアとして様々な創造的提案を通し、独自の貢献を成しえる(そして実際そうしてきた)のではないだろうか。

(水本)

[5] デネットも指摘するように(Dennett, 1995. 石川他訳 2001『ダーウィンの危険な思想——生命の意味と進化』青土社)、現代では、生物学さえ工学として捉えることができる。

第4章　科学社会学と科学心理学——社会的要因と心的過程

本章では、科学者の実践やその所産（科学知識）に、社会的要因が及ぼす影響を検討する科学社会学と、科学の心理学的側面を探求する新興のメタサイエンス、科学心理学を紹介する。

科学社会学は知識社会学や外在史的科学史に起源をもち、１９２０年代のヨーロッパですでに一部の社会学者や科学史家の関心を集めていた。その後１９６０年頃にアメリカの社会学者マートンとその一派による科学の制度分析によって、社会学の一部門として確立された。クーンのパラダイム論の影響が及んだ１９７０年代以降には、科学者集団を静的に捉える機能分析に飽き足らない研究者が、科学知識の内容そのものと社会的要因の関係を問う科学知識の社会学を推進した。また同じ頃に科学実験室に長期間滞在して参与観察を行い、科学者の日常的活動のエスノグラフィーを作成する文化人類学者が現れ、科学者の日々の実践や相互作用の中から科学知識が構成されるプロセスを明らかにした。こうして１９８０年代には科学知識の社会学と科学人類学がメタサイエンスをリードするようになった。しかし社会構成主義などの相対主義的な科学観が科学者の反発を招き、９０年代半ばにはサイエンス・ウォーズが勃発した（コラム【ソーカル事件】）。

近年、科学史や科学哲学、科学社会学などのメタサイエンスは一括して科学論（science studies）と呼ばれるが、科学心理学は前記の三つのディシプリンに続く科学論の第四の柱になる可能性を秘めている。科学心理学はいまだ専門的学会や学術雑誌をもたず、ディシプリンとして独立してはいない。しかし科学を対象とする心理学的研究には「長い過去」があり、数多くの研究がなされている。本章ではこうした諸研究の成果と、科学心理学の研究伝統[1]としての確立をめざす近年の試みを紹介する。

（五十嵐）

■科学社会学

科学は社会から孤立した科学者の私的な営みではない。科学の研究も科学者集団やその時代の社会という文脈の中で、同僚科学者など他の人々との相互作用を通して行われる社会的な営みである。だから科学と社会の関係の解明が、科学理解に新たな光をあてることになる。科学社会学は社会学だけでなく歴史学や哲学、人類学などの成果を活かして、既成のディシプリンの枠を越えて、科学の社会的側面をさまざまな視角から検討できる[2]。

科学技術が現代社会の中で占める重みを考えれば、上記の意味での科学社会学が今日必要とされていることは明らかだろう。地球温暖化などの環境問題や、原子力発電の安全性、遺伝子組み替え技術や、脳死と臓器移植やクローン人間などの医療・生殖技術をめぐる問題など、現代社会では科学技術が公衆の生活に大きな影響を与えている。

心の科学も社会と無関係ではない。それは他の諸科学と同じ社会的営みである。心や脳のメカニズムを研究する神経科学や認知科学は、研究成果が実用化・産業化されれば莫大な経済的利益を生む。これらの研究を行うには高価な研究機材と多くの人的物的資源が必要とされる。もはや科学者が自分だけの力で研究に必要な諸条件を整えることはできない。だから公的機関や私企業から研究資金を調達して、役割や専門ごとにスタッフを集めて研究チームを組織し、実験や開発の結果を学会やマスコミに発表して成果をアピールしなければならない。これらの過程では、学問外のさまざまな社会的要因が研究活動に影響を及ぼすだろう。

[1] 研究伝統（research tradition）は、ラカトシュの研究プログラム（第2章参照）を受けてローダンが提唱した、科学理論の発展を説明する概念（Laudan, 1977）。科学の研究目的を問題解決ととらえ、経験的問題と概念的問題をより効率的に解決できる理論を選択するのが合理的だとされた。合理性は歴史的に検討されることになる。研究プログラムの要であるハード・コアも改変され得るとした点で、ラカトシュの説と異なる。

[2] 田中 1992 および伊東俊太郎・村上陽一郎・佐々木力の座談会 1989 を参照。

また人はみな心の性質や仕組み、心と身体の関係などについて自分なりの考え（心観）をもち、そうした心の理論を用いて日々の生活を送っている。科学技術が巨大な力をもつようになった20世紀半ば以降には、科学技術が専門家（心の科学者）による心の説明理論に、さらには公衆の心観にさまざまな影響を与えている。反対に現在、心理学者や神経科学者、人工知能研究者、心の哲学者らが新たに生み出している心の知識が流布すれば、やがて公衆の心観に影響を与え、次世代の時代精神を築くことになる。

それでは科学と社会的要因の関係は、どのようにして研究されているのだろうか。

□科学社会学の諸潮流

科学社会学の先駆的研究は１９２０年頃にヨーロッパで始まった。ドイツでは、知識の社会的歴史的な存在拘束性を明らかにしたマンハイムやシェーラーらが創始した知識社会学が、科学をも知識の一形態と捉えて、社会学的に検討する視座を切り拓きつつあった。しかし実証主義的科学観が全盛時代を迎えた両大戦間に、科学知識の社会的な存在拘束性を究明するのは難しかった。マンハイムは数学や自然科学を普遍的な知識とみなして、他の知識とは異なり社会的制約を免れている、と考えた[3]。

１９３０年代には科学史でマルクス主義の立場から新たなアプローチが興った。科学技術を上部構造とみなし、それが経済という下部構造によって規定されていると捉える外在的科学史（科学の社会史）である。ニュートン力学の社会的起源に関する旧ソ連のゲッセンの研究[4]や、イギリスのバナールの『歴史における科学』[5]、ニーダムによる中国科学の歴史[6]のような優れた研究が発表され、科学史研究の時代を画することになった。ポーランドでも１９２０年代からズナニエツキやオソウスキーらが「科学の科学」を推進

［3］成定薫 1994（『科学と社会のインターフェイス』平凡社）

［4］Gessen, 1932（『ニュートン力学の形成』法政大学出版局）

［5］Bernal, 1954（『歴史におけ

し、ポーランド国内ではかなりの広がりをみせた[7]。しかし科学社会学的関心をもつ各国の研究者が互いに研究成果を交換し合う知的ネットワークは生まれず、「見えない大学」はつくられなかった。残念なことに、国境を越えた持続的な知的交流は生じなかったのである。このため科学社会学的関心に導かれた諸研究が集積され、科学社会学という新しいディシプリンが生まれることもなかった。

科学社会学の実質的な成立は、１９６０年頃にマートン派の諸研究がアメリカ社会学の一下位分野として認知されるまで、待たなければならない。マートンはハーバード大学で社会学を専攻する一方、科学史研究の創始者サートンの教えも受けており、その論文「17世紀イギリスの科学・技術・社会」[8]はアメリカにおける外在史的科学社会学の先駆的業績となった。

□内在史と外在史、マートンの登場

前述のように１９３０年代にはマルクス主義の立場から科学技術を説明する外在史的アプローチが盛んになっていたが、科学史研究は内在史[9]の立場をとるサートンの20世紀初頭以来、生涯をかけた努力によって創始された。サートンのアプローチは、科学史を知性史の一部門とみなし、人間が生み出した最良の知的産物である科学の歩みを、科学理論の進歩の歴史として記録するものだった。彼は19世紀以降の科学の飛躍的な発展を人間知性の精華と捉え、それを可能にした科学者の営みに全幅の信頼を寄せていた。そして実証主義的な累積的科学観に基づいて、西洋だけでなくイスラム世界やアジアなどを含む人類全体の科学の歴史を著そうと試みた[10]。

内在史は社会的要因が科学の針路に本質的な影響を与えるとは考えない。しかしヨー

る科学』みすず書房）

［6］Needham, 1954（『中国の科学と文明』全7巻、思索社）

［7］徳永 1976

［8］この論文（Merton, 1938, 1970）はマートンの学位論文であり、サートンの推薦により科学史の専門叢書「オシリス（*Osiris*）」の一冊として発表された。サートンは科学史研究の専門雑誌「アイシス（*Isis*）」も創刊した。

［9］内在史および外在史は、それぞれ第1章第2節のインターナル・アプローチおよびエクスターナル・アプローチに相当する。

［10］サートンの科学史研究の業績とその背景については、佐々木

ロッパの知識社会学を知ったマートンは、学位論文のテーマとして17世紀イギリスの科学と技術の「歴史社会学的事例研究」[11]を選んだ。この論文でマートンは外在史の立場をとるが、ゲッセンらのマルクス主義的アプローチではなく、ウェーバーやマンハイムらの知識社会学の立場から、科学技術と社会の関係を歴史的に検討した。

マートン自身が回想録の中で述べているように[12]、1930年代の彼の研究関心は、17世紀イギリスにおける科学と他の文化的制度的領域（宗教や経済など）の関係や、科学と技術の関係、軍事的経済的な利益関心と科学研究の関係など、科学の発展とそれを取り巻く社会‐文化構造の相互関係の解明にあった。ウェーバーはプロテスタンティズムの倫理と近代資本主義の形成の関連性を明らかにしたが[13]、マートンはピューリタニズムのエートス（価値観や気風）が、近代科学の成立と密接に係わり合っていることを立証した[14]。マートンはイギリス人名辞典や王立協会の議事録や名簿などの膨大な文献資料を検討して、ピューリタリズムの倫理が17世紀イギリスの科学の発達に影響を与え、その倫理から生まれた功利主義、現世的関心、経験主義などの文化的態度が科学や技術の発達を促したことを明らかにした。

□マートン派科学社会学

しかし「17世紀」論文で示された外在史的科学社会学がその後、継承され発展することはなかった。同論文の発表以後、マートンは数多くの学問的業績をあげ、「ミスター・ソシオロジー」と呼ばれる社会学の巨匠になった。社会調査と社会学理論のあり方をめぐって提唱した「中範囲の理論」を自らの方法論として、準拠集団論やアノミー論、逸脱論、社会化論などを展開し、アメリカの構造‐機能主義社会学の中で独自の研究スタイルを確

力 1994 を参照。

[11] この「17世紀」論文の後半部分でマートンは、17世紀イギリスにおける科学と技術の関係や、また鉱業技術や海上運輸技術や軍事技術が経済的問題といかにかかわり合っていたかを論じた。

[12] Merton, 1977.

[13] Max Weber, 1905（『プロテスタンティズムの倫理と資本主義の精神』岩波書店）

[14] 元来、アメリカ社会学では都市問題や少年非行などの研究が主流であり、まして1930年代の大恐慌の時代には、マートンのような研究関心は例外的なものだった。その後も社会学者が科学に関心をもつことはまれだったという（Merton, 1970）。倉橋 1983 にマートンの業績とその背景が詳

立した[15]。マートン自身も第二次大戦の勃発やその後の米ソ冷戦下のイデオロギー的対立などの時代背景の中で、科学と社会の関係を問うアプローチから、科学制度の分析に転じた[16]。こうして科学と一般社会の間に介在する中間項としての科学者社会と科学制度に注目し、その範囲に対象を限定して機能分析を行う科学社会学が成立した[17]。科学社会学をアメリカの社会学界で確立するためには、こうした研究が必要とされていた。1960年頃からマートンと彼の後に続いたズッカーマン、コール兄弟、ハグストローム、クレーンらによって、この研究プログラムが開花し、優れた研究が量産された。

□科学者の規範（ノルム）

マートンは科学者の行動や科学者による科学の説明を分析して、近代以降の持続的な科学の発展をもたらした科学者の精神的特徴を、四つのエートスとしてまとめた[18]。文化や社会が科学に影響を及ぼし、また反対に科学が社会や文化に影響を与えるが、この相互作用は科学の制度的組織的構造を通して行われている[19]。初期の研究では、この科学と社会の相互作用を解明する方法論の確立が主要な課題だった。

科学者は個人としても集団としても、価値と規範の複合体としての科学のエートスを共有しており、これが科学知識の客観性を保証し、累積的な進歩を可能にしたと考えられた。

1　公有性（Communalism、もしくは共産性 Communism）——科学知識は人類共有の財産であり、発見者が独占してはならない。研究の成果はすみやかに公表されなければならない。[20]

2　普遍主義（Universalism）——科学者の業績は、科学者の性格や社会的地位などの

説されている（『マートン科学社会学』晃洋書房）。

[15] 新堀 1984（『学問の社会学』有信堂高文社）

[16] マートンは機能分析の方法を科学社会学という新しい分野で例証した。マートンの「科学者の社会学」は科学の社会構造の研究によって、「科学の論理学」を探求した論理実証主義を補完したといえる。この背景には、彼の楽観的な実証主義的科学観がある。

[17] 有本 1987（『マートン科学社会学の研究——そのパラダイムの形成と展開』福村出版）

[18] Merton, 1949. ギリシア語に由来する英単語 ethos には、「気風、性質」という意味がある。マートン以前に、マックス・ウェーバーはプロテスタンティズ

個人的属性とは独立に評価されなければならない。科学知識はそれを生み出した科学者の国籍や人種、民族、社会階級、信条や政治的イデオロギーなどとは無関係である。誰がどこで発見した知識も等しく尊重されるべきである。

3　利害の超越（Disinterestedness）――科学者は自分自身の利益や名声などをかえりみず、科学知識を追求すべきである。研究業績を評価するときには、個人的な利益関心を越え、公平でなければならない。

4　系統的懐疑主義（Organized Skepticism）――自分自身や他の科学者が報告した科学知識に対して、あらゆる可能性を系統的に精査して、新しい知識を批判的、客観的に評価しなければならない。

マートンは、この四つの規範が科学者集団の社会構造を特徴づける、最も有効な説明概念だと考えた[21]。そしてこれらの規範が最も効果的に機能するのはナチズムやスターリニズムのような全体主義社会ではなく、アメリカのような民主主義社会においてであり、後者で科学が最も発展する、とされた。

科学のエートス論によって研究の準拠枠がもたらされ、科学社会学が独立する条件が整った。その後、これらのエートスの正否やその機能を分析する実証的研究が輩出し、科学社会学の成立を促した。プライスが公刊される論文の数が年とともに指数関数的に増加することを明らかにし[22]、ガーフィールドが設立した科学情報研究所が１９６３年に科学引用索引ＳＣＩの刊行を始めると、これを用いて引用分析を行った研究が量産された。こうして科学知識の内容を問わず、科学者の集団や制度の機能分析を主とするマートン派科学社会学（コロンビア学派）が成立した。

ムのエートスと資本主義の形成との関連を解明した。（『社会理論と社会構造』みすず書房）

[19]

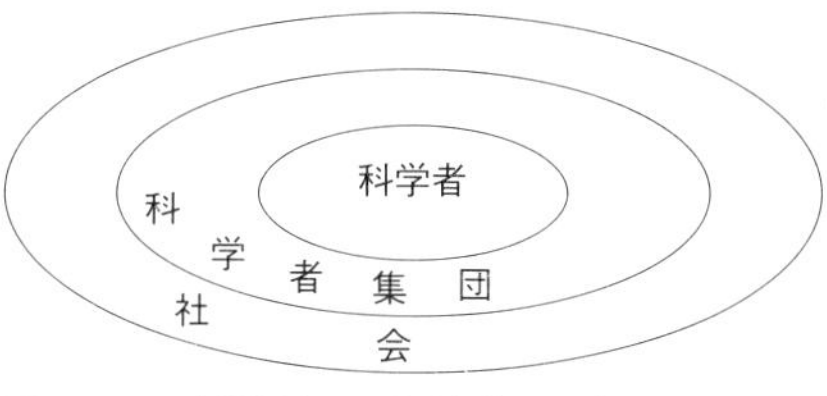

図４－１　科学者と一般社会の関係

個々の科学者は科学者集団の介在により、社会と相互に作用を及ぼす。（成定 1994）

[20] ニュートンは、先人たちの研究成果という「巨人の肩の上にのっていた」からこそ、自分が新たな発見を行うことができた、という言葉を残している。公有性のエートスは科学知識の累積的な性質を定式化したものである。

マートンの四つのエートスには、実証主義的科学観を背景にした楽観的な科学像がよく表れている。それは今日も広く流布している「科学聖職者」としての科学者像とも見合うものだ。しかし20世紀半ばに科学と産業技術の結びつきが強まると、これらの理想的なエートスにはそぐわない科学者の振る舞いが、衆目を集めるようになった。科学が産業と一体化し、経済的利益を直接の目的として研究が行われるため、科学知識の「公有性」は弱まり、それを「私有」しようとする傾向が露わになった。同時に公平無私で普遍的な価値を奉じるとされた科学者が、ときにはあからさまに権威主義的に振る舞い、学閥や自学問中心主義のような縄張り意識に駆り立てられ、名誉欲や虚栄心の満足を追い求めて、個人的便益のために目の色を変えて奔走する例が明らかになった[23]。こうした変化をラベッツ[24]は、「アカデミズム科学」から「産業化科学」への移行と捉えた。産業化科学による私的利益の追求がもたらす弊害を克服し、公衆のための科学を実現するために、ラベッツは「批判的科学」の必要を力説した。

マートンの（ＣＯＵＤＯＳ型）エートスは、19世紀ヨーロッパの大学科学者のエートスを理想化して定式化したものといえる。20世紀半ば以降に、産業界との癒着と官僚化によって産業化科学、「ビッグ・サイエンス」となった科学には、この規範は必ずしもあてはまらない。ギボンズは伝統的な専門家による知識生産を「モードⅠ」の科学と呼び、「モードⅡ」の科学と区別している[25]。「モードⅡ」の科学は個々の専門領域を越えて、現場の問題解決を目的として社会的要請の下で専門融合的に行われる知識生産の様式である。現在の科学技術はこのモードⅡの様式で開発されることが多い。科学のための科学というタコつぼ型の専門的研究を離れて、はじめから応用や産業化を目的として行われるモードⅡの時代に入った科学には、社会の中での新たな位置づけが必要になった[26]。現

[21] 四つの単語の頭文字をとって、ＣＯＵＤＯＳのエートスと呼ばれる。

[22] Price, 1963.（訳書 1970）

[23] Ziman, 1994.（訳書 1995）ザイマンは現代の科学者集団は、「所有的（proprietary）、局所的（local）、権威主義的（authoritarian）、請負的（commissioned）、専門的（expert）な仕事」を行い、報酬を得る特殊な職業集団であると特徴づけ、その頭文字をとってＰＬＡＣＥと名づけた。

[24] Ravetz, 1971.（訳書 1977）

[25] Gibbons, 1994.（訳書 1997）

在、伝統的な科学哲学が重んじた論理的合理性に代えて、科学と社会との調和を重視し（社会的合理性）、公衆とのかかわりの中で科学と社会の新たな関係を構築しようとする試みが、科学論研究者によって行われている[27]。

□科学の報賞制度と階層化

マートン派の科学社会学者たちは科学者集団の報賞制度や評価のメカニズム、情報交換のネットワーク、引用の分析などについて多数の経験的研究を行った。ＣＯＵＤＯＳのエートスとともに、これらの制度が科学者集団の持続的な知識生産を可能にしているからである。

科学の研究では、複数の科学者が同時期にそれぞれ同じ現象を発見することがあり（多重発見）、またさまざまなテーマに関する多数の研究が恒常的に発表されている。このため報賞と評価の仕組みが機能して、これらの研究業績を適切に処遇しない限り、科学者社会を円滑に維持することは難しい。マートンらは科学的発見における先取権の意義を分析して、科学的発見が直接には経済的利益をもたらさなくても、第一発見者として他の研究者から功績を認められることが重要であり、この認容がその後の研究資金の獲得や名声の高い研究機関への就職につながることを明らかにした[28]。科学への貢献は、研究業績の認容やポストと交換されるのである。

他の科学者から高い評価を得た科学者は声望の高い大学や研究機関にポストを得て、より多くの研究資金を獲得できる。その結果として恵まれた条件（一流の学歴・研究歴、豊富な研究資金、有能なスタッフ）をもつ研究者が、それを活かしてより多くの研究業績をあげる。すると、さらに恵まれた研究条件を得て、さらに優れた業績をあげられる。これ

［26］１９７０年頃からラベッツの批判的科学やローズ夫妻が提唱したラディカル・サイエンスなど、社会的視座による科学批判が行われていた。これらが科学知識の社会学が生まれる背景だった。彼らはイギリス人だが、こうしたイギリスにおける科学批判は、「クーン以後」の動向であると同時に、ゲッセンやバナールらの「科学の社会史」の流れを汲む。

［27］科学論におけるこの新しい動向の例として、科学技術社会論（Sience, Techonology and Society; STS）や社会的認識論などがあげられる。『科学技術社会論研究』第1号はわが国のSTS研究者による論文・エッセイを多数掲載しており、ＳＴＳの動向をうかがうことができる。科学技術社会論については松本1998が、社会的認識論についてはFuller, 1997が参考になる。

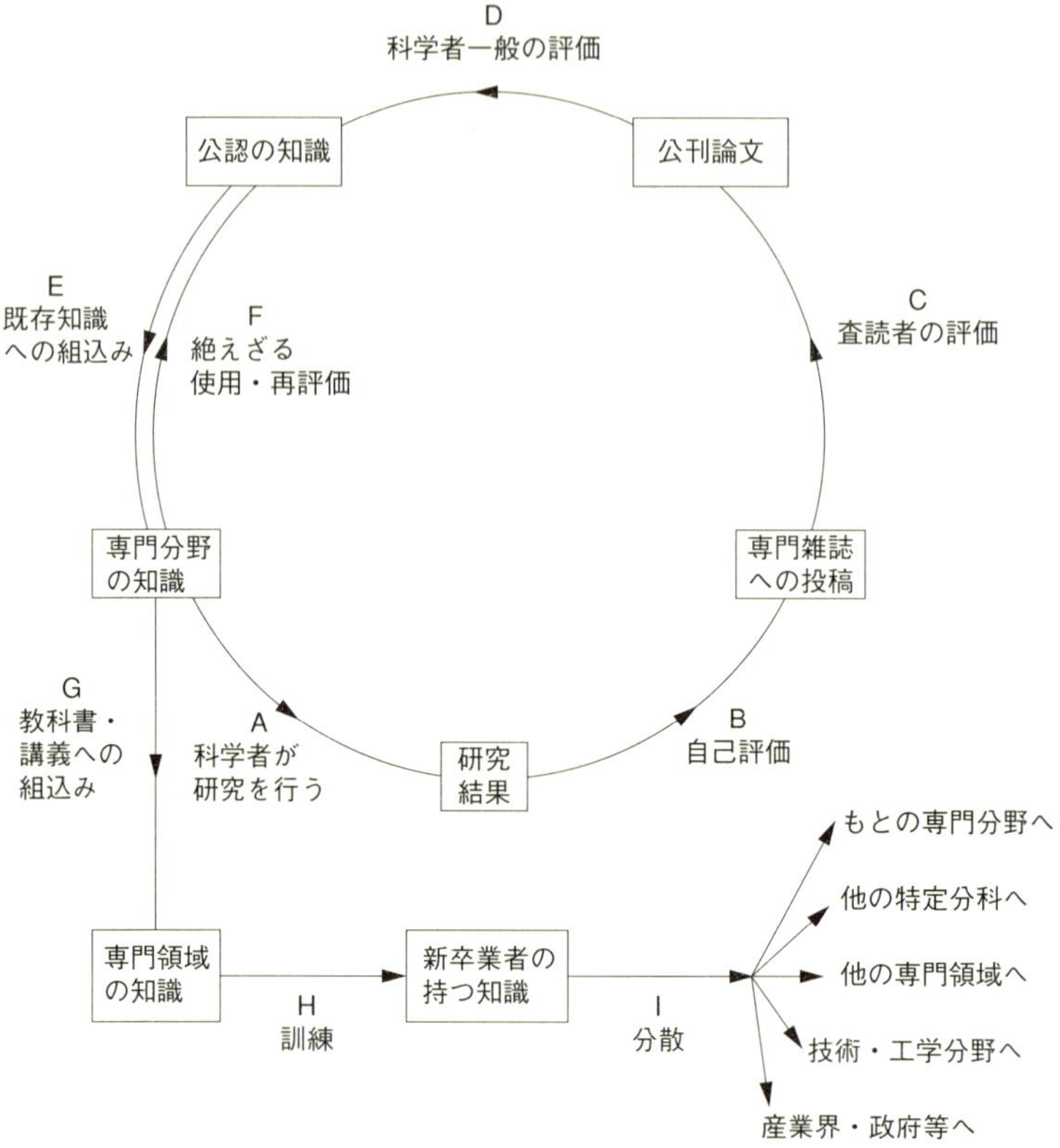

図 4-2　研究成果の伝達と評価のサイクル (Barnes, 1985; 川出訳より一部改変)
研究の成果は論文にまとめられ、専門雑誌に投稿される。審査を通った論文は公刊され、既存の知識に組み込まれる。

［28］報賞として発見者の業績を認め、栄誉を称える制度にエポミニーがある。ある科学者が発見した知識を他の科学者が使用する際には、発見者の名を引用する。また単位名のワット、マッハやウェーバー－フェヒナーの法則、ガルシア効果のように単位や法則や現象にその名を冠して、功績を記念する制度である。

が「利益－優位性の累積」のメカニズムである。マートンは新約聖書マタイ福音書の「持っている人はさらに与えられて豊かになるが、持っていない人は持っているものまで取り上げられる」という一節にちなんで、この現象をマタイ効果と名づけた。マタイ効果によって科学者の階層の分化、成層化が起こる。

（五十嵐）

【コラム】心理学からみた科学者の規範

マートン派科学社会学が提唱した科学の規範（CUDOS）は、心理学の立場からどのように考えられるだろうか。メンフィス大学のハウトは、科学心理学の視点から科学の規範にかかわる次の研究テーマをあげている[29]。

1　科学者の認知的規範（一般的な方法論的規範や各専門分野に固有の規範）と社会的規範の関係は、どのようなものか？

2　科学の規範はどのようにして習得されるのか？　その規範はどのようにして内面化され、また改変されるのか？

3　科学者社会のどのような社会的条件が、科学者の逸脱行動（データの捏造・改竄や、他者の業績の剽窃など）に影響を与えるのか？　たとえばデータの捏造は、科学者が研究資金やポストをめぐって競合しているときの方が、起こりやすいのだろうか？

4　報告された研究結果の再現可能性が繰り返しチェックされるのは、どのようなときか？　科学者の人間関係や、科学者集団の間の関係は影響するのだろうか？　競争よりも協働の方が、多くの成果をもたらすのだろうか？

5　学界の中で地位を確立した既成分野に属する科学者が、周辺科学（fringe science）を排除するのはなぜか？

（五十嵐）

[29] Hout, 1989.

■科学知識の社会学SSK

クーンのパラダイム論は科学哲学だけでなく、科学社会学にも大きな影響を与えた。ある時代に正しい理論と考えられて流布した科学理論を、その時代の科学者の支持を得たパラダイムとみなす視座が生まれた。この立場から科学理論の生産や普及や変化を、科学者集団の社会的要因や時代の社会的文脈に結びつけて説明する研究者が現れた[1]。

マートン派科学社会学は科学理論や科学的概念などの科学知識をブラックボックスの中に押し込めて検討しなかった[2]。しかし科学知識の社会学（Sociology of Scientific Knowledge; SSK）は科学知識自体の社会学的説明をめざし、科学理論の内容を社会的要因の産物として理解しようとする[3]。ＳＳＫはストロング・プログラムを提唱したエディンバラ学派などイギリスを拠点として、１９７０年代後半から８０年代の科学論をリードした[4]。

この背景には、科学技術に対する社会的な関心の高まりがあった。１９６０年代後半以降、公害や原子力発電の安全性、ベトナム戦争と科学の関係などをめぐって、科学技術の役割や意義が反省されるようになった。科学がさまざまな社会問題と密接にかかわっていることが明らかになり、科学が必ずしも常によい結果をもたらすわけではない、と考えられるようになった。こうした社会の変化に応じて、科学者の中から科学に対して批判的な態度をとるものが現れた。またマートン派の研究者の多くは社会学出身だったため、物理学などの科学知識の内容自体を問うのは容易ではなかった。しかしＳＳＫの研究者には理

[1] クーンのパラダイム論は、科学哲学と科学社会学の双方に大きな影響を与え、ポスト実証主義的な現代科学論へと導いた。クーンはパラダイム論のヒントとなったフレックの研究（Fleck, 1937）をライヘンバッハの『経験と予測』（Reichenbach, 1938. 発見と正当化の文脈の区別が提唱された）の脚注で知り、またパラダイム論の強力な論拠とされたピアジェの認知発達論をマートンの「17世紀」論文の脚注で知ったのだという（Merton, 1977）。情報の伝達における「脚注の効用」である。

[2] ストロング・プログラムはマートン派科学社会学だけではなく、ローダンなど「クーン以後」

科系や哲学出身者が多く、科学理論の内容を検討する素養と動機づけをもっていた[5]。さまざまな社会問題や社会的責任から科学者を免責する根拠とされてきた「科学の中立性」や「科学の客観性」という神話が批判され、科学者が自らの活動を反省する気運が高まった。こうして、理論知識の内容に社会的要因が与える影響を検討する科学知識の社会学が生まれた。

□ストロング・プログラム

ＳＳＫは、日常生活の中で人々が正しいと信じているさまざまな考えを「知識」と捉え、人々が知識とみなして受け容れているすべての信念を検討しようとする[6]。それは論理実証主義のように「真理とは何か」、「どうすれば真なる知識に到達できるか」という問いを立てない。知識が生み出され、社会に流布し、人々に受け容れられる過程がどのようなものかをＳＳＫは追究する。特に疑いの余地のない当然のものとみなされている信念、制度化された信念、ある特定の人々によって権威を付与された信念が分析の俎上に上げられた。

エディンバラ学派のブルアの著書『数学の社会学』が刊行されると、ＳＳＫは一躍有名になった。同書でブルアは、歴史的社会的文脈の影響を超越した普遍的な学問の代表とされる数学の中に、文化拘束的で社会的規定を受けている部分があると究明した[7]。この本の冒頭でブルアは、ＳＳＫのストロング・プログラムとして勇名を馳せる四つのテーゼを提起した。

1　因果性（Causality）――信念や知識を生み出す原因となる諸条件を明らかにしなけ

の科学哲学者もが、科学の中の非合理な側面だけを社会学者にゆだね、科学本来の合理的な側面を科学哲学の課題として囲い込もうとする動きに対する宣戦布告だった（成定 1994）。科学の非合理な側面だけを説明できるとみなされた点では、科学心理学も同じである。

［3］科学知識自体を検討の対象としなかったため、マートン派科学社会学は「科学者（集団）の社会学」とも呼ばれる。

［4］シェイピン（Shapin, 1996 訳書 1998）はＳＳＫの研究伝統を作り上げた研究者として、第一にエディンバラ大学のバーンズ、ブルア、シェイピン、バース大学のコリンズ、ピンチをあげている。またその他に、ヨーク大学のマルケイやフランスの科学人類学者ラトゥール、アメリカのエスノメソドロジスト、リンチ、ドイツの社

ればならない。

２　不偏性（Impartiality）――真偽、合理・不合理、成功・失敗に対して、不偏でなければならない。これらの対の双方を説明しなければならない。

３　対称性（Symmetry）――説明様式は左右対称でなければならない。正しい信念も誤った信念も、真なる科学知識も偽なる科学知識も、同じ型の原因で説明しなければならない。

４　反射性（Reflexibility）――ＳＳＫの理論は科学社会学自身に適用しうる、自己再帰的なものでなければならない。

この四つのテーゼの中で、特に対称性のテーゼが重要である。それは、ある命題が正しい場合も誤っている場合も同じ仕方で説明すべきだと主張する。従来の科学哲学は、正しい科学理論は自然界の実在をそのとおりに写し取っているから真なのだ、と写像的に説明する一方、誤った科学理論は科学外の政治的社会的要因によって歪められたから偽なのだ、と説明することが多かった。ＳＳＫはこうした説明を認めない。

旧ソ連ではルイセンコが後天的に獲得された形質が次世代に遺伝すると主張してメンデル遺伝学を否定し、彼の説が１９３０年～５０年代に旧ソ連の公式教学になった。この学説を認めない反対者は学界で立場を失い、なかには処刑された人もいた。ルイセンコ理論は学問の領域を越えて、大きな政治的社会的影響力をもったのだ。もちろん後にルイセンコ理論の誤りは明らかになったが、従来の科学哲学は一定の期間この学説が正しいとみなされたのはスターリンという権力者が支持し擁護したからだ、と政治的要因に帰して説明する。一方、後にメンデル遺伝学が認められるようになったのは、自然界で遺伝がメンデ

会学者クノル＝セティナらをあげている。またＳＳＫは科学史研究を刺激し、１９８０年代以降、ＳＳＫ的着想に基づく詳細な歴史的研究が発表されるようになった（たとえば Pikering, 1984; Shapin & Schaffer, 1985; Haraway, 1989 など）。

[5] 田中 1992 による。

[6] 哲学では伝統的に、知識は「正当化された真なる信念」であると定義される。

[7] Bloor, 1976（訳書 1985）. ＳＳＫの概要を知るには金森（2002）や前掲の成定（1994）が好適である。本節の記述にあたって金森（2002）を参考にした。

ル理論のとおりに行われているからだ、と理論の真理性に帰して写像的に説明される。20世紀の科学史上、悪名高い獲得形質の遺伝に関するルイセンコ論争はこのように説明されることが多いが、対称性のテーゼはこれを認めない。科学理論の真偽や合理・不合理にかかわりなく、同じ仕方でその原因を説明すべきである。メンデルの遺伝学説が認められ受容された過程に、何らかの社会的文化的要因が作用していなかったかを究明しなければならない。

反射性のテーゼは、自分が研究を行うために用いている方法を自分自身にも適用すべきだ、というものである。つまり科学知識の社会的規定性を検討するSSK自体の社会的規定性を、自己反省的に吟味するように求めている。

ストロング・プログラムの科学論への貢献として、相対主義的科学観と、科学知識を社会的構成物として捉える視点があげられる[8]。ストロング・プログラムによって数学でさえ科学社会学の対象になりえることが示され、SSKは大きな推進力を得た。（五十嵐）

［8］SSKは、「科学理論と自然界の実在の一致による真理の検証」という実証主義的な科学哲学を認めない。人間は自然の只中にある実在に直接アクセスすることは決してできないからだ。科学理論の正しさは、理論を構成する要素同士の整合性によって検証される。しかもその理論には社会的要因が作用を及ぼしている（平川 2002）。

■科学人類学

1970年代後半にエディンバラ学派がストロング・プログラムを提唱して科学社会学に新たな地平を切り拓いた頃、科学実験室をフィールドワークの場として科学者の日常的な研究活動を参与観察する人類学者が現れた。科学発展に及ぼす社会的影響という巨視的要因を強調したSSKは、科学実践が行われ、科学知識が生産される過程で働く微視的要因を検討する科学人類学（実験室研究）によって補完された。科学人類学が主張した「科学的事実は社会的に構成される」という社会構成主義のテーゼは論争を巻き起こし、科学論の進路に大きな影響を与えた。

□『実験室生活』[1]

ラトゥールとウールガーの著書『実験室生活——科学的事実の社会的構成』（1979）が、文化人類学者によるメタサイエンス研究という新たな領域を拓いた[2]。同書はラトゥールが1975年から2年間、カリフォルニアのソーク生物学研究所に滞在し[3]、実験室における科学者の日常的活動の参与観察を行った成果である。

『実験室生活』の最も大きな特徴は、科学実験室で日々行われている科学者の活動——挨拶や雑談などの日常会話や研究をめぐる討論、実験装置の準備と使用、論文の執筆など——を詳細に記録し、分析したことである[4]。研究活動の産物である科学理論などの科学知識ではなく、それが生産される途上の実践活動に焦点がおかれた。

[1] 科学人類学について、金森修 2000『サイエンス・ウォーズ』東京大学出版会、および、平川秀幸 2002「実験室の人類学——実践としての科学と懐疑主義批判」から大きな示唆を得た。

[2] Latour & Woolgar, 1979.

[3] ラトゥールは、1977年

科学人類学は実験を、ある特定のときに特定の物質的・社会的な条件の下で装置や器材を用いて行われる「具象的（material）な行為」として捉える。真偽が明らかになった研究の最終成果や、その観点から回顧的に整理された科学の歴史という「すでに終わった科学」から、いまだ諸説の真偽が不明で、ライバルたちが先取権をめざし競い合っている「活動中の科学」[5]へと研究の焦点が移動した。人類学者は異文化を詳細に観察してフィールドノートに記録し、エスノグラフィーを書き上げる[6]。科学初心者で英語力も乏しかったフランスの人類学者ラトゥールは、科学者以外には理解できない専門用語を話し、異貌をみせる実験装置を駆使してデータを記録し、同僚たちと議論を交わしながら論文を作る科学者の言動や、実験室内の装置や備品の配置などを克明に記録した。彼らはアイデアの発生から同僚研究者との討論を経て実験へと具体化され、その結果が特定の文脈の中で解釈され、知識とみなされていく間に働く微視的過程を示そうとした。

ラトゥールらはソーク研究所での参与観察をもとにし、身体の代謝を調節する脳ホルモンが、先取権をめざして競合する研究グループの多大な努力の末に単離され、構造決定される過程を明らかにした。数十万頭ものヒツジやブタの視床下部から何度も精製プロセスを繰り返した末に、１ミリグラムほどしか抽出されないＴＲＦ（チロトロピン放出因子、甲状腺刺激ホルモン放出因子）という物質の同定過程は、自然界の実在を発見し記述する、といった単純なものではなかった。当初は存在すら疑われた物質の組成には何通りもの可能性があった。それがどのようなものとして「発見」されるか、いまだ定まってはいない。あいまいな対象を図表に示し論文にしたため、その論文が他の研究者に引用され流布する過程で、研究者同士のやりとりや政治的ネゴシエーションの影響も受けながら、ＴＲＦはしだいに構成されていった。その過程では、図やグラフ、方程式、論文の文章などの彼ら

にノーベル医学・生理学賞を受賞したロジャー・ギルマンの神経内分泌学実験室で2年ほど参与観察を行った。ギルマンとシャリーの間で繰りひろげられた三種の視床下部ホルモン（ＴＲＦ、ＬＲＦ、ソマトスタチン）の発見競争はWade, 1981に詳しい。科学者の活動に科学外の要因が影響を与え、研究活動の針路を左右する様子が活写されている。

[4] 近年、認知心理学者ダンバーも生命科学研究室に長期間滞在して、科学者たちのコミュニケーション活動を観察し、問題解決過程の「イン・ヴィーヴォ（in vivo 生きたままでの）」研究を行っている（Dunbar, 1995, 2001）。岡田猛他編著1999『科学を考える』北大路書房）に所収の諸論文が参考になる。同書にはダンバーの「科学者の思考法――科学におけるオンラインの創造性と概念変

が「インスクリプション（inscription）」と呼ぶ多数の記録・表現物が科学の実践活動に秩序を与え、存在と無の間を揺れ動く生誕期の事実を確固たるものにするうえで不可欠なのだった[7]。科学的事実はレトリックや駆け引きのような戦略的営みや、「インスクリプション」が獲得する安定性や「事実らしさ」による援護などの一連の装置を介して、社会的に構成される。単なる自然界の事実の発見とその記述としては済まされない側面が、ここに含まれていることは否定できない。上記の研究を踏まえて、ドイツの社会学者クノル＝セティナは「科学知識は発見されるのではなく、構成される」という社会構成主義のテーゼを明確に主張した。

□科学知識の社会的構成

科学人類学によって、次のことが明らかになった。普遍的で客観的な知識の代表とされる科学知識も、その生成の過程は決して客観的な真理の発見という単純なものではない。科学知識の生産の過程でも、ローカルな偶然の条件が影響を及ぼしている。たとえば実験室の机や実験装置の配置、使われる素材の種類、機械のくせのような偶然の要素が関与している[8]。実験は、装置やそこで働く研究者と補助スタッフの能力や実験方法、研究チームと所属機関内外の組織との関係、財政的・物質的リソースなど、研究に関連のある諸要素（アクター）を首尾よく配置し、組織化する行為でもある[9]。これらの組織化に失敗すれば、研究対象への介入も失敗する。実験装置やスタッフの能力が効果的に配備された実験室を構築することは、あらゆる研究活動に不可欠な「作動条件」なのだ。

論理実証主義は正当化の文脈や理論、真理、実在などの認識論的問題に焦点をあてた。一方、科学人類学は従来の科学哲学の枠組みや語彙からできるだけ身を引き離して、科学

化」が収録されている。

[5] Latour, 1987. 邦訳書のタイトルは『科学が作られているとき』。

[6] 科学人類学を支える理論的道具として、ガーフィンケルが提唱し、社会学に新たな学派を築いたエスノメソドロジーが果たした役割も大きい。

[7] 金森修（2000）より。

[8] 科学者は、自分が研究を行う実験室（ラボ）というローカルで偶然的な条件に束縛されながら、さまざまな工夫やネゴシエーションを通して科学知識を構成しようとする。文化人類学者ギアツはある特定の状況に応じて形成され、そこで妥当する知識をローカル・ノリッジ（局所知）と名づけているが、科学知識にも同じ側面があ

を理解しようとする。科学哲学を伝統的に支配してきた真理や知識の正当化に関する規範的関心は、「真理への無関心さ」を基調とする記述的な問題関心へと移行した（科学論の記述的転回）。「活動中の科学」を扱う場合には、最終的に判明する真偽の結果は使えないため、真理を問わないことは方法論的な要請でもある（方法論的相対主義）。それは反科学的立場ではなく、従来の科学哲学とは異なる仕方で科学を理解しようとする「非科学哲学的態度」だった[10]。

（五十嵐）

る。たとえば機械のくせは、その実験室で長く働くスタッフでなければわからない。科学においてもローカル・ノリッジや暗黙知を援用せずに、実験によって発見された知見を一般化することは困難である。

［9］こうした科学の営みを構成するさまざまな要素を、カロンはアクターと名づけた。科学者や社会組織だけでなく、実験器材や技術・論文・科学法則などの「非人間アクター」を含む多様なアクターをいかに効率的に配置しネットワークを作るかが、研究プロジェクトの成否に決定的な影響を与える（アクター・ネットワーク理論）。

［10］平川（2002）より。

■科学心理学

□科学論と心理学

現在、科学論は哲学と歴史と社会学という伝統的な三つのディシプリンに、文化人類学や文学理論、政治学、経済学などの多様な視座を巻き込んで、新たな発展の局面を迎えている。科学技術と社会の関係や科学技術の公共性に焦点をおく科学技術社会論ＳＴＳが興り、一般市民が専門家の説明をもとに科学技術を評価するコンセンサス会議などの参加型テクノロジーアセスメントによって、科学的合理性と社会的合理性の葛藤に折り合いをつけようとする動向も注目される[1]。科学実践をより広い文脈の中でとらえ、一種の文化的営みとみなす科学のカルチュラル・スタディーズも新たな科学像をもたらしている[2]。

こうした科学論をめぐるさまざまな動向のひとつに、心理学によるメタサイエンス研究がある。ソーカル事件とともにサイエンス・ウォーズの導火線となったグロスとレヴィットの『高次の迷信』(1994)[3]は、従来の科学哲学や科学史のような合理的営みとしての科学像を強化するディシプリンを擁護する。その一方、科学人類学やＳＳＫやフェミニスト科学論などのポストモダン科学論に対しては、いたずらに相対主義的主張をもてあそんで合理的な科学像を否定し、公衆の科学観を誤導して科学の基盤を揺るがしている、と非難する。彼らはそうした感情的反発をバネにして、現代科学論の不毛さを告発した。科学者の科学論に対する憎悪は激しく、社会問題にまでなったこの論争の過程で、ＳＳＫなどの新しい科学論は痛手を受けた[4]。科学論研究者の中に、極端な相対主義的主張を行っ

[1] 小林 2002, 2004 では、その理論的背景と実践事例を紹介している。藤垣 2003 も参考になる。

[2] 科学のカルチュラル・スタディーズについては、ジョゼフ・ラウズ「科学のカルチュラル・スタディーズとは何か」(Rouse, 1996) や平川秀幸 1999「科学の文化研究」、平川秀幸 1998「科学論の政治的転回——社会的認識論と科学のカルチュラル・スタディーズ」、金森修 2002「科学のカルチュラル・スタディーズ」が参考になる。また井山弘幸・金森修 2000『現代科学論——科学をとらえ直そう』新曜社は現代科学論のすぐれた入門書である。

て科学的合理性を否定する一方、科学論自身が社会的に構成され、したがってさまざまな社会的制約を受けていることを省みないものがいたのも事実である。自己反省的視座を欠く「アカデミック・レフト」に対する科学者の非難にも、根拠がないわけではなかった。科学論は一方的な科学批判に止まることなく、その巨大な実力を十分に理解したうえで、社会と科学の新たな関係を築くという重要な役割を担っている。

しかし数年に及んだサイエンス・ウォーズの論争の中で、心理学の立場からなされた科学の経験的研究に言及する論者がいなかったことは、注目に値する[5]。科学心理学は、いまだ科学者とポストモダン科学論者の双方の視界に入っていなかった。科学心理学は科学を過度に神聖視せず、また一方的に否定もしない立場で、実験や調査のような経験的研究を行っている。その知見は科学の本質をめぐる論争にも貢献できたはずだ。科学を擁護しポストモダン科学論を排撃した科学者も、科学心理学の成果を知っていれば、あれほど激しくメタサイエンスを非難しなかったかもしれない。

心理学は「科学的方法」を用いて科学を研究し、従来の科学論が明らかにしなかった側面を解明できる[6]。科学を正しく理解してそのさらなる発展を促すには、心理学が有用だと考える心理学者が増え、科学の心理学的研究という共通の関心をもつ研究者のネットワーク、「見えない大学」が生まれた。次節のテーマは、この科学心理学である。

□科学心理学の登場

心理学の立場から科学にアプローチする新興のメタサイエンスが、科学心理学である。心理学は「心と行動の科学」といわれる。これになぞらえれば、科学心理学は「科学にかかわる行動と心的過程の心理学的研究」[7]である。

[3] Gross & Levitt, 1994.

[4] 金森 2000.

[5] Feist & Gorman, 1998.

[6] Klahr, 2001.

[7] Shadish & Neimeyer, 1989.

仮説を作って実験を行い、データを処理して論文にまとめ、専門雑誌に投稿して発表する、という科学者の活動にさまざまな心理学的要因が関与することは自明のようにみえる。ポスト実証主義時代の科学哲学やＳＳＫの視点から考えても、科学者の認知的要因や科学者間の相互作用、その時代の社会的文化的状況などが、科学知識に影響することは否定できないはずだ[8]。科学知識の生産や発展を理解するうえでの、科学者個人の心的過程や科学者集団の社会心理学的過程の意義が認められれば、科学心理学の登場となる[9]。

心理学者の科学に対する関心は、19世紀後半に始まる現代心理学の歴史と同じほど古い。質問紙法による天才の研究で知られる現代心理学の創始者のひとり、ゴールトンは19世紀のイギリスの科学者を対象に、研究業績とパーソナリティや素質の関係を研究した[10]。またヴントやジェームズら他の心理学の「草創の父祖たち」も、科学の説明に関心をもっていた[11]。

このように科学心理学は「長い過去」をもつが、１９８０年代に科学を対象とする心理学的研究を集積して体系づけ、研究伝統の確立をめざす心理学者が現れ、この領域への関心が高まった[12]。もちろん、これ以前にも科学心理学を志向する多くの心理学者がいた。早くは操作主義や論理実証主義が心理学に導入されつつあった１９３０年代に、実験心理学の泰斗スティーブンスが科学心理学の可能性を論じていた[13]。またゴールトンの科学者研究を受けて、Ｊ・Ｍ・キャッテルやターマン、コックスが素質や創造性の研究を行い、１９５０年代以降には科学者のパーソナリティの研究が盛んになった[14]。１９６６年には人間性心理学の提唱者マズローが『科学心理学』[15]と題する著書を公刊し、既存の機械論的還元主義的な科学観を、人間性を重んじる心理学的な科学概念を含む科学観へと拡張すべきだと主張した。認知研究では同じ年にサイモンが、科学的発見と問題解決に関する

[8] しかしラカトシュ（Lakatos, 1970b）もローダン（Laudan, 1977）も、心理学的なメタサイエンス研究に対して否定的態度を示している。

[9] ハウトは、科学心理学は科学哲学や科学史、科学社会学に続く科学論の第四の柱になる可能性を秘めている、と述べている（Hout, 1989）。

[10] Galton, 1874.

[11] トウェニーは科学の認知心理学の先駆者としてデカルトやロック、ヒューム、ファラデー、マッハ、アインシュタイン等を、心理学者ではピアジェ（子どもの科学的思考の研究）と、ウェルトハイマー（アインシュタインの問題解決過程の研究）をあげている（Tweney, 1997; Tweney et al., 1981）。

先駆的研究を発表した[16]。ウェイソンによる2－4－6課題（後述）や4枚カード問題を用いた思考研究も、この時期に開始された[17]。またカラザーズら[18]は、１９６０年代に遡る科学的思考の認知心理学的研究の源泉として、（1）サイモン一派による問題解決過程のモデル研究、（2）ウェイソンとジョンソン－レアードによる反証の研究、（3）トヴェルスキーとカーネマンのベイズ理論に基づく確率判断の研究[19]、の三つの流れをあげている。これ以外に発達心理学では、ピアジェに発する子どもの思考発達の研究が、子どもと大人や科学者の思考の比較研究を促したと指摘している。

１９７０年代には、科学心理学に関連する問題を扱った３５０篇あまりの論文を網羅するこの領域の最初の包括的な文献レビューが発表され[20]、また科学者のキャリア選択をテーマとする大部の論文集も刊行された[21]。１９８０年代になると、心理学のさまざまな分野で、科学を対象とする本格的研究が相次いで発表され、体系化の試みも現れた。学問の独立した専門分野は、ステージ1：あるテーマに従事する研究者が、孤立して個別に研究を行う段階、ステージ2：研究者同士が互いに知り合って交流が生まれ、そのテーマの専門家として自己同定する段階、ステージ3：学会や専門雑誌、大学の教育プログラムが設立される段階、の三つの過程を経て成立する。科学心理学はすでにステージ2に入っていて、ステージ3への移行を待っている[22]。

こうした状況を踏まえ１９９２年の第100回アメリカ心理学会大会で、サイモントンやフラー、ゴーマン、シャディッシュ、フェイストらは、心理学の主流には含まれないが、科学心理学がディシプリンとして成立しつつあり、その将来は有望である、と結論づけた[23]。一方、ゴルソンら[24]は『科学の社会心理学』の冒頭で、科学心理学の成立を宣言している。

[12] ゴーマン（Gorman, 1999）は科学心理学をリードする研究グループとして、ゴルソンやシャディッシュ、ニーマイヤーらのメンフィス大学と、トウェニーのボーリンググリーン大学をあげている。サイモン以来、問題解決や科学的思考の研究が盛んなカーネギーメロン大学も加えられるだろう。ゴーマン自身も科学心理学の体系化を試みている。

[13] Stevens, 1939.

[14] Roe, 1952, 1953, Cattell & Drevdahl, 1955.

[15] Maslow, 1966. 邦訳書のタイトルは『可能性の心理学』。

[16] Simon, 1966. 問題解決行動の研究をリードしたサイモンは「経済組織における意志決定過程の先駆的研究」によって、１９７

□論理実証主義による否認[25]

上述のように、近年になって科学心理学が活発になるずっと前から、この領域の研究は行われていた。しかし論理実証主義が盛んになった１９３０年代以来、科学哲学者たちは心理学的なメタサイエンスの可能性を否認し続けてきた。

論理実証主義は、観察によって世界の「生のデータ」を獲得できるという基本的前提を疑わず、観察者が抱くバイアスによって観察が歪められるとは考えなかった。だから、観察データに基づく理論の検証や修正を説明するうえで、心理学が本質的な役割をになうことはなかった。それどころか論理実証主義にとっては、心理学的な科学の説明は、科学の正当性の根拠を何らかの心的過程に帰することであり、悪名高い「心理主義（psychologism）」に他ならなかった。心理主義は19世紀のドイツで、推論の妥当性などを心の働きによって説明するものとして批判を受けてきた。その後、19世紀末から20世紀始めにフレーゲやフッサールが、論理学や数学の正しさを心の機能に帰して説明する立場を心理主義として否認したのを受けて、カルナップらの論理実証主義者は科学の説明から心理学を排除した[26]。

心理主義への嫌悪は、ライヘンバッハによる「発見の文脈」と「正当化の文脈」の区別へと受け継がれ、心理学軽視の傾向が強められた。科学者の思考過程のような科学理論の認知的起源の問題は発見の文脈に属し、その解明に心理学が寄与できそうにみえる。しかし科学哲学の任務は正当化の文脈を検討して、科学理論の発展のプロセスを論理的に再構成することだと考えていたライヘンバッハは、正当化の文脈だけを重んじた。

発見の文脈についてローダン[27]のように、科学理論が生み出される過程を理解するうえで心理学が役に立つと考える科学哲学者もいたが、これも建設的な力にはならなかった。

8年にノーベル経済学賞を受賞している。

[17] Wason, 1960.

[18] Carruthers et al., 2002.

[19] Tversky & Kahneman, 1974.

[20] Fisch, 1977.

[21] Eiduson & Beckman, 1973.

[22] Feist & Gorman, 1998.

[23] Feist, 1995.

[24] Gholson et al., 1994.

[25] 本節の記述にあたってHout, 1989を参考にした。

[26] 第3章【反心理主義】参照。

なぜなら思考過程の問題は発見を導く「閃き」・「ユーレカの瞬間」のような神秘的で非合理なものであり、合理的再構成の埒外のこととされたからである。発見の文脈と正当化の文脈の区別が心理学に割り当てた役割は、科学者がときに見せる非合理な行動を説明する、という瑣末的なものだった。

しかしSSKや科学人類学などのポストモダン科学論の視座から見れば、論理実証主義による科学の合理的再構成は、科学者の現実の振る舞いを考慮しない、歴史的社会的文脈から乖離した抽象的な科学の描像にすぎない。科学理解を前進させるには、科学者が日々行っている研究活動の実際を解明しなければならない。現実の科学者の行動や科学実践にかかわる心的過程を研究する科学心理学は、この点で貢献が期待される。

またノイラートやカルナップら多くの「旧科学哲学」者たちは、未熟で不完全な学問である心理学自体が論理実証主義の処方箋に従って純化されなければならない、と考えていた。未熟な心理学が科学を研究するのは、時期尚早というわけだ。しかし心理学と同様に若い学問である社会学が、メタサイエンス研究で大きな成果をあげているし、近年の心理学者による科学に関するさまざまな研究は、科学心理学の豊かな可能性を例証している。

［27］Laudan, 1977.（訳書 1986）

□心理学を援用した「新科学哲学」

クーンは科学革命をもたらすパラダイムの交代を、ゲシュタルト変換になぞらえて理解していた。またハンソンは観察の理論負荷性を、多義図形の知覚を例にあげて説明していたし、ポランニーも知覚判断に関する心理学実験を援用して、暗黙知[28]の存在を主張した。心理学の知見は科学論を代表する学者たちによって用いられ、1960年前後に始まった論理実証主義から「新科学哲学」への科学論のパラダイム変換に、重要な役割を果

［28］『暗黒知の次元』（紀伊國屋書店）を参照。

たしたのである。心理学のメタサイエンスの先駆者コッチは当時、この科学哲学の変化を「逆説」と捉えていた[29]。つまり、新行動主義的な主流心理学が論理実証主義的方法論に支配され続けている一方、新しい科学哲学が意味や解釈の問題という「心理学こそが築けたはずの基盤の上で、心理学の研究成果を粗雑に援用して始められた、という逆説」だ。科学哲学者が心理学の知見を用いて科学を説明するのなら、心理学者自身が科学を説明できないはずはない。

（五十嵐）

[29] Koch, 1964. コッチについては【現代理論心理学】を参照。

【コラム】心理学と論理実証主義のアンビバレントな関係

論理実証主義者は、「心理学」を精神分析や内観心理学と解して、その不毛さを非難した。それらが仮説の検証可能性の基準を満たしていないために、理論の真偽を確かめられない擬似科学だと考えたからである。しかし論理実証主義者は心理学の諸学派の中では行動主義の意義を認め、大西洋を挟んでウィーン大学と北米の大学との間に知的交流が生まれた。客観的に観察可能な行動を実験を行って研究し、刺激と反応の連合で行動を説明する立場が、彼らが構想する科学像に相応しかったため、行動主義が擁護された。トールマンが1933年から翌年にかけてウィーン大学で研究休暇を過ごし、ファイグルがハーバード大学を、ブランスウィクとネスがカリフォルニア大学バークレー校を訪問するなど、新行動主義と論理実証主義の間で生産的な交流が生まれた。トールマンとブランスウィクの論文「生活体と環境内の因果的テクスチャー」[30]のように、「新行動主義と論理実証主義の幸福な結婚」の産物といわれる成果もある。

論理実証主義者は心理学的知見を用いた科学の説明を排撃し、未熟な心理学自体が論理分析などの処方箋にしたがって科学としての体裁を整えるべきだと考えていた。しかし1930年

[30] Tolman & Brunswik, 1935

代以来、心理学者が自らこうした扱いを受け容れてきた側面もある。一部の心理学者は論理実証主義の科学哲学を取り入れ、その主張をスローガンとして掲げて、S—O—R型「科学的心理学」を構築した。科学の一員としての認知を得るために、心理学は論理実証主義の知的権威を利用したともいえる[31]。

論理実証主義がメタサイエンスから心理学を排除した理由には上記のもの以外にも、心理学は心を研究対象とする科学であり、科学が科学を研究するのは自己言及性の論理矛盾である、との批判もあった。しかし前節で述べたように、マートン派科学社会学やSSKは科学を対象に科学的立場（合理的立場）から研究を行って大きな成果を収めており、この非難は的外れである[32]。

しかし1980年代には科学哲学者の自学問中心主義も変化した。「認識論の自然化」にともなって、神経科学や認知科学や人工知能研究が明らかにした心や脳の知見の意義を認め、認識や知識を理解するために、その成果を哲学に積極的に取り入れようとする動向が生まれた[33]。

（五十嵐）

[31] Koch, 1961; Smith, 1986

[32] Hout, 1989.

[33] たとえば Giere, 1988; Fuller, 1988; Thagard, 1988 など。戸田山和久 1999「自然主義的転回の果てに科学哲学に何が残るか」を参照。

■科学心理学の諸研究

1980年代に北米の研究者によって、科学を対象とする心理学的研究を集成して体系づける試みが始められた[1]。本節ではこれらの研究をもとにして、今までに明らかになった知見を紹介する。

現在の科学心理学の研究領域は発達、認知、パーソナリティ、社会心理学的研究の4大領域に分類される[2]。

発達研究——科学者の生涯にわたる学問的発達や、研究の遂行に影響する発達的諸条件を研究する。

認知研究——科学的発見とその受容や普及にかかわる認知的過程を研究する。

パーソナリティ（個人差）研究——科学者の研究活動のあり方や研究成果と、その科学者のパーソナリティ（性格や知能、動機づけ、気質、価値観など）の関係を検討する。

社会心理学的研究——科学者の対人関係や科学者集団の要因が、科学の実践や研究成果にどのように影響するかを研究する。

これらの諸テーマを研究する方法としては、実験室における実験や心理検査を用いた測定、コンピュータ・シミュレーション、縦断的研究、伝記的資料の検討、内容分析、メタ分析など、さまざまな研究方法が採用されている。ある一つの科学的発見を詳細に分析す

[1] Gholson et al., 1989; Shadish & Fuller, 1994; Feist & Gorman, 1998; Gorman, 1998; Tweney, 1998 など。

[2] Simonton, 2002; Feist & Gorman, 1998 による。

ることもあれば、一世代の科学者がなした科学的発見の全体が検討されることもある。研究に参加する被験者も小学生から自然科学専攻の大学生、企業研究者、ノーベル賞受賞者まで多岐にわたる。

□発達研究（科学の発達心理学）

主要な研究テーマとして、「人はなぜ、どのようにして科学者になるのか」という問題があげられる。科学者になるために必要な才能やスキルは、何に由来するのか。なぜ才能をもつ人ともたない人がいるのか、才能や能力は年齢を重ねると変化するのか、などの問題が関心を集めている。主な研究の知見は、以下のようにまとめられる[3]。

A　数学的能力――①傑出した数学的天才が生得的である可能性がある[4]。②数学的能力の一部は遺伝で説明できる[5]。

B　加齢と生産性――①年齢と生産性の間の関係は直線的ではなく曲線的であり、一般にそのピークは30代末から40代初めである[6]。②研究業績の変化については、研究キャリアの初期の生産性が、その後の生産性を予測する[7]。

C　年齢と研究の質――①若い科学者が特に質の高い研究をたくさん行うとは、必ずしも言えない[8]。

D　年齢と理論の受容――①若い科学者よりも年配の科学者の方が、新しい理論の受容に抵抗するわけではない[9]。

E　数学的能力のジェンダー差――①数学的能力にはジェンダー間で差が見られるが、この差の原因はいまだ解明されていない。生物学的な要因と社会的な要因が共に影響

[3] Feist & Gorman, 1998. による。

[4] Bell, 1937; Kanigel, 1991 など。

[5] Husen, 1960; Bouchard & McGue, 1981.

[6] Lehman, 1953, 1960; Simonton, 1984, 1989 など。

[7] Lehman, 1953; Roe, 1965; Over, 1982 など。

[8] Cole, 1979; Over, 1982.

[9] Barber, 1961; Hull et al., 1978 など。

を及ぼしている[10]。

F　ジェンダーと生産性――①男性は女性よりも多くの論文を刊行している。既婚か未婚か、家族の人数、所属する学科の種類や研究機関の著名性などでは、このジェンダー間での論文数の較差を説明できない。しかし職位の差によって、説明できるかもしれない[11]。

G　ジェンダーと研究の質――①男女間の論文数の較差を考慮しなければ、男性研究者の論文のほうが他の論文に引用されることが多い。しかし、論文数の差を統制すると、女性研究者の論文のほうがより多く引用されている[12]。

H　科学的推論の発達――①科学的問題を解く子どもの思考過程は、科学者ではない大人や科学者の思考過程とは、明らかに異なる。子どもは理論と仮説、もしくは証拠と実験の双方を、同時に考えることはできない[13]。

I　両親や教師、指導者の影響――①科学への関心を発達させるためには、熱心な教師や教育を重んじる家族が重要だ[14]。②傑出した研究者の指導を受けるか否かが、その後の科学的業績を予測する[15]。

J　出生順序と科学的業績――①一般の公衆に比べて、科学者は第一子が多い[16]。②創造的で傑出した科学者は、第一子もしくは末子が多い[17]。

K　宗教的背景――①ユダヤ人家系の生まれであることが、質の高い科学的業績の生産と関連がある[18]。

[10] Backman, 1972; Benbow, 1988 など。

[11] Cole & Cole, 1973; Long, 1992 など。

[12] Cole & Cole, 1973; Sonnert, 1995 など。

[13] Siegler & Liebert, 1975; Klahr et al., 1993.

[14] Roe, 1952; Eiduson, 1962; Subotnik et al., 1993 など。

[15] Zuckerman, 1977; John-Steiner, 1985.

[16] Galton, 1874; Cattell & Brimhall, 1921; Clark & Rice, 1982 など。

[17] Helson & Crutchfield, 1970; Sulloway, 1996 など。

[18] Terman, 1954; Zuckerman, 1977; など。

□認知研究（科学の認知心理学）

科学的思考について、心理学者や認知科学者が多数の研究を行っている[19]。

Ａ　反証と２－４－６課題――認知心理学と科学哲学を結びつけた最初の研究プログラムは、ポパーの反証主義の実験心理学的研究である[20]。ウェイソン[21]は２－４－６課題を考案して、反証主義を経験的に検証可能な実験心理学の問題として具体化した。２－４－６課題は、被験者に三つの数字を提示して、その数字の組み合わせが正しいかどうかを決めているルールを発見するように求める。被験者は三つの数字の組を作るという「実験」を行い、実験者はその三つ組がルールに合っているかどうかを被験者にフィードバックする。この課題でウェイソンは、反証が有効な場面でも、被験者は自分がいだいている仮説を確証する三つ組を作る傾向（確証バイアス）があることを明らかにし、その後の研究に大きな刺激を与えた。コンピュータを用いたシミュレーション実験も開発され、活発な研究が行われている。またマホーニー[22]は、科学者と牧師の２－４－６課題の遂行結果を比較して、科学者は牧師よりもわずかしか反証方略を使用できないと報告し、注目された。

Ｂ　子どもと大人と科学者の概念変化――クーンのパラダイム論は、通常科学の危機や科学革命の際に起こる概念の変化によって、理論の交代を説明する。概念変化は心理学の研究テーマであり、子どもや大人（科学初心者）や科学者を対象として、その比較研究が行われている（表４－１）。

Ｃ　科学的発見のシミュレーション――認知研究では、科学的発見をシミュレートするコンピュータ・プログラムを用いた研究も盛んである。

［19］ページ数の制限のため、主要な研究を記載するにとどめた。これ以外にも多くの研究が報告されている。Gorman, 1999; Feist & Gorman, 1998 を参照。

［20］論理実証主義者が確証を重んじたのに対して、ポパーは「科学は反証によって進歩する」として反証主義を主張した（第2章参照）。この立場は日本の心理学者にとってもなじみ深い心理学の科学哲学（方法論）だが、ポパー以後の「科学の解釈学」や現代科学論はあまり知られていない。科学心理学については、ポパーは心理学や社会学などの哲学以外のディシプリンによるメタサイエンス研究を手厳しく論難している（Popper, 1970）。カルナップ等の論理実証主義者以上に、ポパーは科学心理学に対して否定的な態度をとっていた。

［21］Wason, 1960.

表 4-1　科学の認知心理学の研究文献——トピックスと知見の要約

（Feist & Gorman, 1998 を改変）

A　擬似課題（シミュレーション課題）における仮説検証（被験者が科学初心者の場合）

→①仮説の検証を行う際には、確証バイアスが存在する（Wason, 1960）。

②初期に確証を、後期に反証を行うヒューリスティックスが、最も効果的な方略である（Mynatt, Doherty & Tweney, 1977）。

③仮説検証は、一つではなく二つの相補的規則を探索すると、成功する可能性が増す（Tweney et al., 1981; Gorman et al., 1987 他）。

④大学生は、科学的現象の常識的な表象を形成する（McCloskey, 1983）。

⑤反証するように教示を行うと、仮説の検証において遂行が向上する（Gorman & Gorman, 1984）。

⑥確証バイアスは、ポジティブ・テスト方略と同じものではない（Klayman & Ha, 1987）。

⑦仮説検証は、二つの問題空間（仮説と実験）を同時に検討することによって、改善される（Klahr & Dunbar, 1988; Klahr et al., 1990）。

⑧科学知識の構造は、概念のノードがより差異化、精緻化されると変化する（Gholson & Houts, 1989）。

⑨反証方略が、一種の反事実的仮説検証である可能性がある（Farris & Revlin, 1989a）。

⑩誤りを犯すと、より仮説に固執するようになる（Gorman, 1989, 1992）。

⑪大人は二重探索空間を分離しようとすることがある（Brewer & Chinn, 1992）。

⑫大人は二つの問題空間の探索を調整するメタ認知的能力をもっているが、子どもはもっていない（Klahr et al., 1993）。

⑬初心者が二つの問題空間を探索できない理由は、作業記憶の容量と関係がある（Freedman, 1995）。

B　擬似課題のコンピュータ・シミュレーション（被験者が科学初心者の場合）

→①科学初心者が用いるヒューリスティックスは、コンピュータ・シミュレーションの結果と似ている（Langley et al., 1987; Qin & Simon, 1990）。

C　擬似課題における仮説検証（専門家の場合）

→①科学者の確証バイアスは、牧師よりも強い（Mahoney, 1977）。

②科学者では実験空間と仮説空間が分離されているが、子どもでは分離されていない。大人の初心者では、二つの空間が部分的に分離している（Mahoney, 1977）。

D　科学初心者による教科書的問題の解決

→①科学初心者は新しい問題の解決法を学ぶにつれ、しだいにメタ認知的スキルを身につける（Anzai, 1991）。

②科学者は順行的に、抽象的なしかたで問題に取り組むが、初心者は逆行的で具体的な仕方で問題に取り組む（Larkin et al., 1980; Larkin, 1983）。

③科学者は、非形式的な質的論理を用いて（単純な事例をアナロジーとして用いて）問題を解く（Clement, 1991）。

④科学者は抽象的な表象を形成する（Chi et al., 1981）。

E　実際課題における専門家の認知的バイアス

→①非科学者と同様に、科学者も認知的バイアスをもっている（Hanson, 1962; Kruglanski, 1994）。

F　実際課題を用いた場合の専門家のアナロジー

→①アナロジーを作り出して用いることが、創造的直観と科学的発見を促進する（John-Steiner, 1985; Gentner & Jeziorski, 1989）。

G　実際課題を用いた場合の実験室や現場における問題

→①経験豊富な科学者は、確証バイアスを示す可能性がより小さく、現実には反証バイアスを示しやすい。初心者に比べると、専門家は仮説を修正もしくは棄却しやすい。成功を収めている研究室は、ローカルで領域固有のアナロジーとヒューリスティックスを用いている。科学的発見では、予期せぬ発見（serendipity）が重要な役割を演じる（Dunbar, 1995, 2000）。

H　専門家の認知的複雑さ（実際課題の場合）

→①科学者の思考は非科学者よりも、複雑である（Suedfeld, 1985; Feist, 1994）。

I　専門家の歴史的事例研究

→①ダーウィンは認知的活動のネットワークを発展させ、活用していた（Gruber, 1981, 1989）。

②ファラデーは研究の過程の初期には確証を、後期には反証を行った（Tweney, 1985, 1989）。

③ファラデーは研究現場で多くの実践的手法を用いて研究を行ったが、これが彼のメンタルモデルに影響を与えた（Gooding, 1985, 1990）。

④物理学ではイメージとメタファーが、視覚的なものから命題的なものへと変化した（Miller, 1989）。

⑤メタファーとアナロジーの使用が、科学的知識の創造には重要である。既存の概念的スキームが新しい知識の創造を妨げる（De Mey, 1989）。

J　歴史的な科学的発見事例のコンピュータ・シミュレーション

→①尿素反応サイクルを発見したクレブスは、一般的ヒューリスティックスと領域固有ヒューリスティックスの双方を用いていた（Kulkarni & Simon, 1988）。

②コンピュータ・プログラムが、科学的発見における視覚的ダイアグラムの重要性を明らかにした（Cheng & Simon, 1995）。

③科学的発見のステップの再構成を可能にするコンピュータ・シミュレーションを開発した（Gooding & Addis, 1993）。

K　発明者による二重探索空間の探索

→①ライト兄弟は二重探索空間を用いていた（Bradshaw, 1992）。

②ベルは電話機を発明したときに、メンタルモデルとヒューリスティックスを使用していた（Gorman, 1995）。

サイモンが率いたカーネギーメロン大学の研究チームは、ヒューリスティックス（経験的規則）を用いて与えられたデータを演算し、ケプラーの法則やオームの法則などの物理法則を導き出すコンピュータモデルＢＡＣＯＮを開発した[23]。科学史上の大発見をトレースするプログラムである。また科学史家ホームズが、クレブスが見出した尿素反応サイクルの発見過程を再構成したのを受け、カルカーンとサイモンは、クレブスが発見の過程で用いたヒューリスティックスをシミュレートするＫＥＫＡＤＡを開発した[24]。その他、モーメントの保存則をトレースするＨＵＹＧＥＮＳ[25]や、ファラデーの問題解決過程をシミュレートするＣＬＡＲＩＴＹ[26]などのプログラムが開発されている。

サガードは酸素－燃素論争や恐竜絶滅の原因をめぐる論争、大陸移動説の是非など、科学の諸分野で見られる理論対立の解決をモデル化するコネクショニスト・プログラムＥＣＨＯを開発した[27]。このモデルは、最も一貫性の高い仮説が論争に勝ち残る、という彼の学説に基づいている。

Ｄ　認知的科学史研究――科学の歩みを変える重要発見を行った歴史的事例を認知的視点から研究する試みが、科学史研究に大きな成果をもたらしている。グリューバー[28]によるダーウィン研究をはじめ、トウェニー[29]やグッディング[30]のファラデー研究、ネルセシアン[31]のマックスウェル研究、カールソンとゴーマン[32]による3人の電話発明者の比較研究、ブラッドショウ[33]による飛行機の発明者の比較研究などがあげられる。これらの研究の成果は、認知心理学が科学史・科学哲学を補完することを示した。科学史家と認知心理学者の共同研究が有望である[34]。

［22］Mahoney, 1977.　三輪和久 1999「科学的発見における有効な仮説検証方略――計算機シミュレーションに基づく検討」が参考になる。

［23］Langley et al., 1987.

［24］Kulkarni & Simon, 1988.

［25］Cheng & Simon, 1992.

［26］Gooding & Addis, 1993.

［27］Thagard, 1988.

［28］Gruber, 1974.

［29］Tweney 1985.

［30］Gooding 1985, 1990.

［31］Nersessian 1992.

［32］Carlson & Gorman 1990.

［33］Bradshaw 1992.

［34］Gorman, 1999. 認知的科学史に関する邦語文献は少ない。橋本毅彦 1993「実験と実験室（ラボラトリー）をめぐる新しい科学史研究」（『化学史研究』第20巻）が参考になる。

□パーソナリティ研究（科学の人格心理学）

この領域の研究として、次の四つの基本的トピックス——A．科学者と非科学者のパーソナリティの差異、B．傑出した科学者と平凡な科学者のパーソナリティの差異、C．理論的立場が異なる科学者はパーソナリティも異なるのか、D．科学の実践が科学者的パーソナリティを作るのか、あるいは反対に科学者的パーソナリティをもつ人が科学者になるのか——があげられる。主な知見は以下のとおりである[35]。

A　科学者と非科学者の比較——①科学者はより細心で几帳面である[36]。②科学者はより支配的でよく働き、達成指向的である[37]。③科学者はより独立的であり、より社交的でない[38]。④科学者はより情緒的に安定していて、衝動をコントロールする[39]。

B　傑出した創造的な科学者と普通の科学者の比較——①創造的な科学者はより支配的で、尊大で、自信が強く、攻撃的である[40]。②創造的な科学者はより自律的で独立していて、内省的である[41]。③創造的な科学者はより勤勉に働き、野心的で達成指向的である[42]。④創造的な科学者はより開放的で、思考や行動が柔軟である[43]。

C　理論的傾向——①科学者のパーソナリティが理論の創造や受容や保持に影響する[44]。

D　パーソナリティと科学の影響関係——①パーソナリティと科学的行動の間の影響関係（どちらが原因か）は、いまだ明らかでない[45]。

[35] Feist & Gorman, 1998.

[36] Schaefer, 1969; Barton & Cattell, 1972 など。

[37] Cattell & Drevdahl, 1955; Ham & Schaughnessy, 1992 など。

[38] Roe, 1952; Wilson & Jackson, 1994 など。

[39] Bachtold, 1976; Ham & Schaughnessy, 1992 など。

[40] Van Zelst & Kerr, 1954; Helmreich, Spence, & Pred, 1988 など。

[41] Garwood, 1964; Roco, 1993 など。

[42] Wispe, 1963; Ikapaahindi, 1987 など。

[43] Wispe, 1963; Roco, 1993 な

□社会心理学的研究（科学の社会心理学）

科学は、人間の他のさまざまな営みと同様に社会的営みである。多くの場合、科学の研究は複数のスタッフからなる研究チームによって、他のチームと先取権を競って行われる。だから、科学者個人の心的要因と科学者集団の過程や社会的文脈を結びつけて分析する科学の社会心理学が果たす役割は大きい。社会的認知や帰属理論、態度と態度変容、順応や社会的影響、小集団過程、意思決定、集団間の関係などの社会心理学のトピックスは、そのまま科学社会心理学の研究テーマでもある。マイノリティー（理論的少数派）の影響や態度の変容、説得、小集団過程について、研究が始められている。この他にも業績の帰属過程、意思決定、所属集団への順応など、有望な研究テーマがたくさんある。

実験社会心理学の大家ローゼンタールが１９６０年代に最初に報告した実験者効果は、科学社会心理学の先駆けとなった。被験者の反応が、実験者のパーソナリティや魅力度や服装、ジェンダーの影響を受けて変化することが明らかになった[46]。また期待効果（研究者が抱く期待が、観察結果やデータの解釈に影響する）は自己成就的予言のメカニズムを解明した[47]。これらの効果の性質を科学者が理解し、その影響を統制して研究を行えば、研究活動を改善できる[48]。

創造性と社会的要因の関係については、次のことが言える。創造的な科学者は、自分の専門とは異なる他分野の科学者と幅広い交流をもっている。科学者や技術者は、自分とは違う考えをもつ同僚研究者が身近にいるとき、また研究室の雰囲気が既成の思考パターンを捨て、新たな発想を促すものであるときに、最も成功する[49]。

コミュニケーションや小集団の相互作用については、研究チームの発足から時間がたちメンバーが固定するにつれて、所属機関内外の情報源から隔絶するようになり、研究活動

ど。

［44］Atwood & Tomkins, 1976; Royalty & Magoon, 1985 など。

［45］Eiduson, 1974; Feist 1993 など。

［46］Barnes & Rosenthal, 1985.

［47］Rosenthal & Fode, 1963a. 期待効果は動物実験でも報告されている（Rosenthal & Fode, 1963b）。

［48］ローゼンタールは観察者効果（観察者によって観察データに系統的なエラーが生じる）と、解釈者効果（データの解釈に系統的なエラーが生じる）の二つの認知的効果を指摘した（Rosenthal,

に悪影響が生じる[50]。このため研究チームのメンバー構成をディシプリン横断的にして、ときにメンバーの配置転換を行い、新しい着想を求める必要がある[51]。

理論的少数派の影響については、19世紀末から20世紀初頭に行われた火星表面の運河の存在をめぐる論争の研究[52]や、地質学のデボン紀の存在に関する論争の研究[53]がある。後者では、マイノリティーの立場にあった研究者たちの協力と競争によって、デボン紀の存在が明らかになった。しかし、社会的ネゴシエーションの結果、発見の功績が一人の研究者に帰せられた[54]。

また、研究結果が信頼できる科学知識と認められ、公刊されるか否かを決める学術雑誌の編集の過程が、社会心理学的要因の影響を受けることが明らかになっている[55]。ピア・レビューによる相互評価編集制度では、投稿された論文が主流派の見解と一致する結果を含んでいると、その論文は受理され公刊されやすい[56]。また論文の著者が所属する研究機関が声望の高い著名な大学・研究機関ではない場合には、研究方法の不備などの方法論上の問題を理由として投稿された論文が棄却されやすい[57]。

小集団過程については、確証バイアスを小集団の問題解決場面で検討した研究[58]などが行われている。

（五十嵐）

1976, 1994）。

[49] Pelz & Andrew, 1976.

[50] Katz, 1982.

[51] Shadish & Neimeyer, 1989; Kasperson, 1978.

[52] Gorman, 1992.

[53] Shadish, Fuller & Gorman, 1994.

[54] 帰属理論でこの事例を説明できる（Feist & Gorman, 1998）。

[55] この過程は「ゲートキーピング」の機能を果たす。学術雑誌の審査者や編集者が、自分の立場と対立する見解を含む投稿論文を棄却し公刊を阻むことによって、自分の利益関心を守ろうとすることがある。このため既存のものとは異なる新しいメタ理論に基づく研究を発表する場を求めて、新しい学術雑誌が創刊されることになる。S－O－Rパラダイムを採用せず、心的過程を説明する構成概念の不要を主張し（理論の排除）、急進的行動主義を提唱した行動分

【コラム】科学心理学の研究テーマ

科学心理学を推進するメンフィス大学グループのハウトは、科学哲学や科学史、科学社会学とともに、心理学がなしえる貢献を論じている[59]。以前からこれらのディシプリンの間には縄張り争いがみられたが、心理学が科学論に新たな知見をもたらすことは明らかだ、とハウトはいう。たとえば、ポスト実証主義時代の科学哲学をめぐる諸問題について、心理学は以下のような点を検討できる。

1　科学者や科学者集団が、仮説に反する結果を仮説の誤りではなく、研究方法の誤りや測定装置の誤作動に帰するのは、どのような認知的社会的条件があるときだろうか？

2　科学者は、どのようなタイプの証拠がどのくらいあれば、既存の理論を捨てて新しい理論を採用するのだろうか？　経験的反則例と概念的反則例は、同じ重みをもつのだろうか？

3　科学者がある研究グループに属する期間の長さや、個々の科学者間の信頼関係、集団への順応を促す社会的圧力は、理論の受容や擁護、改変や棄却に、どのような影響を与えるのか？

4　科学者のコミュニケーション・ネットワークが広いほうが、科学理論の発展が促進されるのか？　あるいは科学者が孤立しているほうが促進されるのか？　他分野から専門の異なる研究者が加わったほうが、理論の発展は促進されるのだろうか？

5　ある分野に他分野から新しい技術や実験手法が導入されると、科学の理論や概念は、どのような影響を受けるのか？　たとえば、認知心理学者がコンピュータを用いて問題解決過程のシミュレーションを行うようになると、心的過程を理解する仕方が変わるのだろうか？

析学の創始者スキナーが *Journal of the Experimental Analysis of Behavior* を自ら創刊（１９５８年）した背景には、Ｓ－Ｏ－Ｒ型主流心理学が支配する心理学雑誌が行動分析学の研究論文を受理しなかった、という事情があった。また最近わが国で、実験や質問紙調査によって得られた量的データではなく、フィールドワークなどの参与観察やインタビューによって得られた質的データに基づいて執筆された論文を刊行するために「質的心理学研究」誌が創刊（２００２年）されたのも、その一例である。量的研究者が主流を占める心理学の専門雑誌が、質的研究を受理し掲載することはまれである。

[56] Mahoney, 1977.

[57] Mahoney, 1979; Peters & Ceci, 1982. これらの研究からうかがわれる現実の科学の規範はマートンのＣＵＤＯＳ型エートスと

これらのテーマは、科学心理学がなしえる研究の一例である。次に、科学史と社会構成主義をめぐって、ハウトがあげる心理学的な研究テーマの例を示す。

1　科学者が実在を認知的に構成する際には、どのような心理学的過程が関与しているのか？

2　ある特定の「構成物」は、他のそれよりも受け容れられやすいのだろうか？　もしそうなら、ある時代に広く受け容れられた構成物の認知的特徴を、モデル化できるだろうか？

3　観察の解釈に用いられる新しい概念的スキーマを、科学者はどのようにして獲得するのか？　たとえば、新しいスキーマは古いスキーマに付け加えられるのか？　あるいは認知的革新は急激で、非連続的なのだろうか？

4　科学者が理論を構成する過程はどのようなものか？　どのような推論方略が用いられるのだろうか？

5　専門分野が異なると、推論方略も異なるのだろうか？　科学者が実際に用いている推論方略は領域固有か、あるいは一般的か？

6　科学者の思考過程は、一般の公衆とは異なるのか？　もしそうなら、どのように異なるのか？　一般の人は述語計算論理を必要とする課題の遂行成績が低いが、科学者もそうなのだろうか？

7　一般の人に見られる認知的制約や判断のバイアスは、科学者の日々の実践にどのような影響を及ぼしているのだろうか？

（五十嵐）

は大きく異なり、社会構成主義の主張に近い（Shadish & Neimeyer, 1989）。

［58］Gorman et al., 1984.

［59］Hout, 1989.

■科学心理学の格子モデル——将来の研究へ向けて

現代心理学の草創期以来、心理学者は科学を対象としてさまざまな研究を行ってきた。この意味で、科学心理学にはすでに「長い過去」がある。しかしそれらの研究を集めて体系づける枠組みを欠いたために、せっかくの知見は散在したままだった。

科学心理学を体系化して今後の研究の指針を得るため、シャディッシュやニーマイヤーらのメンフィス大学グループは格子モデルを提唱している。表4‐2の科学心理学の格子モデルの縦列は創造性やパーソナリティや動機づけなど、心理学が扱う領域やテーマを表す。横行は科学の研究に含まれるさまざまな活動を示す。科学研究には、科学者が研究活動を職業として選ぶキャリア選択から、研究プログラムの立案や方法の選定、得られたデータの分析などの研究の実施、また研究成果の普及や研究活動に必要な資金の獲得、後進の科学者の育成など、さまざまな活動が含まれている。科学人類学が明らかにしたように、プロジェクトの成否は、研究にかかわるさまざまな要素（アクター）を効果的に配置・組織化できるか否かにかかっているのだ。その各々に認知やパーソナリティなどの心理学的要因が関与している。この格子モデルの縦列と横行で定められる一つのセルが、科学心理学の研究テーマを表す[1]。たとえば科学研究ではリサーチ・クエスチョン（具体的な研究上の問題）の生成に、研究者の創造性が影響を与えているかもしれない（✓印の1）。またプロジェクトのマネージメントには、研究者のパーソナリティが関与する可能性が考えられる（✓印の2）。科学心理学者はこのようにしてテーマを選び、実験や

［1］この格子モデルを用いて、研究者とその門下生の遂行を検討することもできる。大学に所属する研究者は、自らの研究と後進の

表4－2　科学心理学の格子モデル（Gholson et al., 1989を改変）

科学的活動の諸次元 ＼ 心理学の諸分野	創造性	認知	パーソナリティ	動機づけ	社会心理学	その他
キャリア選択						
プログラムの立案						
研究課題の選択						
クエスチョンの生成	✓1					
プロジェクトの具体化						
方法の選択						
プロジェクトのマネージメント			✓2			
データの分析						
解釈						
知見の普及						
他の知見の使用						
情報処理						
協働						
組織的行動						
科学の評価						
研究資金の獲得						
新米科学者の訓練						
社会的責任						
その他						

養成という二つの役割を担うと考えられる（これ以外に大学運営に関する業務があるが、ここでは研究上の問題に限定する）。ある研究者が研究業績をあげているか否か、またその研究者が指導するゼミ生が業績をあげているか否か、という二つの基準で、研究者は四つのタイプに分けられる。自分自身が研究成果をあげ、自分が指導する後進の研究者も業績をあげることが望ましい。もしそうでないなら、自身の遂行が促進もしくは停滞し、自分が影響を与えている研究者の遂行が促進もしくは停滞しているのはなぜか、格子モデルにあてはめて原因を検討できる。こうして自他の研究業績に作用する要因を特定し、改善する方途を探せばいい。

フィールドワークやその他の方法で研究を行うことができる。

これまでに報告された諸研究を格子モデルにあてはめて整理すれば、どのテーマの研究が盛んか、一目でわかるだろう。チェック印の入っていない空欄のセルは、これまでに研究されていないテーマである。また自分がいだいている研究関心が、科学心理学の研究伝統の中で、どこに位置するのか確認することもできる。もちろん、科学的研究活動の次元や心理学の領域は、表4－2にあげられたもの以外にもたくさんある[2]。ここに掲げたものは、とりあえずの出発点である。研究が進めば、縦列と横行に新たな要素を付け加えて、新たなセル（新しい研究テーマ）を作り出せばいいのだ。

□科学心理学の可能性

これまで述べてきたように、心理学は既存のメタサイエンス研究を継承しつつ、科学を対象に活発な研究活動を展開している。心理学は人間の心にかかわるすべてのことに関心をもっている。だから科学という人間の重要な営み、世界の様相を変えてしまうほどの力をもつ営みに、心理学が正面から取り組まないとすれば、むしろそれは奇妙なことだろう。また科学的行動とその心的過程は、今までに心理学が生み出してきたさまざまな理論を検証する格好の試金石でもある。

科学の心理学的側面という、今まで科学論が問わなかった未知の部分が解明されれば、科学の改善にも役立つはずだ。たとえば、人間が犯しやすい推論の誤り[3]や、集団が個人の思考や判断に与える影響を科学者が理解していれば、その弊害を防ぐ方策を講じることもできる。創造性研究が科学者の創造性を促進する条件を解明すれば、新しい発見の可能性を高めることもできるだろう。そうした知見を後進の教育に適用して、科学との最初

［2］近年、科学技術に対して社会的妥当性を求める声が高まり、科学者・技術者の倫理や資格認定基準の制度化が論じられている。全米技術者認定協会ＡＢＥＴは技術者が保有すべき能力・知識として、数学・科学・技術の知識を活用する能力、実験を計画し実行すると同時にデータを解析し解釈する能力、多くの専門領域にわたるチームで役割を果たす能力、職務上および倫理上の責任の理解、効率的にコミュニケートできる能力、現代社会が直面する論争点に関する知識、その他のさまざまな要件をあげている（柴田 2002 より）。

［3］Tversky & Kahneman, 1974.

の出会いの場となる小中学校の理科教育をはじめ、大学院の選抜方法やカリキュラムなどの科学者養成プログラムを改善できる。そうすれば子どもの好奇心を解放し、科学を志ざす若者の可能性をもっと伸ばせるはずだ。純粋な知的能力や認知的スキル以外にも、科学上の業績に影響を与える要因はたくさんある[4]。現行の科学教育や選抜試験をこのまま続けると、隠れた有望な才能を活かせないまま、失ってしまうことにもなりかねない[5]。

今日の巨大化した科学技術は、人類の将来を左右する力をもっている。それは、地球環境問題や高度先端医療技術、日常生活のＩＴ化など、さまざまな場面で一般の人々に直接影響を及ぼすようになった。人口の圧倒的多数を占める公衆が、科学を適切に理解する必要性はいっそう大きくなっている。科学は公衆に理解され支持されて、公衆に利益をもたらすものでなければならない。また、公衆の理解をえられない研究は実行できないこともある。公衆の意見が科学政策立案者に影響を与え、公的機関による研究資金の配分を変えるからだ。科学者は自らの営みを公衆に説明して理解をえる説明責任を負っている。この点で、科学とはどのようなものかを研究する科学論研究者が果たす役割は大きい。科学論は、科学と公衆の間を橋渡しする重要な役割を担っているのだ。科学と公共性、科学的合理性と社会的合理性の関係を考えるうえで、科学心理学が照らし出す新たな科学の描像は、公衆の科学理解を深める助けとなるだろう。

もちろん科学心理学は、心理学を研究する心理者の行動とその心的過程を、批判的立場から研究しなければならない。科学知識の社会学が提唱した反射性のテーゼ（自己反省的研究の必要）は、忘れてはならない出立点である。心理学自体を研究対象とする理論心理学が依拠する視座もこの自己反省的立場である[6]。心理学者を含む科学者と科学者集団を対象とする、さらなる心理学的研究が待ち望まれている。

（五十嵐）

［4］Goleman, 1995; Sternberg, 1986, 1988.

［5］Gardner, 1993.

［6］心理学のメタサイエンスである理論心理学については、第1章および第4章次項を参照。

■現代理論心理学――その動向

□先駆者たち――コッチ、マッセン、ジオルジ

理論心理学は心理学の諸理論と理論に関する問題を研究する心理学のメタサイエンスである[1]。それは心理学の哲学や心理学史、心理学（者）の心理学的研究など、心理学自体を対象とするさまざまな研究の集成といえる。１９８０年代にこうした問題に関心を抱く研究者の間で知的交流の場を求める機運が高まり、１９８５年８月に欧米諸国の研究者がイギリスのプリマスに集い、国際理論心理学会（the International Society for Theoretical Psychology; ISTP）が誕生した。もちろんこの背景には、先達から受け継がれてきた心理学のメタサイエンスの伝統があり、１９６９年には心理学の諸パラダイムや諸学派の統一をめざしてバンフ国際会議（カナダ）が開かれるなど、イギリスやオランダ、カナダ、アメリカなどの研究者たちは早くから理論的問題に関する研究を行っていた。初期の理論心理学研究を方向づけたものとしてシグムント・コッチとＫ・Ｂ・マッセンの所説があげられる[2]。

わが国ではコッチは、アメリカ心理学会の後援によって刊行された論文集 *Psychology: A study of a science*（６巻）の企画・編集責任者として[3]、またハルの学習理論の批判者として、わずかにその名が知られているに過ぎない[4]。しかしコッチは「理論心理学の先駆者」、「現代心理学の基盤を誰よりも深く考察した人」と呼ばれる心理学の哲学の第一人者であり、科学哲学における論理実証主義や操作主義の主張を取り入れて新行動主義が

[1] Madsen, 1987.

[2] この記述は、国際理論心理学会大会の報告論文集第1巻の序文による（Baker et al., 1987）。Maiers et al., 1999 や Morss et al., 2001; Stephenson, et al., 2003 など、これらの論文集は理論心理学の基礎的研究文献である。

[3] Koch, 1959, 1962, 1963.

[4] 五十嵐 1998.

まさに成立しつつあった1930年代から、新行動主義方法論の科学哲学的研究を行っていた[5]。

1951年の論文「1950年現在の理論心理学——その概観」において彼は、心理学が適切な理論を構築するためには、研究によって得られた知見を現実的に評価し、それに見合う適度な（謙虚な）目標を掲げて理論的研究を行うことが不可欠だと論じていた。そのために必要な理論心理学的営みとして、（a）科学の方法論と論理の教育、（b）心理学の方法論的な基礎づけにかかわる問題の分析、（c）既存の形式的に不完全な理論の体系化、（d）互いに相容れない諸理論を検討し、それらの差異を解明すること、（e）新しい理論の構築、をあげていた。これらのメタ理論的視点は、今日でも意義を失っていない。

心理学界の「百科全書的業績」[6]と賞賛された上記の論文集は、心理学の各分野を代表する学者がそれぞれ当時の最先端の研究を紹介して、諸学派の統一の可能性を探るものだった。しかし同叢書の編集の過程で、コッチは1950年代末の時点で心理学のますますの細分化を目の当たりにし、諸学派の統一の不可能を悟った。この認識をもとに細分化の原因と対策を究明するために行動主義方法論の哲学的前提を分析し、新たな心理学方法論を創り出すために「認知の病理学」の克服をめざす彼の研究が始まった[7]。こうした彼の業績を記念して、2001年に国際理論心理学会によって、次代を担う大学院生を対象とするシグムント・コッチ賞が創設された[8]。

デンマークの心理学者マッセンは1950年代に学習理論や精神分析、エソロジーなどの諸学派が提唱する多数の動機づけ理論を網羅して比較検討する研究を行い、学位を取得した。そこからさまざまな心理学理論を比較してその異同を明らかにし、さらに理論間の

［5］ニューヨーク大学で英文学を専攻していたコッチは、論理実証主義哲学に出会って心酔し、その方法を心理学に適用しようと思い立った。彼はウィーン学団の哲学者ファイグルが教えていたアイオワ大学大学院に進学し（1938）、哲学と心理学を学んだ。ここでの研究の成果に立って、当時、新行動主義方法論の主要な問題だった動機づけの概念を論理実証主義の立場から分析した（Koch, 1941a, 1941b）。これと関連してコッチはハルの学習理論を批判的に評価する論文を発表した（Koch, 1944, 1951）。この二つの仕事によって心理学の哲学の第一人者と目され、*Psychology: A study of science* の企画と編集を任されることになった（Koch, 1999）。

［6］わが国でも長年、心理学の「正史」とされてきた『実験心理学史』（Boring, 1929, 1950）の著

齟齬の原因を究明するために、心理学理論が暗黙裡に前提する哲学的要因を分析する、というメタ理論的立場が発展した。マッセンによれば、行動主義や精神分析や人間性心理学など、心を研究する学問という同じ任にありながら、互いに両立不可能な学派が並立しているのは、それらの理論が前提とする人間観や世界観、科学観などのメタ理論的要因の不一致が原因である。こうした哲学的要因を検討しない限り、学派間の対立の原因を正しく理解することはできない。心理学のメタサイエンスとしての理論心理学は、彼が切り拓いた諸理論を比較検討する視座に多くを負っている。マッセンは１９９１年の第37回日本理論心理学会大会に招かれて、「心理学諸理論の理論」と題する講演を行い、自ら上記の立場を日本の研究者に向けて紹介した。

論理実証主義的なメタ理論に基づく主流心理学が支配し、実験室実験や質問紙調査などの量的研究が圧倒的多数を占める北米の心理学界にあって、１９６０年代以来、一貫して質的研究の意義を強調し、現象学的心理学の研究伝統を発展させた心理学者がアメディオ・ジオルジである。彼は自ら *Journal of Phenomenological Psychology* 誌を創刊して（1965）、長く編集責任者を務めるとともに、デュケイン大学（ピッツバーグ）で現象学的心理学の研究と教育に邁進した。現象学的心理学に関する多数の論文と、その立場を主張し擁護する旺盛な学会活動によって、自他共に認めるこの分野の第一人者である。

長年にわたり主流心理学からの圧力に抗して質的研究を推進してきた経験を踏まえ、マイノリティーの立場にある研究者たちがネットワークをもつ大切さを痛感したジオルジは、人間性心理学と質的研究を主要なテーマとする人間科学研究国際会議ＩＨＳＲＣの創設に中心的な役割を果たした。ジオルジ自身は、フッサール現象学の方法を適用して少数事例の経験を詳細に検討することにより、学習や知覚などに関する一般的な知見に到達できる、

者ボーリングの言葉（Boring, 1959）。

［7］Koch, 1965. すべての心的現象を「刺激」と「反応」と両者の「連合」という三つの基本的カテゴリーだけで説明することや、心理学用語の意味を操作的定義によって規定するために、心的現象の多様さや豊かさが制限される点を、コッチは問題視した。こうした平準化された、誰にでも行える方法だけが対象の意味を正しく捉えるという考えが、「認知の病理学」の典型的な症状である。晩年のコッチは、認知の病理学の克服に成功した事例として、傑出した作家や芸術家に詳細なインタビューを行い、創造性の源泉を探った（Koch, 1998）。

［8］第1回シグムント・コッチ賞は、論文「アリストテレスのプシュケー、ハイデガーのロゴス：

という立場をとる。しかし、断固として相対主義的立場を主張するガーゲンの社会的構成主義やクヴァルらが提唱するポストモダン心理学[9]など、自らとは意見を異にする研究者を尊重し、対話と協働に務めている[10]。やむことなく現象学的心理学を追究し、かつさまざまな少数派アプローチの間の対話を促す試みを続ける「注意深い思索者」である。『現象学的心理学の系譜』や『心理学の転換』などの邦訳書により、オーソドックスな実験心理学に飽き足らなさを感じていた日本の心理学者にも影響を与えてきた。

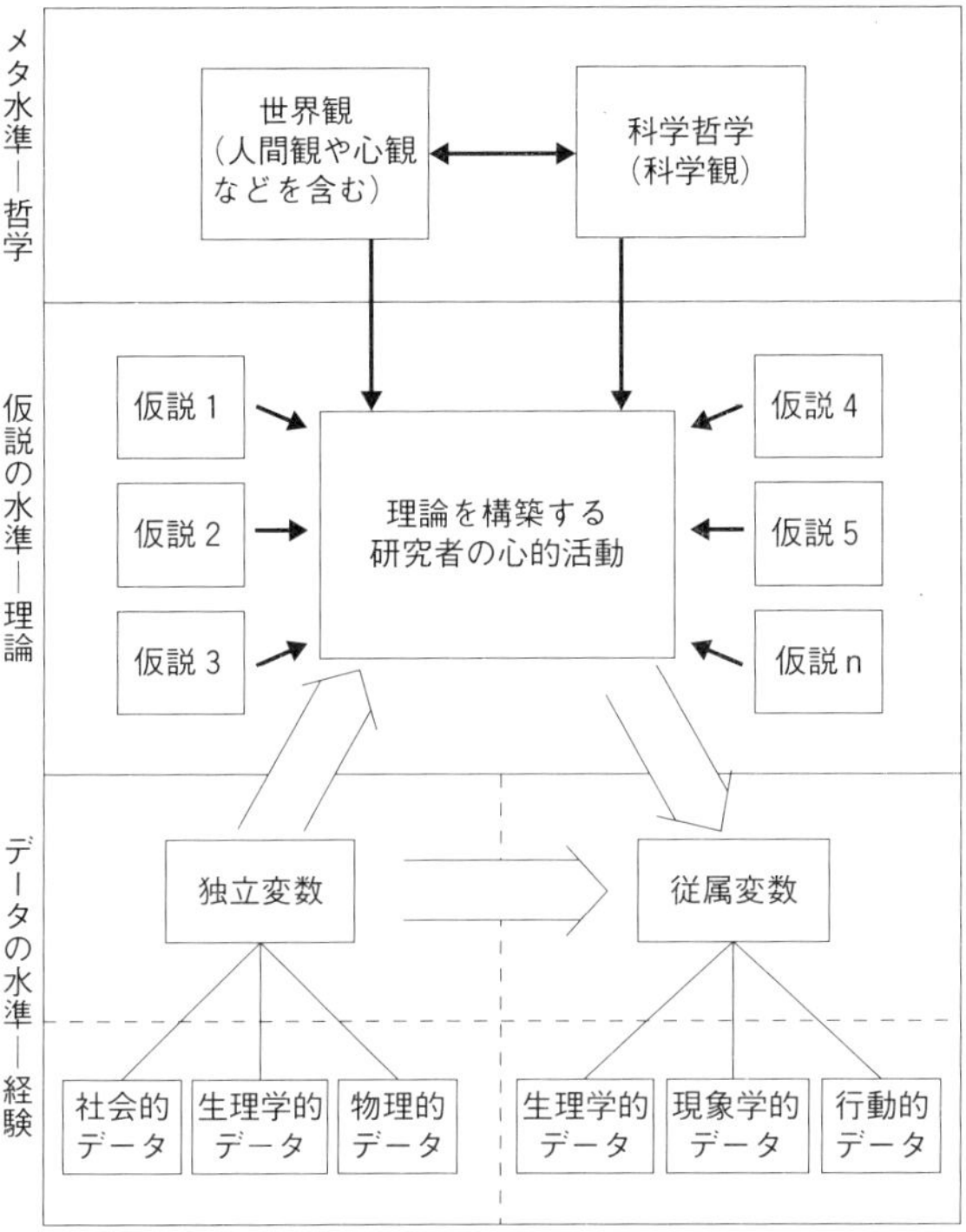

図 4-3　心理学論理の 3 水準における分析（Madsen, 1987を改変）

心理学理論から導かれた仮説は、経験的水準で実験や調査によって検証される。ある研究者がどのような心理学理論を構築するかは、その研究者の人間観や科学観（哲学的水準）によって、あらかじめ規定される側面がある。（独立変数と従属変数を導入するなど、このマッセンの図自体が新行動主義的アプローチを前提にしている。）

ハイデガー思想における心理学の正統化について」を発表したブレット・ブキャナン氏（デポール大学、アメリカ）が受賞した。2001年の第9回国際理論心理学会大会（カナダ、カルガリー）で発表された大学院生の論文の中から選ばれた。

[9] Kvale, 1992.（クヴァル・S編、永井務監訳 2001『心理学とポストモダニズム——社会構成主義とナラティヴ・セラピーの研究』こうち書房）

[10] 現象学的心理学を推進するジオルジの執筆活動は旺盛かつ持続的である。1960年代の初期論文から現在（たとえばGiorgi & Giorgi, 2003）まで、その立場は一貫している。

□理論心理学の課題――ガーゲンの指針

ガーゲンは理論心理学の代表的ジャーナルである *Theory and Psychology* 誌創刊号(1991)に「理論心理学の挑戦」と題する論文を発表し、理論的研究の動向と取り組むべき課題を以下のように概観している[11]。

[11] Gergen, 1991.

①　実証主義に代わるメタ理論の探究

心理学は実証主義的メタ理論に代わる、新たなメタ理論を必要としている。メタ理論は、心を研究する学問である心理学の特質、研究を導く原則、心理学の研究と実践の目的、研究結果を評価する基準、心理学が時代の文化の中で演じるべき役割などの問題を位置づける準拠枠となる。新しいメタ理論の候補として、ブレンターノに発しフッサールが確立した現象学や、聖書解釈学以来の長い歴史をもちガダマーやリクールによって新たな発展をとげた解釈学があげられる。また新しい動向として社会構成主義、フェミニスト心理学、フランクフルト学派の批判理論などが有望である。

②　理論形成の文脈の研究

心理学理論はある特定の文脈の中で生み出されるため、理論形成に影響を与え、理論化をときに促進し、ときに妨げる文脈の影響を研究する必要がある。文化的、イデオロギー的、経済的、社会的文脈の存在を踏まえ、それが理論形成に及ぼす作用を解明しなければならない。

③　自己反省的分析

心理学理論の背後で暗黙裡に理論に影響を与えるイデオロギーを批判的に検討し、さまざまな理論を概念的、修辞学的視点から吟味する必要がある。今日では「科学の価値中立性」という哲学的前提は否定され、心理学理論のイデオロギー的批判が求められている[12]。フランクフルト学派の批判理論やフェミニスト心理学がこれを行っている。心理学者が貧困者や高齢者などの社会的弱者やマイノリティーの立場を代弁し、擁護することが重要である。

心理学理論の哲学的前提に対する概念的批判として、外部に実在する事実とそれを写す「鏡としての心」という二元論的発想への批判があげられる。『哲学と自然の鏡』[13]においてローティは古代ギリシア以来、西洋哲学の認識論的枠組みとなってきた二元論を抜本的に批判した。それをうけて客観的に外在する事実があり、事実を正しく写し出す曇りなき鏡（心）が真なる知識をもたらす、という考え方の特殊性が認識されるようになった。しかし、ほとんどの心理学理論は現在もこの二元論を前提としている。その他、志向性の役割の検討や諸心理学を統一する可能性の探究などの問題があげられる。

また修辞学的批判としては、表現をめぐる問題が重要である。研究対象は著述や図表などの手段を用いて表現されるが、表現のルールや手続きが、そのあり方や研究対象さえも、あらかじめ規定することを忘れてはならない。経済学や人類学、コミュニケーション論、政治学などと同様に、レトリックのポストモダン的研究が、心理学に大きな成果をもたらす可能性がある。

科学の価値中立性という哲学的前提のために、人権や権力や客観性とは何か、といった問題をめぐって巻き起こった20世紀の主要な知的論争に、心理学者は参加しなかった。ポスト実証主義の時代を迎えた現在、心理学者も社会の一員として、積極的にこうした論争に加わり発言するよう求められている。

④ 歴史的文化的な比較検討

[12] コラム【批判心理学】参照。

[13] Rorty, 1979.

西洋では心理学が独立したディシプリンとして成立するはるか以前から、さまざまな心の説が展開されてきたが、それらの理論は前科学的な単なる思弁とみなされ、心理学者が真面目に省みることはなかった。しかし過去に行われていた心の理論を再検討すれば、現代心理学は新たな発展と自己反省の機会を得る。心理学史研究は、研究活動を規定する歴史的条件や諸学説の消長の過程を解明し、現在流布している支配的な理論にも、さまざまな外的要因が影響を及ぼしていると自覚させてくれる。歴史的心性に関心をもつ歴史家、文学研究者、社会学者等との交流が大切だ。また西洋以外の諸文化が生み出した心の理論と西洋の心の理論を比較検討すれば、新しい理論のヒントが得られるだろう。文化人類学者との共同研究が有望である。

⑤　文芸論的制約と可能性

心理学理論は研究者の言語活動によって生み出され、ある特定の言語を用いて著述されるが、その言語の修辞学的、文芸論的（literary）習慣が心理学理論に与える影響を検討しなければならない。心理学者の主要な使用言語である英語による理論の著述は、英語の文法や修辞学的な習慣によって制約されている。言語学的習慣が心理学理論の著述に科す制約を考察しなければならない。心が構成される過程に及ぼす、メタファーや語り（narrative）の影響の研究が始められている。文芸批評の脱構築論や記号論を援用して心理学理論を検討する試みが有望だ。心理学者は新たなポストモダン的な著述スタイルを探求する必要がある。フェミニズムや社会学、人類学などでは、すでにこの試みが行われている。

□ *Theory and Psychology* 誌に見る研究の動向

Theory and Psychology 誌は１９９１年に国際理論心理学会とアメリカ心理学会第24部会

（理論的哲学的心理学）、カナダ心理学会心理学史・心理学の哲学部門、国際行動社会科学史学会北米支部の協力と連携の下で創刊された。

同誌の共同創刊者で編集長を務める批判的健康心理学[14]のパイオニア、ヘンドリクス・スタムは1991年の創刊から10年間に同誌に掲載された研究を通覧して、理論心理学の研究動向を次の12のカテゴリーに要約している。総計6200ページに及ぶ諸研究はそのテーマから、1 認知・知覚・記号論、2 方法論・仮説検証・数理モデル、3 臨床心理学・精神病理学・精神医学、4 心理学の哲学、5 社会心理学・発達心理学、6 フェミニズム・性の政治学・身体論、7 社会構成主義・ディスカーシブ心理学、8 歴史的研究、9 批判理論・心理学の社会的批判、10 精神分析、11 解釈学・現象学、12 ポストモダニズム・脱構築主義、の12カテゴリーに分類された[15]。これらに現在の理論心理学の主要な研究テーマをうかがうことができる。

Theory and Psychology 誌は、世界各国の心理学者や隣接諸学問の研究者によってなされた理論的問題に関する「中範囲（mid-range）」の研究を刊行し論議を促すことによって、理論心理学の発展をめざしている。中範囲の研究とは個々の心的現象を検討するものでも、あらゆる心的現象を一挙に説明するグランドセオリーを提唱するものでもない。それは複数の心的現象や心理学の複数の分野にかかわる問題を扱う研究であり、心理学と隣接諸学問との関係を論じる研究である。

また前述のガーゲンは「理論心理学の挑戦――再訪」と題する論文で、創刊から10年を迎えた *Theory and Psychology* 誌の今後の課題として、以下の点を指摘している[16]。

基礎づけ主義を特徴とする論理実証主義的なメタ理論の一元的支配は終わりつつあるが、唯一の正当なメタ論による基礎づけを執拗に求める傾向は現在も見られる。心理学はこれ

［14］健康心理学は、心理学的過程を有効に活用することによって、疾病の治癒を促進し、健康の維持・増進をはかるとともに、食生活や運動などの生活習慣を改善して疾病を予防することを目指す。北米で近年もっとも心理学が発展した分野とされ、病院などの医療機関や地域保健センターなどで健康専門職の一員として健康の回復・維持・増進を目的とする職務を行っている。そのための介入プログラムを開発する研究も盛んである。主流健康心理学は認知行動主義的アプローチを採用し、個人内部の認知的過程を変容することによって、健康に影響を与える行動を変えようとする。批判的健康心理学は、この個人主義的姿勢に異議をとなえ、ある個人の健康を実現するために、その人が生活を送っている環境や社会経済的地位（SES）や、それらに大きな影響を及ぼしている政治的経済的諸

に抗して、複数の多元的なメタ理論を保つ努力を続けなければならない。
理論心理学は主流心理学に対する単なる批判や反対意見の表明に止まらず、代替案を提唱して建設的対話に努めなければならない。また理論の目標や機能を省察し、心理学理論が社会の中で果たしえる役割を検討して、政策立案者や社会活動家等と交流する機会をつくる必要がある。また心理学理論の歴史的研究と西洋以外の文化が生み出した心の理論の研究を、さらに推進しなければならない。ガーゲンは心理学理論の新しい表現法[17]を探求する試行的研究を、もっと *Theory and Psychology* 誌が掲載するように求めている。

現在、経済や政治だけでなく学問や思想などの文化をも含むさまざまな領域で、グローバル化が急速に進行している。その過程では北米社会の個人主義的な人間観・心観が、市場における自由競争の原理と同じようにすべての人間に普遍的に妥当するものとして、世界中のいたるところへと拡張されている。こうした状況では西洋、特に北米の心理学理論が西洋以外の地では植民地主義的含意をもつため、非西洋諸国の研究者と理論的問題について対話することが急務だ、とガーゲンはいう。

（五十嵐）

【コラム】批判心理学——自己反省性・心の構成と権力・グローバル化

1990年代から欧米先進国ばかりでなく中南米やアフリカの心理学者も加わり、心理学理論や実験・調査などの研究活動、臨床的実践、教育や職業的制度などを自己反省的に検討する研究が活発化した。研究の対象も方法も哲学的背景も種々様々なこの動勢は、心理学の現状に問題を見いだし（たとえば、心理学が必ずしも公衆の幸福に寄与していない点）、その改善をめざす姿勢を共有しており、批判心理学（critical psychology）と呼ばれる[18]。

もちろん現行の心理学に疑問をもち、その改善を志した心理学者は以前から各国にたくさん

制度などのマクロな要因の改善を目指す。また個々のクライエントをより精確に理解するため、実験や質問紙調査などの量的研究方法の外に、インタビューや参与観察などの質的研究方法も用いられている。このように健康心理学をクライエントやサービスの受け手にとってより好ましいものにするために、現行の理論や介入プログラム、諸制度などを自己反省的に検討している。批判的健康心理学は、1990年代半ばから活発になった現代批判心理学運動の主要な担い手のひとつである。

[15] Stam, 2000.

[16] Gergen, 2000.

[17] たとえば多声的な（poly-vocal）、自己反省（反射）的な

いたはずである。今日、特に心理学の現状を批判して、現行の主流心理学の形成過程を再構成し、それに代わる新しい心理学（人間の幸福に寄与する心理学）の構築を求める声が高まった背景には、１９９０年代以降、急速に進行している市場至上主義的な経済のグローバル化がある。市場における自由競争を原理とするグローバル化は、西洋（特に北米）の価値観のグローバル化を伴っている。そこでは外界から必要な情報を取り入れて、知性の働きによって合理的な判断を下し、自らその責任を負う独立した個人という人間観・心観が含意されている。こうした心観の形成には、北米心理学が大きな役割を演じてきた。自由競争によって不利益を被るのは社会的弱者（南側発展途上国の一般市民や、北側先進国の貧困層やマイノリティー）であり、その立場を擁護するために、社会的弱者の視点から主流心理学を批判する動勢が生まれた。そこにはポスト構造主義やフェミニズム、ネオ・マルキシズム、ポスト・コロニアリズムなど、現代思想の様々な潮流が影響を与えている。

現代批判心理学運動の先駆けは１９７０年代にベルリンで始まった。米ソの二大陣営の対立のために国土を分割され、政治的緊張が日常化していた旧西ドイツでは、マルクス主義の立場から抜本的に新しい心理学の構築を目指したクラウス・ホルツカンプ（ベルリン自由大学批判心理学研究所）の指導の下で、批判心理学は１９７０～８０年代に一大勢力となった（ドイツ批判心理学）。またイギリスや北米では１９８０年代以来、フェミニスト心理学が心理学にひそむ家父長主義的、男性中心主義的側面を暴きだし、主流心理学が女性を疎外するプロセスを解明して、批判的研究を刺激してきた。

また１９７０年代にヨーロッパを中心に、実験室における実験を正当な研究法として重視する北米の社会心理学に異議を唱え、より社会的文脈を重んじた研究を求める動勢が起こった（「社会心理学の危機」論争）。その中からディスコース分析によって、特定の個人の主観性を詳細に検討する研究が生まれ、１９９０年代には質的研究運動をリードするようになった。イギリスで批判心理学にたずさわる質的研究者は、実験や質問紙調査などの量的研究法に偏重す

(self-reflexive)、フィクショナルな、ポエティックな著述形式など。

［18］Fox & Prilleltensky, 1997.

る主流心理学を批判するとともに、抑圧された個人の心的世界を解明する研究法としてディスコース分析などの質的研究法を推奨している。

一方、中南米には政治的経済的特権層による搾取や弾圧と闘い、社会的弱者の解放を目指す「解放の心理学」[19]がある。この立場には解放の神学や「意識化」を重んじるパオロ・フレイレの教育思想が深く影響を及ぼしている。またアフリカの心理学者の中には、欧米中心主義的な偏見を根深く胚胎する西洋心理学の植民地主義的性格を、ポスト・コロニアリズムの視座から批判する動きも見られる[20]。経済的社会的保護制度を撤廃し、市場至上主義を掲げ自由競争を強制する経済のグローバル化によってもっとも不利益を被るのは、南側の発展途上国の一般市民である。南側諸国の心理学者による批判の声は日増しに大きくなっている。同じ問題は北側諸国でも起きている。１９８０年代以降にネオリベラリズム的政策によって経済の自由化が進んだ欧米諸国では、競争に勝ち残った強者に富が集中する傾向が強まり、多くの国で貧富の較差が拡大した。貧困層や黒人、アジア系などの有色人種や民族的少数派の生活条件が悪化し、その影響は心身の健康に直接にあらわれている。このため健康心理学者やコミュニティ心理学者の中から、批判心理学的アプローチを取る専門家が現れた。

またガーゲンが指摘しているように、心理学史研究は今日当然のものとみなされている心理学の理論や実践や諸制度が、時代の社会的文化的文脈の中で利害関係者たちの思惑や偶然の要素の影響を受けながら、集合的に構成された過程を明らかにした。１９８０年代に心理学史のヒストリオグラフィーの主流となった「新しい心理学史（批判的心理学史）」は、批判心理学の主要な原動力のひとつである。

（五十嵐）

［19］Martin-Baro, 1994.

［20］Mama, 2001; Sloan, 2000.

あとがき

ようやく出版まで漕ぎつけた。こうして「あとがき」を書いていると感慨深いものがある。なぜなら、本書の出版は私の長年の希望であり、また企画から出版までに数々の困難があったからだ。

私は１９８７年から人工知能の研究を始めた。当時はコンピュータ技術の急速な発展とあいまって、「心をもつ機械」の開発がまだ現実味を帯びていた。その一方で、哲学者のドレイファス兄弟の『純粋人工知能批判』（アスキー出版）が出版され、哲学からの人工知能批判が始まった頃でもあった。私は約五年間、人工知能研究の一環として、エキスパートシステムの研究開発を行なった。人間の専門家にインタヴューをして、その専門的知識と推論形式をコンピュータ上に実現し、システムに人間の代わりをさせるのである。専門家の暗黙的な思考を引き出し、それを明示的な知識として書き下すという際限のない作業、またその知識の連鎖から発生する膨大な推論を現実的な時間内に終了させるという容赦のない制約に、気が遠くなる思いであった。果たしてこのようなシステム開発は可能なのか、もし可能ならば完成した機械システムは「心」をもつのか、そうだとすると人間は機械なのか、それともドレイファスが言うように、そもそも不可能な目標に私たちは挑戦しているのだろうかなどと、次々と疑問が湧いたものである。ところがこうした疑問への接近法は、工学分野の中にはなかなか見出せなかった。そこでドレイファスを入り口にして、哲学分野の中に手がかりを探した。哲学書を読み進んだり、哲学者と語らったりすることで、十年ほどして哲学特有の用語が理解できてくると、科学哲学、分析哲学、心の哲学などの諸分野に、すでにかなりの成果が蓄積されているのがわかってきた。すると、そうした成果を知らずして科学技術を推進（しようと）してきた私自身が滑稽に見えると同時に、もっと早く知っておきたかったという苛立ちをも感じるのである。それらの成果をまとめた入門書がぜひ、次の世代のために必要だ。私は、そういう希望をもつようになった。

本書は、これからの「心」にまつわる科学や技術を推進する人々に、現代哲学の成果を簡便に理解していただくことを狙って企画された。この企画の舟出は１９９７年に遡る。ベムらの『心理学における理論的諸問題』（ＳＡＧＥ）が出版され、当初はこの本の邦訳を企画したのであった。ベムらの本は、心の科学の背景になる哲学を見通しよくまとめたものであった。私は当時懇意にしていたいくつかの出版社に邦訳企画を持ち込んだのだが、一様に「心理学の分野で哲学までに興味をもつ読者層が十分に見込めない」という理由で却下になってしまった。気を取り直して翌年からは、理論心理学研究会の参加者で全文を逐次的に邦訳しながら議論するという勉強会を、二、三年ほどのあいだ行なった。今回の執筆陣はこの時の研究会参加者である。その間にも編者二人は、出版の可能性を模索していたのであるが、そのうち、ある出版社の企画で、同じテーマで書き下ろしにするならば出版できる、ということになった。そこでこの企画に乗って、いままでの勉強会の成果も原稿の一部に盛り込み、２００２年末には原稿の大枠が整った（勉強の機会を与えていただいたベムらには、遅まきながら感謝する次第である）。ところが今度は、なんと、その出版社の担当編集者と社の上層部との意見の食い違いが表面化し、あおりを食らって企画そのものを取りやめにせざるを得なくなってしまった。転覆した舟を立てなおすごとく、編者二人は、原稿を持っての出版社回りを余儀なくされた。この窮地を救ってくれたのが新曜社の塩浦暲氏であった。新曜社では、若干の形態の変更はあったものの、ほぼ最初の企画どおりに順調に出版をしていただいた。とはいえ、一年以上にもわたって原稿が「塩漬け」になった点については、編者として執筆者の方々にお詫びを申し上げねばならない。

こうして本書が日の目をみることとなったのだが、この十年の間に人工知能、とくにエキスパートシステムの開発は、壁に当たってすっかり忘れ去られた感がある。しかしよく見ると、ロボットの開発や、脳神経科学の研究など、次の「心にまつわる科学技術」（マインドサイエンス）の興隆の兆しがある。こんどこそ科学者と哲学者の生産的な協働作業がなされることを期待する。そしてその相互理解に本書が役立つことを、切に願うものである。なお、本書の構想の母胎となった理論心理学研究会は、その後、「理論心理学・心理学の哲学・合同研究会」（http://www.kisc.meiji.ac.jp/~rishin/）と名を変え、現在も続いている。熱意ある研究者・学生をつねに募っているので、参加希望の読者は一報されたい。

最後になったが、校正段階で全体を通読して貴重なご意見をお寄せいただいた同僚の岩渕輝氏に感謝する。紙面の都合で、必ずしもすべての指摘には対応できなかったのは残念である。新曜社の塩浦暲氏には、たいへんお世話になった。重ねてお礼を申し上げる。

２００４年７月

編者を代表して　石川幹人

好評関連書より

村上陽一郎 著
西欧近代科学〈新版〉
科学＝西欧の思想と文化の根底にあるものを明らかにした画期的な科学史入門。
四六判336頁
本体2400円

村上陽一郎 著
近代科学と聖俗革命〈新版〉
現代科学の基本的枠組みを決定したもう一つの革命――聖俗革命――の重大な意味とは？
四六判320頁
本体2500円

黒崎 宏 著
ウィトゲンシュタインが見た世界 哲学講義
独自の言動と哲学で知られるウィトゲンシュタインにとって世界はどう見えていたか？
四六判218頁
本体1900円

井山弘幸・金森 修 著
ワードマップ **現代科学論** 科学をとらえ直そう
科学と関わりなく生きることのできない現代において、そのもつ意味を平易に問い直す。
四六判274頁
本体2200円

河本英夫 著
ワードマップ **オートポイエーシス2001** 日々新たに目覚めるために
従来の科学思想とは全く異なる「21世紀の経験科学」への、イメージあふれる案内書。
四六判320頁
本体2600円

無藤 隆・やまだようこ・南博文・麻生武・サトウタツヤ 編
ワードマップ **質的心理学** 創造的に活用するコツ
専門家が惜しげなく明かす、質的心理学ビギナーのためのノウハウ集成。
四六判288頁
本体2200円

（表示価格は消費税を含みません）

新曜社

入門・マインドサイエンスの思想
心の科学をめぐる現代哲学の論争

初版第1刷発行　2004年11月15日©

編著者　石川幹人
　　　　渡辺恒夫
発行者　堀江　洪
発行所　株式会社 新曜社
〒101-0051　東京都千代田区神田神保町2-10
電話 03-3264-4973㈹・Fax 03-3239-2958
e-mail info@shin-yo-sha.co.jp
URL http://www.shin-yo-sha.co.jp/
印刷　亜細亜印刷　Printed in Japan
製本　難波製本
ISBN4-7885-0926-1 C1010

執筆者・編者紹介（五十音順）

五十嵐靖博　（いがらし　やすひろ）【第４章執筆、第１章分担執筆】
出身大学：早稲田大学大学院文学研究科心理学専攻（単位取得退学）
現　　職：山野美容芸術短期大学美容保健学科講師
研究領域：学習心理学、理論心理学
主要業績：『はじめてまなぶ心理学』（共著、アートアンドブレーン）
『意識の〈神秘〉は解明できるか』（共訳、青土社）
『心を名づけること――心理学の社会的構成』（共訳、勁草書房）

石川幹人　（いしかわ　まさと）【編者、第１章分担執筆】
出身大学：東京工業大学理学部、同大学院総合理工学研究科（中途退学）
現　　職：明治大学情報コミュニケーション学部教授、博士（工学）
研究領域：認知情報論、生命情報論、科学論
主要業績：「組織化される現実」『現代思想』32－１号
『心とは何か――心理学と諸科学との対話』（共編著、北大路書房）
『人間と情報』（単著、培風館）
表　　彰：第４回、第６回情報文化学会賞受賞

高砂美樹　（たかすな　みき）【第２章共同執筆、第１章分担執筆】
出身大学：筑波大学人間学類、同大学院心理学研究科修了
現　　職：東京国際大学人間社会学部教授、学術博士
研究領域：心理学史、神経科学史、バイオサイコロジー
主要業績：『流れを読む心理学史』（共著、有斐閣）
『通史　日本の心理学』（分担執筆、北大路書房）
『Wilhelm Wundt in History』（分担執筆、Kluwer Academic/Plenum）

水本正晴　（みずもと　まさはる）【第３章執筆】
出身大学：一橋大学社会学部、同大学社会学研究科（博士取得見込）
現　　職：日本学術振興会特別研究員（都立大学）、明治大学文学部兼任講師
研究領域：心の哲学、認識論
主要業績：『西洋の哲学者たち』（共著、梓出版社）
「取り囲むこと：ウィトゲンシュタインのUmgebung概念」『哲学の探求』26号
「意図、身体、視覚：ウィトゲンシュタインの「実験」」『科学哲学』35－１号
表　　彰：第１回科学基礎論学会賞受賞

渡辺恒夫　（わたなべ　つねお）【編者、第２章共同執筆、第１章分担執筆】
出身大学：京都大学大学院文学研究科博士課程（単位取得退学）
現　　職：東邦大学理学部教授
研究領域：心理学、科学基礎論
主要業績：「明晰夢・死・転生」『現代思想』32－１号
『〈私〉という謎――自我体験の心理学』（共編著、新曜社）
『〈私の死〉の謎――世界観の心理学で独我を超える』（単著、ナカニシヤ出版）
『心理学の哲学』（共編著、北大路書房）

人名索引

■ さ行

■ た行

■ な行

■ は行

■ ま行

■や行

■ら行

■ わ行

事項索引

■ あ行

■ か行

■さ行

■ た行

■ な行

■ は行

■ ま行

■ や行

■ ら行

文　献

足立自朗・渡辺恒夫・月本洋・石川幹人編 2001『心とは何か――心理学と諸科学との対話』北大路書房

Albert, R. & Runco, M. 1987 "The possible different personality dispositions of scientists and non-scientists." In D. N. Jackson & J. P. Rushton (Eds.), *Scientific excellence*, (pp.67-97), Beverly Hills, CA: Sage.

Allport, G. W. 1937 *Personality: A psychological interpretations*. Henry Holt and Company. (詫摩武俊他訳 1982『パーソナリティ――心理学的解釈』新曜社)

Anzai, Y. 1991 Learning and use of representations for physics expertise. In K. A. Ericsson & J. Smith (Eds.), *Toward a general theory of expertise*. Cambridge, England: Cambridge University Press.

有本章 1987『マートン科学社会学の研究――そのパラダイムの形成と展開』福村出版

Armstrong, D. M. 1978 "Naturalism, Materialism, and First Philosophy", *Philosophia 8*: 261-276.

Armstrong, D. M. 1997 *A world of states of affairs*. Cambridge University Press.

Atwood, G. E. & Tomkins, S. S. 1976 "On subjectivity of personality theory". *Journal of the History of Behavioral Sciences, 12*, 166-177.

Bachtold, L. M. 1976 "Personality characteristics of woman of distinction". *Psychology of Woman Quarterly, 1*, 70-80.

Backman, M. E. 1972 "Patterns of mental abilities: Ethnic, socioeconomic, and sex differences". *American Educational Research Journal, 9*, 1-12.

Baker, W. J., Hyland, M. E., Rappard, H. van & Staats, A. W. (Eds) 1987 *Current issues in theoretical psychology*. Amsterdam: North Holland.

Barber, B. 1961"Resistance by scientists to scientific discovery". *Science, 134*, 596-602.

Barnes, B. 1985 *About science*. Oxford: Basil Blackwell. (川出由己訳 1989『社会現象としての科学――科学の意味を考えるために』吉岡書店)

Barnes, M. L. & Rosenthal, R. 1985 "Interpersonal effects of experimenter attractiveness, attire, and gender". *Journal of Personality and Social Psychology, 48*, 435-446.

Baron-Cohen, S. 1995 *Mindblindness*. Cambridge: MIT Press. (長野敬他訳 1997『自閉症とマインドブラインドネス』青土社)

Barton, K., & Cattell, H. 1972 "Personality characteristics of female psychology, science, art majors". *Psychological Reports, 31*, 807-813.

Bell, E. T. 1937 *Men of mathematics*. New York: Simon & Shuster.

Bem, S. & Looren de Jong, H. 1997 *Theoretical issues in psychology: An introduction*. London: Sage Press.

Benbow, C. P. 1988 "Sex differences in mathematical reasoning ability in intellectually talented preadolescents: Their nature, effects, and possible causes". *Behavioral and Brain Sciences, 11*, 169-183.

Bernal, J. D. 1954 *Science in history*. London: Watts.(鎮目恭夫訳 1966『歴史における科学』

みすず書房）
Bettelheim, B. 1954 *Symbolic wound, puberty rites and the envious male*. Glencoe IL: Free Press.（岸田秀訳 1971『性の象徴的傷痕』せりか書房）
Block, N. 1980 "Troubles with Functionalism". In N. Block (Ed.), *Readings in the Philosophy of Psychology*, Vol.1, London: Methuen.
Block, N. & Foder, J. 1972 "What psychological states are not". *Philosophical Review* 81, 159–81.
Bloor, D. 1976 *Knowledge and social imagery*. London: Routledge & K. Paul.（佐々木力・古川安訳 1985『数学の社会学――知識と社会表象』培風館）
Boorse, C. 1976 "Wright on functions". *Philosophical Review 85*, 70–86.
Boring, E. G. 1929, 1950 *A history of experimental psychology*. New York: The Century Co.
Boring, E. G. 1959 "L'encyclopedie au Koch". *Contemporary Psychology, 4*, 345–346.
Bouchard, T. J., Jr. & McGue, M. 1981 "Familial studies of intelligence: A review". *Science, 212*, 1055–1059.
Bradshaw, G. F. 1992 "The airplane and the logic invention". In R. N. Giere (Ed.), *Cognitive models of science*. Minneapolis: University of Minnesota Press.
Brewer, W. F. & Chinn, C. A. 1992 "Entrenched beliefs, inconsistent information, and knowledge change". In L. Birnbaum (Ed.), *Proc. 1991 Int. Conf. Learning Sciences*, Charlottesville, VA: Association for the Advancement of Computing in Education, Pp.67–73.
Broad, C.D. 1925 *The mind and its place in nature*. New York: The Humanities Press Inc.
Burr, V. 1995 *An introduction to social constructionism*.（田中一彦訳 1997『社会的構築主義への招待』川島書店）
Button, G., Coulter, J., Lee, J. R. E. & Sharrock, W. 1995 *Computers, Minds and Conduct*. Oxford: Blackwell.
Campbell D. T. 1989 "Fragments of fragile history of psychological epistemology and theory of science". In B. Gholson, W. R. Shadish, R. A. Neimeyer & A. C. Houts (Eds.), *Psychology of science: Contributions to metascience*. Cambridge University Press.
Carey, S. 1985 *Conceptual change in childhood*. Cambridge.: Bradford Books/MIT Press.
Carlson, W. B. & Gorman, M. E. 1990 "Understanding invention as a cognitive process: The case of Thomas Edison and early motion pictures, 1888–1891". *Social Studies of Science, 20*, 387–430.
Carnap, R. 1932–33 "Psychologie in Physikalischer Sprache". *Erkenntnis, 3*, 107–142.
Carruthers, P., Stich, S. & Siegal, M. 2002 *The cognitive basis of science*. Cambridge University Press.
Cattell, J. M. & Brimhall, D. R. 1921 *American men of science* (3rd ed.), Garrison, NY: Science Press.
Cattell, R. B. & Drevdahl, J. E. 1955 "A comparison of the personality profile (PF16) of eminent teachers and administrators, and the general population". *British Journal of Psychology, 46*, 248–261.
Chalmers, D. J. 1996 *The conscious mind*. Oxford University Press.（林一訳 2001『意識する心――脳と精神の根本理論を求めて』白揚社）
Cheng, P. C.-H. & Simon, H. 1992 "The right representation for discovery: Finding the conservation of momentum". In D. Sleeman & P. Edwards (Eds.), *Machine Learning: Proc. 9th Int. Conf.*, San Mateo, CA: Morgan Kaufmann, Pp.62–71.

Cheng, P. C.-H. & Simon, H. 1995 "Scientific discovery and creative reasoning with diagrams". In S. M. Smith, T. B. Ward & R. A. Finke (Eds.), *The creative cognition approach*, Cambridge: MIT Press, Pp.205-228.

Chi, M. T. H., Feltovich, P. J. & Glaser, R. 1981 "Categorization and representation of physics problems by experts and novices". *Cognitive Sciences, 5*, 121-152.

Churchland, P. M. 1979 *Scientific realism and the plasticity of mind*. New York: Cambridge University Press.

Churchland, P. M. 1981 "Eliminative materialism and the propositional attitudes". *Journal of Philosophy 78*, 67-90.

Churchland, P. M. 1985. "The ontological status of observables". In P. M. Churchland & C. A. Hooker (Eds.), *Images of Science: Essays on Realism and Empiricism.* Chicago: University of Chicago Press. Pp.35-47.

Churchland, P. M. 1995 *The engine of reason, the seat of the soul: a philosophical journey into the brain*. Cambridge: MIT Press.（信原幸弘・宮島昭二訳 1997『認知哲学――脳科学から心の哲学へ』産業図書）

Churchland, P.M. & Hooker, C.A. (Eds.) 1985 *Images of science: Essays on realism and empiricism*. Chicago: University of Chicago Press.

Churchland, Paul and Patricia 1996 "Do we Propose to Eliminate Consciousness?" In McCauley, R. N. (Ed.), *The Churchlands and their critics*, Blackwell.

Clark, R. D. & Rice, G. A. 1982 "Family constellations and eminence: The birth-orders of Nobel prize winners". *Journal of Psychology, 110*, 281-287.

Clement, J. 1991 "Experts and science students: The use of analogies, extreme cases, and physical intuition". In J. F. Voss, D. N. Perkins & J. W. Segal (Eds.), *Informal reasoning and education*, Hillsdale, NJ: Erlbaum, Pp.345-362.

Cole, J. S. & Cole, S. 1973 *Social stratification in science*. Chicago: The University of Chicago Press.

Cole, S. 1979 "Age and scientific performance". *American Journal of Sociology, 84*, 958-977.

Collins, H. M. 1985 *Changing order: Replication and induction in scientific practice*. Beverly Hills: Sage.

Coulter, J 1979 *The social construction of mind*. London: Macmillan.（西阪仰訳 1998『心の社会的構成』新曜社）

Crane, T. 1995 *The mechanical mind: A philosophical introduction to minds, machines and mental representation*. Harmondsworth, Middlesex: Penguin.（土屋賢二監訳 2001『心は機械で作れるか』勁草書房）

Crane, T. 2000 "The origins of qualia", In T. Crane & S. Patterson (Eds.), *History of the mind-body problem*. London: Routledge.

Danziger, K. 1990 *Constructing the subject: historical origins of psychological research*. Cambridge University Press.

Danziger, K. 1997 *Naming the mind*. London: Sage.（河野哲也監訳 近刊『心を名づけること――心理学の社会的構成』勁草書房）

Davidson, D. 1963 "Actions, reasons, and causes". reprinted in *Essays on actions and events*, Oxford University Press [1980].（服部裕幸・柴田正良訳 1990『行為と出来事』勁草書房）

Davidson, D. 1970 "Mental events". reprinted in *Essays on actions and events*, Oxford Univer-

sity Press [1980].(野本和幸他訳 1991『真理と解釈』勁草書房)
Davidson, D. 1987 "Knowing one's own mind". *Proceedings and Addresses of the American Philosophical Association*, Vol.60.
De Mey, M. 1989 "Cognitive paradigms and the psychology of science". In B. Gholson, W. R. Shadish, R. A. Neimeyer & A. C. Houts (Eds.), *Psychology of science: Contributions to metascience*, Cambridge University Press, Pp.275–295.
Dennett, D. C. 1981 "Three kinds of intentional psychology". reprinted in Dennett 1987.
Dennett, D. C. 1984 "Cognitive Wheels: the frame problem of AI". In Ch. Hookway (Ed.), *Minds, machines and evolution*, New York: Cambridge University Press (信原幸弘訳「コグニティヴ・ホイール——人工知能におけるフレーム問題」『現代思想』15(5), 青土社 Pp. 128–150.)
Dennett, D. C. 1987 *The intentional stance*. Cambridge: MIT Press.(若島正・河田学訳 1996『志向姿勢の哲学』白揚社)
Dennett, D. C. 1991 *Consciousness explained*. Boston: Little Brown.(山口泰司訳 1998『解明される意識』青土社)
Dennett, D. C. 1994 "Artificial life as philosophy". *Artificial Life, 1*, 291–2.
Dennett, D. C. 1995 *Darwin's dangerous idea: evolution and the meanings of life*. New York: Simon & Schuster.(山口泰司監訳/石川幹人・大崎博・久保田俊彦・斎藤孝訳 2001『ダーウィンの危険な思想』青土社)
Deutsch, David 1997 *The fabric of reality*. New York: Allen Lane.(林一訳 1999『世界の究極理論は存在するか——多宇宙理論から見た生命、進化、時間』朝日新聞社)
Dilthey, W. 1883 *Einleitung in die Geisteswissenshaften*.(山本英一, 上田武訳 1979『精神科学序説——社会と歴史の研究にたいする一つの基礎づけの試み』以文社)
ディルタイ 1932(三枝博音・江塚幸夫訳『記述的分析的心理学』モナス)
ディルタイ 1981(尾形良助訳『精神科学における歴史的世界の形成』以文社)
土居健郎 1967『精神分析』創元社
Dreyfus, H. L. 1972, 1979 *What computers can't do: A critique of artificial reason*. New York: Harper & Row.(黒崎政男・村若修訳 1992『コンピュータには何ができないか——哲学的人工知能批判』産業図書)
Dummett, M. 1994 *Origins of analytical philosophy*. Cambridge, Mass.: Harvard University Press.(野本和幸他訳 1998『分析哲学の起源——言語への転回』勁草書房)
Dunbar, K. 1995 "How scientists really reason: Scientific reasoning in real-world laboratories". In R. J. Sternberg & J. Davidson (Eds.), *The nature of insight*. Cambridge: MIT Press.
Dunbar, K. 2001 *The scientific reasoning*. Cambridge: MIT Press.
Eiduson, B. T. 1962 *Scientists: Their psychological world*. New York: Basic Books.
Eiduson, B. T. 1974 "10 year longitudinal Rorschachs on research scientists". *Journal of Personality Assessment, 38*, 405–410.
Eiduson, B. T. & Beckman, L. (Eds.) 1973 *Science as a career choice: Theoretical and empirical studies*. New York: Russell Sage Foundation.
Ellis, B. 1985 "What science aims to do." In P.M. Churchland & C.A. Hooker (Eds.), *Images of science: Essays on realism and empiricism*. Chikago: University of Chicago Press.
Farris, H. & Revlin, R. 1989 "The discovery process: A counterfactual strategy". *Social Studies of Science, 19*, 497–513.

Faust, D. 1984 *The limits of scientific reasoning*. Minneapolis: University of Minnesota Press.
Feist, G. J. 1993 "A structural model of scientific eminence". *Psychological Science*, 4, 366–371.
Feist, G. J. 1994 "Personality and working style predictors of integrative complexity: A study of scientists' thinking about research and teaching". *Journal of Personality and Social Psychology, 67*, 474–484.
Feist, G. J. 1995 "Psychology of science and history of psychology: Putting behavioral generalizations to the test". *Psychological Inquiry, 6*, 119–123.
Feist, G. J. & Barron, A. 1995 "Creativity of Scientists". *Journal of Personality and Social Psychology, 67*, 474–484.
Feist, G. J. & Gorman, M. E. 1998 "The psychology of science: review and integration of a nascent discipline". *Review of General Psychology, 2* (1), 3–47.
Feyerabend, P. 1975 *Against method: Outline of an anarchistic theory of knowledge*. NLB.（村上陽一郎・渡辺博訳 1981『方法への挑戦』新曜社）
Field, H. 1975 "Conventionalism and instrumentalism in semantics", *Nous 9*, 375–405.
Fisch, R. 1977 "Psychology of science". In I. Spiegel-Roesing & D. de Solla Price (Eds.), *Science technology, and society: A cross disciplinary perspective*, London: Sage, Pp.277–318.
Fleck, L. 1935 *Entstehung und Entwicklung einer wissenshaftliche Tatsache*. (English translation by F. Bradley & T. J. Terman 1979 *The genesis and development of a scientific fact*. Chicago: University of Chicago Press.)
Fodor, J. A. 1965 "Explanations in Psychology". In M. Black (Ed.), *Philosophy in America*, Routledge.
Fodor, J. A. 1981 *Representations: Philosophical essays on the foundations of cognitive science*. Brighton: Harvester Press.
Fodor, J. A. 1983 *The modularity of mind*. Cambridge: MIT Press.（伊藤笏康・信原幸弘訳 1985『精神のモジュール形式』産業図書）
Fodor, J. 1990 *A theory of content and other essays*. Cambridge: MIT Press.
Fox, D. & Prilleltensky, I. 1997 *Critical psychology: An introduction*. London: Sage.
Franklin, Stan 1995 *Artificial minds*. Cambridge: MIT Press.（林一訳 1997『心をもつ機械——人工知能の誕生と進化』三田出版会／出版文化社）
Freedman, E. 1995 "Working memory and testing multiple hypotheses". Paper presented at Annual Convention of the Society for Social Studies of Science, Charlottesville, VA.
藤垣裕子 2003『専門知と公共性——科学技術社会論の構築へ向けて』東京大学出版会
Fuller, S. 1988 *Philosophy of science and its discontents*. New York: Guilford.
Fuller, S. 1997 *Science*. Open University Press.（小林傳司・調麻佐志・川崎勝・平川秀幸訳 2000『科学が問われている——ソーシャル・エピステモロジー』産業図書）
Gadamar, H. G. 1960 *Wahrheit und Methode*. Tubungen: Mohr.（轡田収他訳 1986『真理と方法』叢書ウニベルシタス 175, 第Ⅰ巻法政大学出版局）
Galton, F. 1874 *English men of science*. London: Macmillan.
Gardner, H. 1993 *Multiple intelligences: The theory in practice*. New York: Basic Books.
Garwood, D. S. 1964 "Personality factors related to creativity in young scientists". *Journal of Abnormal and Social Psychology*, 68, 413–419.
Gentner, D. & Jeziorski, M. 1989 "Historical shifts in the use of analogy in science". In B. Gholson, W. R. Shadish, R. A. Neimeyer & A. C. Houts (Eds.), *Psychology of science: Contributions*

to metascience, Cambridge University Press, Pp.275–295.

Gergen, K. J. 1982, 1994 *Toward transformation in social knowledge*. London: Sage Pub.（杉万俊夫・矢守克也・渥美公秀監訳 1998『もう一つの社会心理学――社会行動学の転換に向けて』ナカニシヤ出版）

Gergen, K. J. 1985 "The social constructionist movement in modern psychology". *American Psychologist, 40*, 266–275.

Gergen, K. J. 1991 "Emerging challenges for theory and psychology". *Theory and Psychology, 1*, 13–35.

Gergen, K. J. 2000 "Emerging challenges redux". *Theory and Psychology, 10*, 23–30.

Gessen, Boris Mikhailovich 1932（秋間実・稲葉守・小林武彦・渋谷一夫訳 1986『ニュートン力学の形成――「プリンキピア」の社会的経済的根源』法政大学出版局）

Gholson, B. & Houts, A. C. 1989 "Toward a cognitive psychology of science". *Social Epistemology, 3*, 107–127.

Gholson, B., Shadish, W. R., Neimeyer, R. A. & Houts, A. C.（Eds.）1989 *Psychology of science: Contributions to metascience*. Cambridge University Press, Pp.275–295.

Gibbons, M.（Eds.）1994 *The new production of knowledge: the dynamics of science and research in contemporary societies*. Sage（小林信一監訳 1997『現代社会と知の創造――モード論とは何か』丸善）

Gibson, J.J. 1950. *The perception of the visual world*, Boston: Houghton Mifflin.

Gibson, J.J. 1979. *The ecological approach to visual perception*. Boston: Houghton Mifflin.

Giere, R. N. 1988 *Explaining science: A cognitive approach*. Chicago: University of Chicago Press.

Giere, R. N. 1992 *Cognitive models of science. Minnesota studies in the philosophy of science*, Vol. 15. Minneapolis: University of Minnesota Press.

Giorgi, A. 1970 *Psychology as a human science: a phenomenologically based approach*. New York: Harper & Row.（早坂泰次郎監訳 1981『現象学的心理学の系譜――人間科学としての心理学』勁草書房）

Giorgi, A. 1976 "Phenomenology and the foundations of psychology". *Nebraska symposium on motivation 1975*, University of Nebraska Press.（早坂泰次郎監訳 1985『心理学の転換――行動の科学から人間科学へ』勁草書房、に所収）

Giorgi, A. P. & Giorgi, B. M. 2003 "The descriptive phenomenological psychological method". In P. M. Camic, J. E. Rhodes & L. Yardley（Eds.）, *Qualitative research in psychology: Expanding perspectives in methodology and design*. Washington DC: American Psychological Association.

Godfry-Smith, P. 2003 *Theory and reality: An introduction to the philosophy of science*. Chicago: The University of Chicago Press.

Goleman, D. 1995 *Emotional intelligence*. New York: Bantam Books.（土屋京子訳 1996『EQ：こころの知能指数』講談社）

Gooding, D. C. 1985 "In nature's school: Faraday as an experimentalist". In D. Gooding & F. James（Eds.）, *Faraday rediscovered: Essays on the life and work of Michael Faraday: 1791–1867*. New York: Stockton Press.

Gooding, D. C. 1990 *Experiment on the making of meaning: Human agency in scientific observation and experiment*. Dortrecht, Netherlands: Kluwer Academic Publishers.

Gooding, D. C. & Addis, T. K. 1993 "Modelling Faraday's experiments with visual functional programming 1: Models, methods and examples" (working paper). Bath, England: University of Bath.

Gorman, M. E. 1992 *Simulating science: Heuristics, mental models and technoscientific thinking*. Bloomington: Indiana University Press.

Gorman, M. E. 1995 "Confirmation, disconfirmation and invention: The case of Alexander Graham Bell and the telephone". *Thinking and Reasoning, 1* (7), 31-53.

Gorman, M. E. 1999 "Psychology of science". In W. O. Donohue & P. Kitchener (Eds.), *Philosophy of psychology*. Boston: Ally & Bacon.

Gorman, M. E. & Gorman, M. E. 1984 "A comparison of disconfirmatory, confirmatory and a control strategy on Wason's 2-4-6 task". *Quarterly Journal of Experimental Psychology, 36*, 629-648.

Gough, H. G. 1976 "Studying creativity by means of word association tests". *Journal of Applied Psychology, 61*, 348-353.

Gross, P. R. & Levitt, N. 1994 *Higher superstition: The academic left and its quarrels with science*. Baltimore: Johns Hopkins Press.

Gruber, H. E. 1974 *Darwin on man: A psychological study of scientific creativity*. New York: Dutton.

Gruber, H. E. 1989 "Network of enterprise in creative scientific thought". In B. Gholson, W. R. Shadish, R. A. Neimeyer & A. C. Houts (Eds.), *Psychology of science: Contributions to metascience*, Cambridge University Press, Pp.275-295.

Grümbaum, A. 1984 The *Foundations of Psychoanalysis*. Berheley and Los Angeles: University of California Press.(村田純一他訳 1996『精神分析の基礎』産業図書)

Guttenplan, S. (Ed.) 1994 *A companion to the philosophy of mind*. Blackwell.

Hacking, I. 1983 *Representing and intervening: Introductory topics in the philosophy of natural science*. Cambridge: Cambridge University Press.(渡辺博訳 1986『表現と介入——ボルヘス的幻想と新ベーコン主義』産業図書)

Ham, S. & Schaughnessy, M. F. 1992 "Personality and scientific promise". *Psychological Reports, 70*, 971-975.

Hanson, N. R. 1958 *The patterns of discovery: An inquiry into the conceptual foundations of science*. Cambridge: Cambridge University Press.(村上陽一郎訳 1986『科学的発見のパターン』講談社)

Hanson, N. R. 1962 "Sientists and logicians: A confrontation". *Sience, 138*, 311-1313.

Haraway, D. 1989 *Primate visions*. London: Routledge.

橋本毅彦 1993「実験と実験室(ラボラトリー)をめぐる新しい科学史研究」『化学史研究』第20巻

Heidegger, M. 1927 *Sein und Zeit*(桑木務訳 1960『存在と時間』上・中・下, 岩波文庫)

Helmreich, R. L., Spence, J. T., & Pred, R. S. 1988 "Making it without losing it: Type A, achievement motivation and scientific attainment revisited". *Personality and Social Psychology Bulletin, 14*, 495-504.

Helson, R. & Crutchfield, R. S. 1970 "Mathematicians: The creative researcher and the average PhD". *Journal of Consulting and Clinical Psychology, 34*, 250-257.

Hempel, C. G. 1935 "Analyse Logique de la Psychologie". *Revue de Synthese, 10*.

Hergenbaum, B. R. 1992 *An introduction to the history of psychology*. Wardsworth Publishing Company.
Hesse, M. 1980 *Revolutions and reconstructions in the philosophy of science*. The Harvester Press.（村上陽一郎ほか訳 1987『知の革命と再構成』サイエンス社）
Heyes, C. M. 1989 "Uneasy chapters in the relationship between psychology and epistemology". In B. Gholson, W. R. Shadish, R. A. Neimeyer, & A. C. Houts（Eds.）, *Psychology of science: Contributions to metascience*. Cambridge University Press, Pp.47–88.
平川秀幸 1998「科学論の政治的転回――社会的認識論と科学のカルチュラル・スタディーズ」『年報 科学・技術・社会』第7巻 Pp.23–57.
平川秀幸 1999「科学の文化研究」岡田猛他編著『科学を考える』北大路書房 Pp.212–237.
平川秀幸 2002「実験室の人類学――実践としての科学と懐疑主義批判」金森修・中島秀人編『科学論の現在』勁草書房 Pp.23–62.
Hofstadter, R. & Dennett, D. C.（ed.）1982 *The mind's I: Fantasies and reflections on self and soul*. Harmondsworth: Penguin.（坂本百大監訳 1992『マインズ・アイ――コンピュータ時代の「心」と「私」』上・下、ＴＢＳブリタニカ）
Hogan, J. 1999 *The undiscovered mind*. Addison Wesley Longman.（竹内薫訳 2000『続・科学の終焉』徳間書店）
Hout, A. 1989 "Contributions of the psychology of science: A call for explorers". In B. Gholson, W. R. Shadish, R. A. Neimeyer & A. C. Houts（Eds.）, *Psychology of science: Contributions to metascience*. Cambridge University Press, Pp.47–88.
Hull, D. L., Tessner, P. D. & Diamond, A. M. 1978 "Planck's principle: Do younger scientists accept new scientific ideas with greater alacrity than older scientists ?" *Social Studies of Science*, 202, 717–723.
Husen, T. 1960 "Abilities of twins". *Scandinavian Journal of Psychology, 1*, 25–35.
五十嵐靖博 1998「言語共同体と共約不可能性：Sigmund Koch の再評価」『早稲田心理学年報』30, 1–7.
五十嵐靖博 2002「心理学のメタサイエンス：第9回国際理論心理学会大会から」『理論心理学研究』3, 理論心理学会 42–43.
飯田隆 1997『ウィトゲンシュタイン――現代思想の冒険者たち 07』講談社
Ikapaahindi, L. 1987 "The relationship between the needs for achievement, affiliation, power, and scientific productivity among Nigerian veterinary surgeons". *The Journal of Social Psychology, 127*, 535–537.
石垣寿郎 1994「論理実証主義の歴史と思想」『現代思想 10：科学論』岩波書店 Pp.35–96.
石川幹人 2000「構成論的心理学考――心の科学の臨床的視座」明治大学教養論集第327号 Pp.59–79.
伊東俊太郎・村上陽一郎編 1989『講座科学史２　社会から読む科学史』培風館
井山弘幸・金森修 2000『ワードマップ現代科学論――科学をとらえ直そう』新曜社
Jackson, F. 1982 "Epiphenomenal Qualia", *Philosophical Quarterly*, Vol.32.
Jackson, F. 1998 *Mind, method, and conditionals: Selected essay*. London: Routledge.
Jaspers, K. 1923 *Algemeine Psychopathologie*. Springer Verlag.（井村・島崎・西丸訳 1956『精神病理学総論』上・中・下、みすず書房）
John-Steiner, V. 1985 *Notebooks of the mind*. Albuquerque: University of New Mexico Press.
門脇俊介・信原幸弘編 2002『ハイデガーと認知科学』産業図書

懸田克巳 1978「フロイトの生涯と学説の発展」懸田克巳編『世界の名著：フロイト』中央公論社，に所収
柿崎祐一 1995『心理学的知覚論序説』培風館
金森修 2000『サイエンス・ウォーズ』東京大学出版会
金森修 2002「科学のカルチュラル・スタディーズ」金森修・中島秀人編『科学論の現在』勁草書房 Pp.231-265.
金杉武司 2002「哲学的行動主義」渡辺・村田・高橋編『心理学の哲学』北大路書房 Pp.92-106.
Kanigel, R. 1991 *The man who knew infinity: A life of the genius Ramanujan*. New York: Scrobner' s & Sons.
Kasperson, C. J. 1978 "Psychology of the scientist: XXXVII, Scientific creativity: A relationship with information channels". *Psychological Reports, 42*, 691-694.
Katz, R. 1982 "The effects of group longevity on project communication and performance". *Administrative Science Quarterly, 27*, 81-104.
Klahr, D. 2001 *Exploring science: The cognition and development of discovery processes*. Cambridge MIT Press.
Klahr, D. & Dunbar, K. 1988 "Dual space search during scientific reasoning". *Cognitive Science, 12*, 1-48.
Klahr, D., Dunbar, K. & Fay, A. L. 1990 "Designing good experiments to test bad hypotheses". In J. Shrager & P. Langley（Eds.), *Computational models of discovery and theory formation*, San Mateo, CA: Morgan Kaufmann, Pp.355-402.
Klahr, D., Fay, A. L. & Dunbar, K. 1993 "Heuristics for scientific experimentation: A developmental study". *Cognitive Psychology, 25*, 111-146.
Klayman, J. & Ha, Y-W. 1987 "Confirmation, disconfirmation and information in hypothesis testing". *Psychological Review, 94*, 211-228.
Koch, S. 1941a "The logical character of motivation concept. Ⅰ". *Psychological Review, 48*, 15-38.
Koch, S. 1941b "The logical character of motivation concept. Ⅱ". *Psychological Review, 48*, 127-154.
Koch, S. 1944 "Hull's Principles of behavior: A special review". *Psychological Bulltin, 41*, 269-286.
Koch, S. 1951 "Theoretical psychology 1950: an overview". *Psychological Review*, 58, 295-301.
Koch, S. 1954 "Clark L. Hull". In W. K. Estes et al.（Eds), *Modern learning theory*. New York: Appleton-Century-Crofts
Koch, S.（Ed.）1959, 1962, 1963 *Psychology: A study of a science*.（6vols.), New York: McGraw-Hill.
Koch, S. 1961 "Psychological science versus the science-humanism antinomy: Intimations of a significant science of man". *American Psychologist, 16*, 629-639.
Koch, S. 1964 "Psychology and emerging conceptions of knowledge as unitary". In T. W. Wann（Ed.), *Behaviorism and phenomenology: Contrasting bases for modern psychology*, Chicago: University of Chicago Press, Pp.1-45.（「心理学と統一体としての知識の出現」村山正治編訳 1980『行動主義と現象学――現代心理学の対立する基盤』岩崎学術出版社）
Koch, S. 1965 "The allures of meaning in modern psychology: An inquiry into the rift between

psychology and the humanities". In R. Farson (Ed.), *Science and human affairs*, Palo Alto, CA: Science & Behavior Books, Pp.55–82.(「現代心理学における非意味の眩惑性」村山正治・浪花博・西村洲衛男生編訳 1972『行動科学の発展と人間の将来』岩崎学術出版社)

Koch, S. 1971 "Reflections on the state of psychology". *Social Research, 38*, 669–709.

Koch, S. (Finkelman, D. & Kessel, F. (Eds.)) 1999 *Psychology in human context: Essays in dissidence and reconstruction*. Chicago: The university of Chicago Press.

小林傳司編 2002『公共のための科学技術』玉川大学出版部

小林傳司編 2004『誰が科学技術について考えるのか――コンセンサス会議という実験』名古屋大学出版会

小松栄一 2002「もう一つの社会心理学――社会的構成主義」渡辺・村田・高橋編『心理学の哲学』北大路書房 Pp.326–341.

河野哲也 2002「反認知主義――ギブソン心理学の哲学的位置づけ」渡辺・村田・高橋編『心理学の哲学』北大路書房 Pp.202–216.

Kripke, S. A. 1980 *Naming and necessity*. Cambridge, Mass.: Harvard University Press.(八木沢敬・野家啓一訳 1985『名指しと必然性――様相の形而上学と心身問題』産業図書)

Kruglanski, A. W. 1994 "The social-cognitive bases of scientific knowledge". In W. R. Shadish & S. Fuller (Eds.), *The social psychology of science*, New York: Guilford, Pp.197–213.

Kuhn, T. S. 1962 *The structure of scientific revolutions*. Chicago: University of Chicago Press.(中山茂訳 1971『科学革命の構造』みすず書房)

Kuhn, T. S. 1970 *The structure of scientific revolutions*. 2nd enlarged ed., Chicago: University of Chicago Press.

Kuhn, T. S. 1991"The Natural and Human Sciences," in David R. Hiley, James F. Bohman, and Richard Shusterman, eds., *The Interpretive Turn: Philosophy, Science, Culture*, Ithaca-London: Cornell University Press, Pp.17–24.(「解釈学的転回」佐々木力訳 1994『現代思想 10：科学論』岩波書店 Pp.97–108.)

Kulkarni, D. & Simon, H. A. 1988 "The processes of scientific discovery: The strategy of experimentation". *Cognitive Science, 12*, 139–175.

倉橋重史 1983『マートン科学社会学』晃洋書房

Kusch, M. 1995 *Psychologism: A case study in the sociology of philosophical knowledge*. London: Routledge.

Kvale, S. (Ed.) 1992 *Psychology and postmodernism*. London: Sage.(永井務監訳 2001『心理学とポストモダニズム――社会構成主義とナラティヴ・セラピーの研究』こうち書房)

Lakatos, I. 1970a "Falsification and the methodology of scientific research program". In I. Lakatos & A. Musgrave (Eds.), *Criticism and the growth of knowledge*. Cambridge University Press.(森博監訳 1985『批判と知識の成長』木鐸社 に収録)

Lakatos, I. 1970b *The methodology of scientific research programmes*. Cambridge University Press.(村上陽一郎他訳 1986『方法の擁護』新曜社)

Langley, P., Simon, H. A., Bradshaw, G. L. & Zykow, J. M. 1987 *Scientific discovery: Computational explorations of the creative processes*. Cambridge: MIT Press.

Larkin, J. 1983 "The role of problem representation in physics". In D. Gentner & A. L. Stevens (Eds.), *Mental models*, Hillsdale, NJ: Lawrence Erlbaum Associates, Pp.75–98.

Larkin, J. H., McDermitt, J., Simon, D. P. & Simon, H. A, 1980 "Expert and novice performance in solving physics problems". *Science, 208*, 1335–1342.

Latour, B. 1987 *Science in action: how to follow scientists and engineers society*. Cambridge: Harvard University Press.（川崎勝・高田紀代志訳 1999『科学が作られているとき——人類学的考察』産業図書）

Latour, B. & Woolgar, S. 1979 *Laboratory life: the construction of scientific facts*. Beverly Hills: Sage Publications.

Laudan, L. 1977 *Progress and its problems: Towards a theory of scientific growth*. University of California Press.（村上陽一郎・井山弘幸訳 1986『科学は合理的に進歩する——脱パラダイム論へ向けて』サイエンス社）

Leahey, T. H. 1980 *A history of psychology*. Prentice-Hall.（宇津木保訳 1986『心理学の歴史』誠信書房）

Leahey, T. H. 1991 *A history of modern psychology*. Englewood Cliffs, NJ: Prentice-Hall.

Lehman, H. C. 1953 *Age and achievement*. Princeton, NJ: Princeton University Press.

Lehman, H. C. 1960 "The age decrement in outstanding scientific creativity". *American Psychologist, 15*, 128-134.

Lewis, C. I. 1929 *Mind and the world order*. New York: C. Scribner's Sons.

Lewis, D. 1972 "Psychological and theoretical identifications". *Australasian Journal of Philosophy, 3*, 249-58.

Levine, J. 1983 "Materialism and qualia: The explanatory gap". *Pacific Philosophical Quarterly 64*, 354-361.

Long, J. S. 1992 "Measures of sex differences in scientific productivity". *Social Forces, 71*, 159-178.

Lycan, W. 1996 *Consciousness and experience*, Cambridge: MIT Press.

Madsen, K. B. 1961 *Theories of motivation: A comparative study of modern theories of motivation*. 2nd ed., Cleveland: Howard Allen.

Madsen, K. B. 1987 "Theoretical psychology: a definitional and systematic classification". In W. J. Baker, M. E. Hyland, H. van Rappard & A. W. Staats (Eds.), *Current issues in theoretical psychology*. Amsterdam: North Holland.

Madsen, K. B. 1988 *A history of psychology in metascientific perspective*. North Holland. Amsterdam: Elsevier.

Mahoney, M. J. 1977 "Publication prejudices: An experimental study of confirmatory bias in the peer review system". *Cognitive Therapy and Research*, 1, 161-175.

Mahoney, M. J. 1979 "Psychology of the scientists: An evaluative review". *Social Studies of Science, 9*, 349-375.

Mahoney, M. J. & DeMonbreun, B. J. 1977 "Psychology of the scientists: An analysis of problem solving bias". *Cognitive Therapy and Research, 1*, 229-238.

Maiers, W., Bayer, B., Esgalhado, B. D., Jorna, R. & Schraube, E. (Eds.) 1999 *Challenges to theoretical psychology*. North York, Ontario: Captus.

Mama, A. 2001 "Is psychology critical to Africa in the new millennium?". *International journal of psychology*, 1, 97-105.

Martin-Baro, I. 1994 *Writings for a liberation psychology*. (edited by Adrianne Aron and Shawn Corne) Cambridge: Harvard University Press.

丸山高司 1985『人間科学の方法論争』勁草書房

丸山高司 1993「解釈学的理性」新田義弘・丸山高司他編『現代思想 6 ：現象学運動』岩

波書店 Pp.273–310.
丸山高司 2002「人間科学の方法論争」渡辺・村田・高橋編『心理学の哲学』北大路書房 Pp.59–76.
Maslow, A. H. 1966 *The psychology of science*. New York: Harper & Row.（早坂泰次郎訳 1971『可能性の心理学』川島書店）
Masterman, M. 1970 "The nature of a paradigm". In I.Lakatos & A. Musgrave (Eds.), *Criticism and the rowth of knowledge*. Cambridge University Press. Pp.59–89.（「パラダイムの本質」森博監訳 1990『批判と知識の成長』木鐸社，に所収）
松本三和夫 1998『科学技術社会学の理論』木鐸社
松本展明 2002「精神分析は科学か？」渡辺・村田・高橋編『心理学の哲学』北大路書房 Pp.253–272.
McCarthy, J. & Hays, P. 1969 "Some philosophical problems from the standpoint of artificial intelligence". *Machine Intelligence 4*.（三浦謙訳 1990「人工知能の観点から見た哲学的諸問題」マッカーシー他 1990，に所収）
マッカーシー、Ｊ・ヘイズ、Ｐ・Ｊ・松原仁／三浦謙訳 1990『人工知能になぜ哲学が必要か――フレーム問題の発端と展開』哲学書房
McCloskey, M. 1983 "Naive theories of motion". In D. Gentner & A. L. Stevens (Eds.), *Mental models*, Hillsdale, NJ: Lawrence Erlbaum Associates, Pp.299–324.
McGinn, C. 1989 "Can we solve the mind–body problem?". *Mind 98*, 349–366.
McGinn, C. 1999 *The mysterious flame: conscious minds in a material world*, New York: Basic Books（石川幹人・五十嵐靖博訳 2001『意識の〈神秘〉は解明できるか』青土社）
Mellor, D. H. 1995 *The facts of causation*. Routledge.
Merton, R. K. 1949 *Social theory and social structure*. rev. ed., Free Press.（森東悟・森好夫・金沢実・中島竜太郎訳 1961『社会理論と社会構造』みすず書房）
Merton, R. K. 1970（1938年に発表）*Science, technology, and society in seventeenth–century*. New York: Harper & Row
Merton, R. K. 1977 *The sociology of science: An episodic memoir*. Southern Illinois University Press.（成定薫訳 1983『科学社会学の歩み：エピソードで綴る回想録』サイエンス社）
Miller, A. 1989 "Imagery, metaphor, and physical reality". In B. Gholson, W. R. Shadish, R. A. Neimeyer & A. C. Houts (Eds.), *Psychology of science: Contributions to metascience*, Cambridge University Press, Pp.326–341.
Millikan, R. G. 1984 *Language, thought, and other biological categories*. MIT Press.
三輪和久 1999「科学的発見における有効な仮説検証方略――計算機シミュレーションに基づく検討」岡田猛他編著『科学を考える』北大路書房 Pp.96–119.
水本正晴 2002「意図・身体・視覚――ウィトゲンシュタインの『実験』」『科学哲学』35(1), 科学哲学会
水本正晴・石川幹人 2002「心の部屋プロジェクト――視点変換実験の試み」『科学基礎論研究』98(2), 科学基礎論学会 Pp.29–35.
水本正晴・竹林暁・石川幹人 2001「情報メディアによる身体性の変容」『情報文化学会誌』8(1), pp.11–20.
Morss, J. R., Stephenson, N. & Rappard, H. V. (Eds.) 2001 *Theoretical issues in psychology*. Boston: Kluwer.
村田純一 1982「他者と表現」新田義弘・宇野昌人編『他者の現象学――哲学と精神医学

からのアプローチ』北斗出版，に所収
村田孝次 1987『発達心理学史入門』培風館
Mynatt, C. R., Doherty, M. E. & Tweney, R. D. 1977 "Confirmation bias in simulated research environment: An experimental study of scientific inference". *Quarterly Journal of Experimental Psychology, 29*, 85–95.
Nagel, T. 1974 "What is it like to be a bat?". *Philosophical Review, 83*, 435–50.（Mortal questions, Cambridge: Cambridge University Press, 1979 に所収、永井均訳 1989『コウモリであるとはどのようなことか』勁草書房）
成定薫 1994『科学と社会のインターフェイス』平凡社
Needham, J. 1954–74 *Science and civillisation in China*. 5vols. Cambridge University Press.（砺波護他訳 1991（新版）『中国の科学と文明』全7巻、思索社）
Nersessian, N. J.（Ed.）1987 *The process of science*. The Hague: Nijhoff.
Nersessian, N. J. 1992 "How do scientists think? Capturing the dynamics of conceptual change in science". In R. N. Giere（Ed.）, *Cognitive models of science*, Minneapolis: University of Minnesota Press, Pp.3–44.
Newstead, S. E. & Evans, S. St. B. T.（Eds.）1995 *Perspectives on thinking and reasoning: Essays in hour of Peter Wason*. Hove, England: Erlbaum.
新堀通也編 1984『学問の社会学』有信堂高文社
信原幸弘 2000『考える脳・考えない脳』講談社現代新書
信原幸弘 2002『意識の哲学――クオリア序説』双書現代の哲学、岩波書店
野家啓一 1993『科学の解釈学』新曜社
小川隆 1985「操作主義の問題」大山正・苧阪良二編『心理学基礎論文集』新曜社 Pp. 12–65.
岡田猛・田村均・戸田山和久・三輪和久編著 1999『科学を考える』北大路書房
奥雅博 1997「ポパー・ウィトゲンシュタイン・論理実証主義」『大阪大学人間科学部紀要』No. 23, 130–145.
苧阪直行編著／下條信輔・佐々木正人・信原幸弘・山中康裕 2002『意識の科学は可能か』新曜社
Over, R. 1982 "Is age a good predictor of research productivity?" *Australian Psychologist, 17*, 129–139.
Papineau, D. 1984 "Representation and Explanation". *Philosophy of Science, 51*.
Papineau, D. 1993 *Philosophical naturalism*, Blackwell.
Paranjpe, A. O. 1998 *The self and identity in the modern psychology and indian thought*. New York: Plaeger.
Pelz, D. C. & Andrew, F. M. 1976 *Scientists in organization*. Ann Arbor, MI: Institute for Social Research, University of Michigan.
Penrose, R. 1989 *The emperor's new mind: Concerning computers, minds, and the laws of physics*. Oxford: Oxford University Press.（林一訳 1994『皇帝の新しい心――コンピュータ・心・物理法則』みすず書房）
Peters, D. P. & Ceci, S. J. 1982 "Peer-review practices of psychological journals: The fate of published articles, submitted again". *The Behavioral and Brain Sciences, 5*, 187–195.
Peterson, G. L. 1981 "Historical self-understanding in the social sciences: The use of Thomas Kuhn in psychology". *Journal for the Theory of Social Behavior, 11*, 1–30.

Piaget, J. 1971 *L'epistemologie genetique*. Paris: Press Universitaire de France.（滝沢武久訳 1972『発生的認識論』白水社）
Pikering, A. 1984 *Constructing quarks: A sociological history of particle physics*. Chicago: University of Chicago Press.
Popper, K. R. 1959 *The logic of scientific discovery*. London : Hutchinson.（大内儀一・森博訳 1971『科学的発見の論理』上下、恒星社厚生閣）
Popper, K. R. 1961 *The poverty of historicism*. London: Routledge.（久野収・市井三郎訳 1961『歴史主義の貧困――社会科学の方法と実践』中央公論社）
Popper, K. R. 1966 *The open society and its enemies*. 2 vols, 5th ed., London: Routledge.（内田詔夫・小河原誠訳 1980『開かれた社会とその敵』未來社）
Popper, K. R. 1970 "Normal science and its danger". In I. Lakatos & A.Musgrave (Eds.), *Criticism and the growth of knowledge*. Cambridge University Press.（森博監訳 1985『批判と知識の成長』木鐸社，に所収）
Popper, K. R. 1972 *Conjecture and refutations*. 4th ed. London: Routledge.（藤本隆志他訳 1980『推測と反駁』法政大学出版局）
Popper, K. R. 1976 *Unended quest, an intellectual autobiography*. Fontana/Collins.（森博訳 1978『果てしなき探求――知的自伝』岩波書店）
Premack, D. & Woodruff, G. 1978 "Does the chimpanzee have a theory of mind?" *The Behavioral and Brain Sciences, 4*, 515–526.
Price, D. 1963 *Little science, big science*. New York: Columbia University Press.（島尾永康訳 1970『リトルサイエンス・ビッグサイエンス――科学の科学・科学情報』創元社）
Putnam, H. 1963 "Brains and behaviour", reprinted In Putnam, H. 1975 *Mind, language and reality: Philosophical papers* Vol.2, Cambridge University Press.
Putnam, H. 1966 "The mental life of some machines". reprinted in Putnam 1975b.
Putnam, H. 1968 "Psychological Predicates". reprinted under the title "The Nature of Mental States" in Putnam 1975b.
Putnam, H. 1970 "On properties". *Mathematics, matter and method*, His philosophical papers vol.1, Cambridge University Press.
Putnam, H. 1975a "The Meaning of 'Meaning'," In K. Gunderson (Ed.), *Language, mind and knowledge*, Minnesota Studies in the Philosophy of Science VII, Minneapolis: University of Minnesota Press; reprinted in Putnam 1975b.
Putnam, H. 1975b *Collected papers II: Mind, language and reality*. Philosophical Papers Volume 2, Cambridge University Press.
Putnam, H. 1981 *Reason, Truth and History*. Cambridge University Press.
Putnam, H. 1987 *The Many Faces of Realism*. La Salle, IL: Open Court.
Putnam, H. 1990 *Realism with a Human Face*. Cambridge: MIT/Bradford Books.
Qin, Y. & Simon, H. A. 1990 "Laboratory replication of scientific discovery processes". *Cognitive Science, 14*, 281–312.
Quine, W. V. O. 1961 *From a logical point of view*. New York: Harper & Row.
Quine, W. V. O. 1963 *From a logical point of view: Nine logico-philosophical essays*, 2nd Edition, Harvard University Press.（中山浩一郎・持丸悦朗訳 1972『論理学的観点から――９つの論理・哲学的小論』岩波書店）
Quine, W. V. O. 1969 "Epistemology Naturalized". In *Ontological relativity and other essays*, New

York: Colombia, Pp.69–90.

Ramsey, W., Stich, S. P. & Garon, J. 1991 "Connectionism, eliminativism, and the future of folk psychology", In W. Ramsey, S. P., Stich, S. P. & Rumelhart, D. E. (Eds.), *Philosophy and connectionist theory*. Lawrence Erlbaum.

Ravenscroft, I. 1997 "Folk Psychology as a Theory", In *Stanford encyclopedia of philosophy*, http://plato.stanford.edu/entries/folkpsychology/.

Ravetz, J. 1971 *Scientific knowledge and its social problems*. Oxford : Clarendon Press.（中山茂他訳 1977『批判的科学：産業化科学の批判のために』秀潤社）

Reed, E. S. 1997 *From soul to mind: The emergence of psychology, from Erasmus Darwin to William James*. New Haven, CT: Yale University Press.（村田純一・染谷昌義・鈴木貴之訳 2000『魂から心へ——心理学の誕生』青土社）

Reichenbach, H. 1938 *Experience and prediction: An analysis of the foundation and the structure of knowledge*. Chicago: University of Chicago Press.

Ricoeur, P. 1965 *De l'interpretation, essai sur Freud*. Editions du Seuil.（久米博訳 1982『フロイトを読む』新曜社）

Roco, M. 1993 "Creative personalities about creative personality in science". *Romanian Review of Psychology, 37*, 27–36.

Roe, A. 1952 *The making of a scientist*. New York: Doss, Mead.

Roe, A. 1953 "A psychological study of eminent psychologists and anthropologists, and a comparison with biological and physical scientists". *Psychological Monographs: General and Applied, 67*, 1–55.

Roe, A. 1965 "Changes in scientific activities with age". *Science, 150*, 313–318.

Rorty, R. 1979 *Philosophy and the mirror of nature*. Princeton, NJ: Princeton University Press.（野家啓一監訳 1993『哲学と自然の鏡』産業図書）

Rose, H. & Rose, S. 1976a *The radicalization of science*. Macmillan, 1976.（里深文彦他訳 1980『ラディカル・サイエンス——危機における科学の政治学』社会思想社，に一部収録）

Rose, H. & Rose, S. 1976b *The political economy of science*. Macmillan, 1976.（上掲書に一部を収録）

Rosenthal, R. 1976 *Experimenter effects in behavioral research*. enlarged edition, New York: Irvington.

Rosenthal, R. 1994 "On being one's own case study: Experimenter effects in behavioral research–30 years later". In W. R. Shadish & S. Fuller (Eds.), *The social psychology of science*. New York: Guilford.

Rosenthal, R. & Fode, K. L. 1963a "Psychology of the scientist V: Three experiments in experimenter bias". *Psychological Reports, 12*, 491–511.

Rosenthal, R. & Fode, K. L. 1963b "The effect of experimenter bias on the performance of the albino rat". *Behavioral Science*, 8, 183–189.

Rouse, J. 1987 *Knowledge and power: Toward a political philosophy of science*. Ithaca, NY: Cornell University Press.

Rouse, J. 1996 *Engaging science: How to understand its practices philosophically*. Ithaca, NY: Cornell University Press.（成定薫・阿曽沼明裕抄訳 1996「科学のカルチュラル・スタディーズとは何か」『現代思想』24(6), 青土社 308–324.）

Royalty, G. M. & Magoon, T. M. 1985 "Correlates of scholarly productivity among counseling

psychologists". *Journal of Counseling Psychology, 32*, 458–461.
Russell, R. 1927 *The analysis of matter*. London: George Allen and Unwin.
Ryle, G. 1949 *The concept of mind*. London: Hitchson.（坂本百大監訳 1987『心の概念』みすず書房）
佐々木力 1994「科学史の興隆」（『講座現代思想〔10〕科学論』岩波書店，に所収）
Schaefer, C. E. 1969 "The self-concept of creative adolescents". *The Journal of Psychology, 72*, 233–242.
Schultz, D. P. & Schultz, S. E. 1992 *A history of modern psychology*. 5th ed., New York: Harkourt Brace Johanovich.
Searle, J. 1980 "Minds, brain, and programs". *The Behavioral and Brain Sciences*, vol, 3.（Hofstadter & Dennett 1982 所収）
Searle, J. 1995 *The Construction of social reality*. Free Press.
Sellars, W. 1956 "Empiricism and the Philosophy of Mind", In H. Feigl & M. Scriven（Ed.）, *Minnesota studies in the philosophy of science*, vol.1, Minneapolis: University of Minnesota Press.
Shadish, W. R. & Fuller, S. 1994 *The social psychology of science*. New York: Guilford.
Shadish, W. R. Fuller, S. & Gorman, M. E. 1994 "Social psychology of science: A conceptual and empirical research program". In W. R. Shadish & S. Fuller（Eds.）, *The social psychology of science*. New York: Guilford.
Shadish, W. R. & Neimeyer, R. A. 1989 "Contributions of psychology to an integrative science studies: The shape of things to come". In S. Fuller, M. DeMey, T. Shinn, & S.Woolgar（Eds.）, *The cognitive turn: Sociological and psychological perspectives on science*. Kluwer Academic Publishers.
Shadish, W. R., Hout, A. C., Gholson, B. & Neimeyer, R. A. 1989 "The psychology of science: An introduction". In B. Gholson, W. R. Shadish, R. A. Neimeyer & A. C. Houts（Eds.）, *Psychology of science: Contributions to metascience*, Cambridge University Press, Pp.275–295.
Shanker, S. 1998 *Wittgenstein's remarks on the foundations of AI*. London: Routledge.
Shapin, S. 1996 *The scientific revolution*. Chicago: University of Chicago Press.（川田勝訳 1998『「科学革命」とは何だったのか』白水社）
Shapin, S. & Schaffer, S. 1985 *Leviathan and the air-pump: Hobbes, Boyle, and the experimental life*. Princeton: Princeton University Press.
柴田清 2002「技術者にとっての科学と社会」『科学技術社会論研究』1, 科学技術社会論学会 211–218.
清水幾太郎編 1970『世界の名著〔26〕コント，スペンサー』中央公論社
柴田正良 2001『ロボットの心』講談社現代新書
Siegler, R. S. & Liebert, R. M. 1975 "Acquisition of formal scientific reasoning by 10- and 13-year olds: Designing a factorial experiment". *Developmental Psychology, 10*, 401–402.
Simon, H. A. 1966 "Scientific discovery and the psychology of problem solving". In R. Colodny（Ed.）, *Mind and cosmos*. Pittsburgh, PA: University of Pittsburgh Press.
Simonton, D. K. 1984 "Creative productivity and age: A mathematical model based on a two-step cognitive process". *Developmental Review, 4*, 77–111.
Simonton, D. K. 1989 "Chance-configuration theory of scientific creativity". In W. R. Shadish & S. Fuller（Eds.）, *The social psychology of science*. New York: Guilford.

Simonton, D. K. 2002 *Great psychologists and their times: Scientific insights into psychology's history*. Washington DC: American Psychological Association.

Sloan, T. (Ed.) 2000 *Critical psychology: Voices for change*. Macmillan.

Smith, L. D. 1986 *Behaviorism and logical positivism: A reassessment of the alliance*. CA: Stanford University Press.

Sokal, A. D., Bricmont, J. 1997 *Impostures intellectuelles*. Paris: Editions Odile Jacob（田崎晴明・大野克嗣・堀茂樹訳 2000『「知」の欺瞞――ポストモダン思想における科学の濫用』岩波書店）

Sonnert, G. 1995 "What makes a good scientists?: Determinants of peer evaluation among biologists". *Social Studies of Science, 25*, 35–55.

Spense, D. P. 1987 *The Freudian Metaphor*. Norton.（妙木浩之訳 1992『フロイトのメタファー』産業図書）

Spranger, E. 1932 *Psychologie des Jugendalters*. Heidelberg: Quelle & Meyer Verlag.（上井竹治訳 1973『青年の心理』五月書房）

Stam, H. J. 2000 "Ten years after, decade to come". *Theory and psychology, 10*, 5–21.

Stephenson, N., Radtke, L., Jorna, R. & Stam, H. J. (Eds.) 2003 *Theoretical Psychology: Critical Contributions*. Captus Press.

Sternberg, R. J. 1986 "A propulsion model of types creative contribution". *Review of General Psychology, 3*, 83–100.

Sternberg, R. J. 1988 "Computational model of scientific discovery". *Contemporary Psychology, 34*, 895–897.

Stevens, S. S. 1939 "Psychology and the science of science". *Psychological Bulletin, 36*, 221–263.（吉田正昭訳編 1968『計量心理学リーディングス――行動科学としての数理的方法』誠信書房，に所収）

Stich, S. P. 1983 *From folk psychology to cognitive science: The case against belief*. Cambridge: MIT Press.

Stich, S. P. 1990 *The fragmentation of reason*. Cambridge: MIT Press.

Stich, S. P. 1994 "The entry of 'Psychology and Philosophy' ". In S. Guttenplan (Ed.), *A companion to the philosophy of mind*, Blackwell, Pp. 500–507.

Stich, S. & Nichols, S. 1992 "Folk psychology: Simulation or tacit theory?". *Mind and Language 7*, 35–71.

Subotnik, R. F., Duschl, R. A., & Selmon, E. H. 1993 "Retention and attrition of science talent: A longitudinal study of Westinghouse science talent search winners". *International Journal of Science Education, 15*, 61–72.

Suedfeld, P. 1985 "APA presidential addresses: The relation of integrative complexity to historical, professional and personal factors". *Journal of Personality and Social Psychology, 49*, 1634–1651.

Sulloway, F. 1996 *Born to rebel: Birth order, family dynamics, and creative lives*. New York: Pantheon.

高橋澪子 1999『心の科学史――西洋心理学の源流と実験心理学の誕生』東北大学出版会

瀧寛和・石川幹人・伊藤昭・岡夏樹 2002「機械は心を持てるか」『情報処理』43(1)情報処理学会 Pp.57–65.

竹内薫・SANAMI 1998『シュレディンガーの哲学する猫』徳間書店

田中浩朗 1992「科学者の社会学と科学知識の社会学——その紹介と位置づけ」『年報 科学・技術・社会』第1巻
丹治信春 1997『クワイン——ホーリズムの哲学』現代思想の冒険者たち〔19〕、講談社
Taylor, C. 1971 "Interpretation and the sciences of man". *Review of Metaphysics*, 25: 3–51.
Taylor, C. 1980 "Understanding in human science". *Review of Metaphysics*, 34: 25–38.
Terman, L. M. 1954 "Scientists and nonscientists in a group of 800 men". *Psychological Monographs, 68*, (7, whole No.378).
Thagard, P. 1988 *Computational philosophy of science*. Cambrige: MIT Press.
戸田山和久 1999「自然主義的転回の果てに科学哲学に何が残るか」岡田猛他編著『科学を考える』北大路書房 Pp.310–337.
戸田山和久 2002『知識の哲学』産業図書
徳永恂編 1976『知識社会学』東京大学出版会
Tolman, E. C. & Brunswik, E. 1935 "The organism and the causal texture of the environment". *Psychological Review, 42*, 43–77.
月本洋 2002『ロボットのこころ——想像力をもつロボットをめざして』森北出版
月本洋・上原泉 2003『想像——心と身体の接点』ナカニシヤ出版
Tversky, A. & Kahneman, D. 1974 "Judgment under uncertainty: Heuristics and biases". *Science*, 185, 1124–1131.
Tweney, R. D. 1985 "Faraday's discovery of induction: A cognitive approach". In D. Gooding & F. James (Eds.), *Faraday rediscovered: Essays on the life and work of Michael Faraday: 1791–1867*. New York: Stockton Press.
Tweney, R. D. 1989 "A framework for the cognitive psychology of science". In W. R. Shadish & S. Fuller (Eds.), *The social psychology of science*. New York: Guilford.
Tweney, R. D. 1998 "Toward a cognitive psychology of science: Recent research and its implications". *Current Directions in Psychological Science,* 7(5), 150–154.
Tweney, R. D., Doherty, M. E. & Mynatt, C. R. (Eds.) 1981 *On scientific thinking*. New York: Columbia University Press.
Van Zelst, R. H. & Kerr, W. A. 1954 "Personality self-assessment of scientific and technical personnel". *Journal of Applied Psychology, 38*, 145–147.
Wade, N. 1981 *The Nobel duel.* New York: Doubleday.（丸山工作・林泉訳 1984『ノーベル賞の決闘』岩波書店）
Wason, P. C. 1960 "On failure to eliminate hypotheses in a conceptual task". *Quarterly Journal of Experimental Psychology, 12*, 129–140.
渡辺恒夫 1994a「心理学のメタサイエンス——序説」『心理学評論』37, Pp.164–191.
渡辺恒夫 1994b「〈諸心理学〉の統一は可能か？——メタサイエンスの観点から」『科学基礎論研究』21(4), Pp.29–35.
渡辺恒夫 2002『〈私の死〉の謎——世界観の心理学で独我を超える』ナカニシヤ出版
渡辺恒夫・村田純一・高橋澪子編 2002『心理学の哲学』北大路書房
Watson, J. B. 1913 "Psychology as the behaviorist views it". *Psychological Review, 20*, 158–177.
Weber, Max 1905 *Die protestantische Ethik und der《Geist》des Kapitalismus*.（大塚久雄訳 1988『プロテスタンティズムの倫理と資本主義の〈精神〉』岩波書店）
Whitehead, A. N. & Russell, B. 1910 *Principia Mathematica*. Cambridge University Press.
Wilson, G. D. & Jackson, C. 1994 "The personality of physicists". *Personality and Individual*

Differences, 16, 187–189.
Winograd, T. & Flores, F. 1986 *Understanding computers and cognition*. Academic Press.（平賀譲訳 1989『コンピュータと認知を理解する』産業図書）
Wittgenstein, L. 1922 *Tractatus Logico-Philosophcus.* Basil Blackwell.（奥雅博訳 1975『論理哲学論考』大修館書店）
Wittgenstein, L. 1953 *Philosophische Untersuchungen*. Basil Blackwell.（藤本隆志訳 1976『哲学探究』大修館書店）
Wittgenstein, L. 1958 *Blue and brown books*. Basil Blackwell.（大森荘蔵・杖下隆英訳 1975『青色本・茶色本』大修館書店）
Wispe, L. G. 1963 "Traits of eminent American psychologists". *Science, 141*, 1256–1261.
Wright, L. 1973 "Functions". *Philosophical Review*, LXXXII, 139–168.
横山輝雄 2002「間奏曲——科学論の展開」渡辺恒夫・村田純一・高橋澪子編『心理学の哲学』北大路書房 , Pp.145–166.
Ziman, J. M. 1994 *Prometheus bound: Science in a dynamic steady state*. Cambridge University Press.（村上陽一郎・川崎勝・三宅苞訳 1995『縛られたプロメテウス——動的定常状態における科学』シュプリンガー・フェアラーク東京）
Zuckerman, H. 1977 *Scientific elite*. New York: Free Press.